AF245271

THÈSE

POUR

LE DOCTORAT

SOUTENUE

par

Paul THUREAU-DANGIN,

AVOCAT.

PARIS,

CHARLES DE MOURGUES FRÈRES, SUCCESSEURS DE VINCHON,

Imprimeurs-Éditeurs de la Faculté de Droit de Paris,

RUE JEAN-JACQUES-ROUSSEAU, 8.

—

1861.

FACULTÉ DE DROIT DE PARIS.

THÈSE

POUR LE DOCTORAT.

DROIT ROMAIN :
DE LA SOCIÉTÉ.

DROIT FRANÇAIS :
EXPLICATION DE LA LOI DU 17 JUILLET 1856
SUR LES
SOCIÉTÉS EN COMMANDITE PAR ACTIONS.

L'acte public sera soutenu le jeudi 26 décembre 1861,
à onze heures,

Par Paul THUREAU DANGIN,

Avocat.

Président : M. DURANTON, Professeur.

Suffragants :
MM. BUGNET,
PELLAT,
ORTOLAN,
Professeurs.
DEMANGEAT,
Agrégé.

Le Candidat répondra aux questions qui lui seront faites sur les autres matières de l'enseignement.

PARIS,

CHARLES DE MOURGUES FRÈRES, SUCCESSEURS DE VINCHON,
IMPRIMEURS-ÉDITEURS DE LA FACULTÉ DE DROIT DE PARIS,
Rue J.-J. Rousseau, 8

1861

A MON ONCLE,

M. E. THUREAU,

Avocat à la Cour impériale de Paris, membre du Conseil
de l'ordre des avocats.

DROIT ROMAIN.

DE LA SOCIÉTÉ.

Rien n'est plus naturel, plus utile, plus nécessaire que l'association. Que de choses l'homme isolé ne peut faire, et qu'il fait avec le concours d'autres personnes! « L'union fait la force », dit avec raison le proverbe (1).

Il ne nous appartient pas de rapporter ici l'origine et les développements de l'association; ce qu'elle a fait dans l'ordre religieux, social, politique, littéraire, com-

---

(1) L'empereur Léon disait dans sa Novelle 102 : « Multa cumulatim bona
« mortalium vitæ confert prudenter et cum ratione instituta rerum com-
« munio; etenim qui viribus valet, si cum altero, qui similiter viribus valeat,
« communicet, longe præstantiores atque utiliores ejus vires fuerint. Et di-
« vites, si divitias communes faciant, majorem ex divitiis voluptatem ca-
« piant. Denique si paupertas premat, operarum communio consolatione,
« qua' paupertatis acerbitas mitigetur, non indigebit. »

mercial : ce serait raconter l'histoire du monde entier
Nous laissons aussi de côté les rêves des modernes réformateurs, qui, exagérant la puissance de l'association, veulent en faire un instrument de rénovation sociale. Nous préférons nous en tenir à notre sujet, déjà assez étendu par lui-même.

Nous traitons ici de la société : c'est une espèce d'association. Pour exposer les règles du droit romain sur cette importante matière, nous suivrons un ordre que l'on pourrait appeler chronologique. Dans le premier chapitre, nous verrons naître la société ; nous préciserons les conditions essentielles que doit réunir le contrat, les clauses qu'il peut contenir, les diverses formes qu'il peut affecter.

Dans le second chapitre, nous verrons vivre, fonctionner la société ; nous étudierons les droits des associés, les règles de l'administration, les rapports avec les tiers ou entre associés ; nous nous demanderons si la société constitue une personne juridique.

Enfin, dans le troisième chapitre, nous verrons la société finir. Dans quel cas y a-t-il dissolution du contrat ? Comment faire la liquidation et la répartition de la masse sociale ?

CHAPITRE PREMIER.

CONSTITUTION DE LA SOCIÉTÉ.

Il faut tout d'abord nous demander ce que c'est que la société, comment elle s'établit, quelles conditions elle doit réunir, quels caractères la distinguent des contrats analogues; nous verrons ensuite quelles modalités peut recevoir le contrat de société; puis enfin, combien il y a d'espèces de sociétés.

SECTION PREMIÈRE.

Définition du contrat de société.

Qu'est-ce que la société? Dans le langage du monde, ce mot a des sens divers, qu'il serait aussi long qu'inutile de rapporter ici. Il suffira, pour écarter toute confusion, d'en préciser le sens juridique, c'est-à-dire de donner une définition de la société; les jurisconsultes romains ne l'ont pas fait. En revanche, autant d'interprètes, autant de définitions (1); aucune ne nous a pleinement satisfait, parce qu'aucune ne nous a paru contenir tous les caractères essentiels du contrat de société. Selon nous, la société est un contrat consensuel, synallagmatique, éminemment de bonne foi, par lequel deux ou plusieurs personnes conviennent de fournir chacune une mise, dans le but de réaliser en commun des bénéfices qui résultent, soit de leur industrie, soit de la jouissance ou de l'exploitation du fonds social, et auxquels chaque associé participera, ou du moins a l'espérance de participer.

Dans la première partie de cette définition, nous indi-

---

(1) La définition du Code Napoléon est empruntée à Félicius, jurisconsulte italien, auteur d'un traité spécial sur la société.

quons quelle est la nature du contrat ; dans la seconde, nous précisons quelles sont les conditions essentielles qui constituent la société et la distinguent des conventions analogues.

Reprenons successivement un à un tous les termes de cette définition.

I. La société est un *contrat*, c'est-à-dire une convention reconnue par le droit civil, ayant un *nomen*, et sanctionnée par une action.

II. Un contrat *consensuel*. La société est, en effet, un des quatre contrats dérivés du droit des gens, qui seuls, en droit romain, pouvaient se former *solo consensu*. Le seul consentement suffit donc, de quelque manière qu'il soit manifesté ; il peut être exprès ou tacite. Quelques auteurs cependant ont voulu à tort exiger une déclaration formelle de volonté (cf. Accurse réfuté par Doneau, Comm. J. civ., lib. 13, cap. 15) ; mais cette doctrine peut-elle se soutenir en présence de la loi 4, *n. t.*, qui nous dit : *Societatem coire et re et verbis, et per nuncium posse nos, dubium non est*. Remarquons seulement que la loi 4 emploie des formules qui ont ordinairement un autre sens que celui qu'il faut leur donner ici. Dans la langue juridique des Romains, dire qu'un contrat se forme *verbis* ou *re*, c'est dire qu'il se forme par la stipulation ou par la tradition. La loi 4 signifie simplement que le contrat de société existe, soit qu'il y ait une déclaration expresse de volonté (*verbis*), soit que l'intention des parties ne se soit manifestée que tacitement par l'exécution même de la convention (*re*). Comme exemple de ce dernier cas, nous pouvons citer la mise en commun des objets qui doivent tomber en société, si du moins les circonstances permettent d'y voir la pensée suffisamment arrêtée d'établir des relations sociales (1).

Cette dernière restriction est importante ; il ne suffit pas, en effet, de la mise en commun de divers objets pour constituer une société tacite; il faut que les circonstances révèlent chez les parties l'*affectio societatis*, comme parle Ulpien. Sinon, ce serait un simple état d'indivision; et même, dans le doute, ce serait ce dernier état qu'il faudrait présumer, car il engendre des rapports moins compliqués que la société.

N'y a-t-il pas cependant des actes qui portent en eux la présomption implicite d'une société? Que dire, par exemple, de l'achat d'un immeuble fait en commun par deux personnes? N'est-il pas naturel de présumer qu'il y a là une société, que les parties ont voulu réunir leurs capitaux pour faire un achat profitable et se procurer un bénéfice ?

Les textes semblent contradictoires; la loi 2, *com. divid*. 10, 3, semble voir dans cet acte une société : elle oppose ce cas à celui d'un legs de même objet fait à deux personnes, cas où elle ne voit qu'un simple état d'indivision (cf. aussi L. 52, pp. *n. t.*; L. 2, Code, *n. t.*). Au contraire, les lois 31 et 33, *n. t.*, ne voient dans notre hypothèse qu'une simple indivision (2).

---

(1) Voet (II, p. 603) n'admet pas que la société *totorum bonorum* puisse être constituée tacitement. Il se fonde sur le mot *specialiter* qui se trouve dans la loi 3, § 1, *n. t.*; c'est abuser de ce mot, qui se réfère seulement à cette règle, qu'en fait de sociétés universelles, dans le doute il faut présumer la société de tous gains et non celle de tous biens (cf. L. 7, *n. t.*).

(2) Les interprètes sont divisés : Bartole, Balde, Favre (Ration. sur la loi 2, *Com. div.*) présument la société; cf. contra Vinnius (*Inst. de Soc.*).

On ne peut décider *à priori* si l'achat en commun constitue une société ou une simple communauté ; c'est avant tout une question de fait ; il n'y a pas de présomption particulière : il ne faut reconnaître de société que s'il y a *affectio societatis*. Les lois 2, *Com. divid.*; 52, pp. *n. t.*; 2, Code, *n. t.*, prévoient le cas où les circonstances impliquent la volonté des contractants de former une société : ce pourra d'ailleurs être l'hypothèse la plus fréquente. Les autres lois supposent le cas où cette volonté n'existe pas (cf. L. 33, *n. t.*).

Le consentement doit être donné par une personne capable. Quand un pupille non autorisé contracte une société, cela ne produit qu'un simple état d'indivision (L. 33, *n. t.*).

III. La société est un contrat *synallagmatique*. En effet, chacune des parties s'oblige envers les autres ; mais remarquons que les parties n'ont pas des rôles différents, comme, par exemple, en cas de vente, où il y a l'*emptor* et le *venditor ;* toutes les parties portent le même nom (*socii*); il n'y a qu'une action (action *pro socio*), tandis que dans les contrats synallagmatiques parfaits, comme la vente, il y a deux actions portant des noms différents (actions *venditi* et *empti*). Enfin, cette action est, comme dit Justinien, *ab utraque parte directa* (cf. Inst., § 2, IV, 16), par opposition à l'action des contrats synallagmatiques imparfaits, qui est tantôt *directa*, tantôt *contraria*.

IV. La société est un contrat *éminemment de bonne foi*. Remarquons d'abord que la société est un contrat *bonæ fidei*. Nous n'avons pas à exposer ici quelles sont les nombreuses conséquences d'une semblable qualité ;

examinons seulement ce qui est spécial à la société. La bonne foi apparaît, en effet, dans ce contrat d'une façon encore plus énergique que dans les autres contrats qualifiés *bonæ fidei*. « *In societatis contractibus fides exuberat* (L. 3, Code n. t.). » Pourquoi? C'est Ulpien qui nous en donne la raison ; il parle d'une sorte de *fraternitas* existant entre les associés : *Cum societas jus quodammodo fraternitatis in se habeat* (L. 63, pp. *n. t.*). Félicius, développant cette idée indiquée par les textes, avec la subtilité ingénieuse et bizarre que nous rencontrons quelquefois chez les anciens jurisconsultes, distingue trois sortes d'amitiés : *naturalis, hospitalis* et *civilis;* la société est *species amicitiæ :* c'est l'*amicitia civilis*. Nous verrons cependant tout à l'heure que l'intérêt tient une grande place dans le contrat de société; que la vue de bénéfices à réaliser constitue son caractère essentiel; mais la fraternité, la confiance réciproque, doivent servir de modérateurs à l'intérêt, et faire régner, dans ce contrat une bonne foi toute particulière, sans laquelle il pourrait n'être qu'un monopole au profit du plus fort.

Nous parlons ici d'amitié ; entendons-nous : nous ne prétendons pas qu'il s'agisse de l'amitié envisagée au point de vue philosophique. Noodt (Pandectes, p. 297) déclare que les jurisconsultes se sont moins préoccupés, de cette espèce d'amitié, qui a pour cause la vertu, que de celle qui, moins parfaite, rapproche les hommes par leur intérêt ; leur pensée est qu'il ne faut pas voir dans la société uniquement une association de capitaux, mais que, même au point de vue de l'intérêt, le choix des personnes a une grande gravité, et qu'il importe beaucoup à la prospérité de l'entreprise qu'il y ait entre les associés estime et confiance réciproques.

La société est donc faite *intuitu personæ;* nous trouverons souvent des conséquences de ce principe, par exemple, dans l'interdiction faite à l'associé de s'adjoindre ou de se substituer un nouvel associé, et dans les règles sur la dissolution de la société *ex personis.*

Le bénéfice de compétence qui appartient à l'associé poursuivi par l'action *pro socio,* l'infamie qui est attachée à la condamnation prononcée en vertu de cette action, sont des conséquences de cette bonne foi exubérante, de ce *jus quoddam fraternitatis,* que les textes indiquent comme les caractères du contrat de société.

La société, comme tous les contrats de bonne foi, est nulle quand il y a dol de l'une des parties ; et l'exception de dol n'a pas besoin d'être insérée dans la formule.

Mais le dol est-il nécessaire pour entraîner la nullité du contrat, une lésion considérable suffit-elle ? La loi 3, § 3, *n. t.,* est le siège de cette question : *Societas, si dolo malo aut fraudandi causa coita sit, ipso jure nullius momenti est, quia fides bona contraria est fraudi et dolo.* Cette loi distingue la *fraus* et le *dolus.* Le *dolus,* c'est toute machination pour tromper, qu'il y ait ou non préjudice ; la *fraus,* c'est tout préjudice, qu'il y ait ou non dol (cf., L. 1, § 2, *Dolo malo,* 4, 3 ; L. 7, § 9 et 10 ; *De pactis,* 2, 14 ; L. 36, *De verb. obl.,* 45, 1 ; Cujas, V, p. 480 ; Poth., Pand. J, p. 80). Dès lors il semble résulter de notre loi 3, que la lésion considérable suffit pour entraîner la nullité de la société. Cela paraît en harmonie avec les principes de ce contrat, avec la bonne foi toute particulière qui y est exigée, et l'égalité qui doit régner entre associés.

V. La société est un contrat... *par lequel une ou plusieurs personnes conviennent de fournir chacune une mise*; car ce contrat est éminemment à titre onéreux : l'égalité doit y régner. Il faut que chacun effectue ou promette d'effectuer un apport, et que, par suite, il y ait un fonds commun (Doneau, L. 13, c. 15, n. 3; Fel., c. 1, n. 8). Toute société engendre donc une communauté; nous verrons plus tard qu'on peut être en communauté sans être en société.

Peuvent être ainsi l'objet des apports, soit la propriété d'une chose, soit sa jouissance, soit même, bien que quelques jurisconsultes modernes aient élevé des doutes sur ce point, quelques-uns de ses attributs utiles, par exemple, une destination dont on peut tirer profit, ou sa seule vénalité (cf. L. 44 et 58, *n. t.*). Peuvent aussi entrer en société toutes les qualités de l'homme destinées à produire un bénéfice : l'habileté, le courage, l'industrie, le crédit commercial (1). Il n'est nullement nécessaire que les apports soient de même nature (cf. L. 5, § 1; 29, § 1, et 52, § 7, *n.t.*). L'un peut donc fournir l'industrie, tandis que l'autre fournira le capital; c'est

---

(1) On admettait généralement dans l'ancien droit français que le crédit d'un homme puissant ne pouvait pas constituer un apport, qu'il y avait là quelque chose de contraire à l'ordre public et aux bonnes mœurs. En était-il de même en droit romain? Il semble que les mêmes principes auraient dû commander la même solution. Cependant la loi 80, *n. t.*, prévoyait un apport consistant en *gratia*, c'est-à-dire, selon le sens ordinaire du mot, en crédit, en faveur. Peut-être *gratia* signifie-t-il ici *services*.

le principe de la commandite. Il semble, du reste, d'après la loi 1 au Code, *n. t.*, que cela n'a pas toujours été admis sans contestation.

Nous verrons, en parlant des dissolutions de société *ex rebus*, que si l'objet d'un apport périt avant qu'il soit aux risques de la société, la société elle-même est dissoute ; c'est une conséquence de la règle qui exige un apport de chaque associé.

Si l'un des associés ne fait pas d'apport, le contrat n'existe pas comme société. — Vaut-il au moins comme donation de la part de bénéfice à laquelle cet associé avait droit? Distinguons les époques. Du temps des jurisconsultes, ce contrat n'était pas valable. (L. 5, § 2, *n. t.*; L. 35, § 5, *De mort. causa don.* 39, 6; cf. L. 16, § 1 *De minor.* 4, 4; L. 32, § 24 *De don. int. v. et u.*, 24, 1). En effet, la donation à cette époque n'était pas un contrat consensuel, c'était une *datio*, une *stipulatio* ou une *acceptilatio* faites dans les formes ordinaires ; le pacte de donner ne produisait aucune action (1).

Mais, remarquons-le, ce qui empêche ce contrat de valoir comme donation, ce n'est pas la simulation, car le seul fait de déguiser sous une fausse apparence ce qu'on a voulu faire en réalité, n'est point une cause de nullité. Il y a nullité parce que nous ne trouvons pas dans la société, dans un simple contrat consensuel, les éléments essentiels à la donation ; mais si l'as-

---

(1) On décide de même pour les donations déguisées sous la forme de tout autre contrat consensuel (LL. 36 et 38 *De contrah. empt.* 18, 1 ; LL. 3 et 9, Code, cod., tit. 4, 38; L. 20, § 1, *locati*, 19, 2; Fragm. Vat., § 273.)

socié donateur a réalisé son apport, nous verrons là, non une société, mais une donation parfaitement valable ; la raison qui nous empêchait d'admettre la donation n'existe plus. C'est ce que décide la loi 32, § 24, *De don. inter v. et u.*, 24, 1.

Nous avons supposé que l'un des associés ne faisait aucun apport; que décider, si les parts fixées pour le partage des bénéfices n'étaient pas proportionnelles aux apports? Serait-ce valable? Nous examinerons cette question en établissant les règles du partage des bénéfices.

Jusqu'à présent, nous avons appliqué les principes du droit des jurisconsultes. Antonin et Constantin admirent que la donation *inter liberos et parentes* vaudrait *solo consensu;* Justinien, étendant cette innovation, fit de la donation un pacte légitime produisant une *condictio ex lege*. Dès lors, le motif qui seul nous empêchait de voir une donation valable dans la société faite *donationis causa*, n'existe plus. Cependant, il y avait encore des restrictions, dans le dernier état du droit de Justinien; l'insinuation était exigée, à peine de nullité, pour les donations de plus de 500 solides; la société devra donc remplir cette condition pour valoir comme donation.

VI... *Dans le but de réaliser... des bénéfices.* C'est le caractère essentiel de la société. Obtenir, au moyen de l'association, des avantages que les hommes isolés ne pourraient acquérir, tels sont et le motif et le but de la société; et si, comme nous l'avons vu, la société doit créer entre les contractants une certaine fraternité, une sorte d'amitié, ce n'est pas pour se procurer les agréments moraux et intellectuels attachés à de semblables relations, mais toujours pour se procurer des bénéfices.

Il n'y aura donc pas de société, quand les matières auront été confondues par la volonté des propriétaires, non pour en retirer un profit, mais pour faire une seule masse (§ 27, *Inst., De rer. div.*, 2, 1). Nous en dirons autant des associations où, comme dans nos assurances mutuelles, il s'agit, non de faire un bénéfice, mais seulement de réparer un dommage.

Les bénéfices doivent être appréciables en argent. — C'est ainsi qu'on distingue la société véritable de ces associations qui souvent en usurpent le nom, mais qui n'ont pour objet que la distraction, l'étude, ou la dévotion.

Il faut que la réalisation des bénéfices soit le but direct et principal. Ne sont donc pas des sociétés, ces associations où les statuts obligent chaque personne à apporter une certaine somme d'argent, mais où les intérêts pécuniaires ne viennent qu'en second rang.

Cette règle capitale, dont nous venons d'examiner les applications, n'est écrite formellement dans aucun texte du droit romain, car, nous le savons, les jurisconsultes n'avaient pas donné de définition de la société; mais ces principes ressortent implicitement des décisions et des exemples de sociétés contenus dans les textes du Digeste (1).

---

(1) Des auteurs modernes croient cependant que le droit romain, sur ce point, était loin d'être aussi [précis que [le Code Napoléon (Zach., Aubry et Rau, III, p. 392, n. 7). Selon eux, il suffisait, pour que la société existât, que, dans un but quelconque d'utilité réciproque, deux personnes fussent convenues d'avoir quelque chose de commun et d'en maintenir l'indivision pendant un temps plus ou moins long. Ainsi, en droit romain, à la différence du droit français, on regardait comme une société le contrat par lequel deux voisins convenaient, soit de faire construire ensemble un mur pour y appuyer

Je crois superflu d'ajouter que les bénéfices doivent être honnêtes : c'est l'application du droit commun (L. 1, § 14, *De tutelis et rat.*, 27, 3 ; L. 57, *n. t.* ; L. 70, § 5 *De fidejuss.*, 46, 1 ; L. 35, § 2, *De contrah. empt.*, 18, 1). Cicéron (*Pro Plancio*) disait en parlant de sociétés ayant un objet illicite : *Nec societates tales sunt, sed conjurationes putandæ sunt.*

En fait, une société ayant un but illicite a pu exister; quelles en sont les conséquences? Nous le verrons en traitant des rapports des associés entre eux, avec les tiers, et du partage des bénéfices et des pertes.

VII... Dans le but de réaliser *en commun* des bénéfices... Il ne suffirait pas de réaliser, au moyen de la communauté des apports, un bénéfice particulier et alternatif; il faut un bénéfice collectif. Expliquons-nous : Il n'y a pas de société quand nous mettons deux choses en commun, en convenant que chacun jouira du tout pendant un an; car alors la communauté n'a pas pour but l'intérêt commun, mais l'intérêt individuel et successif de chacun des associés (1).

---

des constructions, soit d'acheter en commun un terrain, pour se ménager la vue, ou se procurer un lieu de promenade (L. 52, § 13, n. t.).

Je ne crois pas cependant qu'il y ait véritablement de différence entre le droit romain et le droit français. Dans les deux législations, il suffit qu'il y ait une vue de bénéfices appréciables en argent. Or, n'en est-il pas ainsi dans l'espèce de la loi 52? N'y a-t-il pas là un profit donnant de la valeur aux propriétés, et, par cela même, enrichissant les propriétaires? Il n'est pas nécessaire que le bénéfice, qui doit être le but de la société, consiste dans une somme d'argent à partager ; il suffit que ce soit un avantage commun, appréciable en argent.

(1) Les textes contiennent une application de ce principe; ils prévoient la convention que nous venons de citer comme exemple, et supposent que je

Nous venons de voir que la société était contractée dans l'intérêt commun, et non dans l'intérêt particulier de chaque associé. C'est par application de la même idée que nous ferons toujours prévaloir l'intérêt de la société sur l'intérêt individuel. Nous rencontrerons plusieurs fois les conséquences de ce principe. Ainsi, l'associé ne peut se servir des choses communes, que sous la restriction qu'il ne changera pas leur destination sociale, et qu'il ne nuira pas à la jouissance des autres parties. Ainsi encore, l'associé qui a touché sa part de la créance de la société, doit, si le débiteur devient ensuite insolvable, avant que les autres associés n'aient touché leurs parts, rapporter ce qu'il a reçu à la masse sociale.

VIII... Pour réaliser... des bénéfices *résultant, soit de leur industrie, soit de la jouissance ou de l'exploitation du fonds social.* Il faut des bénéfices obtenus à l'aide de cette jouissance ou de cette exploitation. Ne sont donc pas sociétés ces sortes d'associations appelées dans notre droit tontines, dans lesquelles des personnes mettent chacune une somme, à cette fin que la part des prémourants accroisse à celle des survivants. Car, dans ce cas, comme le fait très-bien remarquer M. Bravard (*Man. de d. com.*, p. 41), chacun des contractants n'a de bénéfices à attendre que d'éventualités sur lesquelles la volonté hu-

---

vous empêche de jouir à votre tour du fonds commun ; quelle action vous sera donnée contre moi ? Sera-ce l'action *communi dividundo*, les actions *locati* et *conducti*, ou l'action *præscriptis verbis ?* Les jurisconsultes ne sont pas d'accord ; il n'importe pas à notre sujet d'étudier cette controverse ; mais remarquons seulement le point important qui vient confirmer notre règle : c'est qu'aucun texte ne parle de donner l'action *pro socio* (cf. L. 35, § 1, *Loc. cond.*, 19, 2; L. 23, *Com. divid.*, 10, 3; § 2, Inst., III, 24).

maine n'a aucune prise, et ne peut exercer d'influence, tandis que la société a essentiellement pour but de produire et de créer : c'est un moteur.

IX... *Et auxquels chaque associé participera ou du moins a l'espérance de participer* (1). Chacun doit contracter dans la vue de faire un bénéfice. Nous avons déjà exposé les conséquences de ce principe, en disant que la société ne peut être contractée *donationis causa;* nous en verrons d'autres encore en examinant quelles sont les conventions prohibées quant au règlement des parts. Nous verrons qu'on ne peut convenir que l'un des associés n'aura pas de part dans les bénéfices.

Il n'est pas nécessaire que chacune des parties ait l'assurance de participer, quoiqu'il arrive, aux profits de la société ; il suffit qu'elle puisse espérer d'y avoir part. C'est ce qui se rencontre dans l'espèce de la loi 44, *n. t.,* sur laquelle nous reviendrons plus tard (2).

Pour terminer ce que nous avons à dire sur la définition de la société, il importe de signaler une particularité de ce contrat, qui est fort bien indiquée par M. Bra-

---

(1) Nous disons que chacun devra *participer* aux bénéfices. Beaucoup de jurisconsultes, et le Code Napoléon, disent que les bénéfices devront être *partagés* entre chaque associé. Nous nous exprimons autrement, parce que nous ne croyons pas que le partage, qui est la suite ordinaire de toute société, en soit une condition essentielle. En effet, dans le cas prévu par la loi 52, § 13, *n. t.,* que nous avons déjà expliqué, la participation aux bénéfices a lieu au moyen, non pas d'un partage, mais d'une jouissance indivise.

(2) Nous ne parlons que de la participation aux gains, et non pas de la participation aux pertes, parce qu'on peut convenir que l'un des associés ne supportera pas la perte si toutes les opérations de la société se résolvent en passif.

vard (*Man.*, p. 43). Ce contrat n'est pas borné, comme les autres, à un certain ordre de faits, à un genre unique d'opérations ; il embrasse dans sa sphère d'activité toutes les opérations, toutes les entreprises, en un mot, toute espèce d'affaires ; il se sert de tous les autres contrats, isolés ou combinés, comme d'autant de moyens pour atteindre le but qu'il se propose. Ainsi, le contrat de société est le plus étendu et le plus vaste des contrats ; c'est un levier d'une force sans égale (cf. aussi Domat, *Lois civiles*, I, 8, 1, 12).

Nous savons ce qu'est la société ; comparons-la avec les situations juridiques analogues.

La société a une grande analogie avec la simple communauté, ou indivision. Il y a indivision toutes les fois qu'une même chose appartient à plusieurs propriétaires. La société elle-même est une espèce d'indivision, à laquelle le droit romain a donné le nom de contrat ; aussi verrons-nous que la société donne naissance à l'action *communi dividundo*. Nous appellerons indivision proprement dite toute indivision où nous ne reconnaîtrons pas les caractères constitutifs de la société, et principalement le dessein de réaliser un bénéfice (1).

Il importe beaucoup de distinguer la société de l'indivision (2).

-----

(1) Ce sera, en effet, le plus souvent ce caractère que nous ne rencontrerons pas dans la communauté. Toutefois, il se pourra aussi que ce soit l'un des autres caractères précédemment énumérés, par exemple : les bénéfices n'auront pas été réalisés en commun.

(2) Il faut prendre garde que, dans le langage des jurisconsultes romains, le mot *socius* signifie tantôt associé véritab'e, tantôt simple communiste (cf. L. 6, § 2, et L. 23, *Com. div.*, 10, 3).

En premier lieu, la société est un contrat, tandis que les obligations qui naissent de l'indivision naissent *quasi ex contractu*. Cela ne veut pas dire, sans doute, que l'indivision existe toujours sans qu'il y ait un accord de volonté entre les copropriétaires, comme il arrive, par exemple, en cas de donation ou de legs fait à plusieurs personnes (L. 31, *n. t.*). Non ; l'indivision peut aussi être la suite d'une volonté commune ; par exemple, un achat est fait en commun, sans qu'il y ait l'*affectio societatis* (L. 31, *n. t.*); ou bien deux personnes conviennent de mêler leur vin dans le même tonneau pour le tirer au fur et à mesure de leurs besoins, (§ 27. Inst., *De rer. divis.*, 2, 1); mais, dans ces divers cas, l'accord de volonté n'est qu'un pacte ordinaire, ne produisant tout au plus qu'une obligation naturelle, et une action *præscriptis verbis*, quand l'une des parties ayant accompli son obligation, l'autre refuse d'en faire autant. C'est seulement lorsque la convention a été exécutée que de l'état d'indivision naissent, *quasi ex contractu*, les obligations dont nous nous occupons et qui sont sanctionnées par l'action *communi dividundo*. Nous pouvons indiquer comme conséquence de cette première différence entre la société et l'indivision, la décision de la loi 33, *n. t.* Le pupille incapable de donner son consentement ne peut former une société sans l'autorisation de son tuteur ; mais il peut sans cette autorisation être obligé comme communiste.

Nous pouvons signaler d'autres différences. En cas de société, l'associé ne doit pas sacrifier l'intérêt général à l'intérêt privé. Les simples communistes, au contraire, ne sont tenus à rien faire l'un pour l'autre ; ils sont maîtres de ne s'occuper que de leur avantage individuel. Ce n'est pas, en effet, dans un intérêt collectif, mais pour leur commodité et leur utilité particulière, que la chose reste indivise entre eux. De là deux conséquences :

1° Le copropriétaire non associé qui reçoit sa part dans une créance commune n'est pas obligé de la rapporter à la communauté si le débiteur devient insolvable avant que ses copropriétaires ne soient payés (L. 38, *fam. ercisc.* 10, 2. — L. 12, au Code, *Depositi*, 4, 34) ;

2° Le communiste peut jouir des choses indivises, et il ne voit son droit limité que par le droit collatéral de ses copropriétaires, tandis que celui de l'associé est limité aussi par la destination sociale des objets et par l'intérêt général.

Nous avons vu qu'il y avait dans la société une union, non-seulement de biens, mais aussi de personnes, et que le choix des associés, entre lesquels devait exister une sorte de *fraternitas*, importait beaucoup à la prospérité générale. La communauté, au contraire, n'est qu'une union de biens ; le lien qui unit les communistes est plutôt réel que personnel. Voici les conséquences pratiques de cette différence : 1° l'associé (nous exposerons ces principes plus tard) ne peut se substituer un associé ; il peut sans doute vendre sa part dans la société et l'acquéreur peut, sous les mêmes conditions que lui, intenter l'action *communi dividundo* ; mais enfin ce tiers n'a aucun rapport direct avec la société, il ne peut prendre part à son administration ; le vendeur reste associé, il est responsable des faits de l'acquéreur. Au contraire, le communiste peut céder sa part dans la communauté, et il se trouve ainsi complétement remplacé. 2° L'action *pro socio* a deux caractères spéciaux, conséquence de la *fraternitas* entre associés; elle entraîne l'infâmie et donne lieu au bénéfice de compétence. On n'en peut dire autant des actions *communi dividundo et familiæ erciscundæ*, seules actions auxquelles donne naissance la communauté. 3° La communauté ne finit pas par la mort de l'un des communistes, l'héritier prend la place du défunt. Nous verrons qu'il n'en est pas de même dans la société.

L'état d'indivision en lui-même est un état dangereux, une source de procès, une cause de mauvaise administration, une entrave aux améliorations (L. 77, § 20 *De leg*. 31 ; L. 2, Code, *Quando et quibus quarta*, 10, 34). Aussi, à moins qu'il ne s'agisse de ce qu'en droit français nous appelons une servitude d'indivision (L. 19, § 1, *Com. divid.*, 10, 3), est-il de règle que nul ne peut être forcé de demeurer dans la communauté (L. 43, *Fam. ercisc.*, 10, 2; L. 20, § 1, *Com. div.*, 10, 3; L. 5, Code, *Com. divid.*, 3, 37).

En cas de société, les inconvénients de la division sont compensés ou même effacés par les avantages de la société : on peut faire durer l'indivision pendant un temps aussi long qu'on voudra, pourvu qu'il n'excède pas la vie de l'une des parties; en dehors de la société, cette limitation n'existe plus : elle n'a plus de raison d'être, nous l'avons vu tout à l'heure. On peut convenir qu'on restera pendant un temps déterminé dans l'indivision (L. 14, § 2, *Com. div.*, 10, 3). Peut-on donc fixer à cet état une durée aussi longue qu'on le voudra, pourvu qu'elle soit déterminée? — Non, certes; la loi 14, § 2, ne donne pas un droit aussi exorbitant; elle dit : *Si conveniat, ne omnino divisio fiat, hujusmodi pac-*

tum nullas vires habere manifestissimum est. Sin autem intra certum tempus, quod etiam ipsius rei qualitati prodest, valet. Ainsi, on ne peut convenir de rester dans l'indivision que pendant un temps convenable, suivant la qualité de la chose (1).

Telles sont les differences qui distinguent l'indivision de la société : elles sont considérables ; mais en dehors de ces cas, la plupart des règles sur les droits et les obligations des associés entre eux, ou à l'égard des tiers, sont applicables aux communistes.

Il y a des conventions qui semblent parfois se confondre avec la société ; il importe de les distinguer.

La société et le mandat, dans leur application ordinaire, sont loin de se ressembler. Cependant, par suite de clauses particulières, ces deux contrats peuvent se rapprocher tellement qu'il devient fort difficile de les discerner. La loi 52, pp., *n. l.*, prévoit un de ces cas (2).

---

(1) Le Code Napoléon, plus précis, fixe le maximun à cinq ans. Le jurisconsulte romain, qui n'est pas un législateur, et par suite n'établit jamais de délai fixe, se contente d'établir le principe de la limitation, s'en rapportant au juge pour apprécier chaque convention d'après les circonstances.

(2) Voici l'espèce de la loi 52, pp. Nous sommes voisins d'un fonds qui est à vendre; nous convenons que vous l'achèterez et m'en céderez une certaine portion contiguë à ma propriété. Cependant, j'achète moi-même le fonds sans vous en prévenir; avez-vous action pour me contraindre à vous faire part de la chose achetée? Selon Julien, dont Ulpien reproduit et adopte l'opinion, il y a d'abord une question de fait à résoudre; était-ce une société ou un mandat? Vous avais-je simplement chargé d'acheter le fonds et de m'en céder une part? Dans ce cas, je ne puis être actionné: je vous avais donné un mandat, je suis réputé l'avoir révoqué. Avait-il été entendu, au contraire, que l'opération se ferait en commun, *ut quasi commune negotium gereretur?* il y avait société, et vous avez contre moi l'action *pro socio*.

La société semble aussi se confondre avec la convention que les interprètes appellent *le pacte estimatoire*. Je vous livre une chose pour que vous la vendiez ; nous l'estimons, et vous vous engagez à me rendre, ou cette chose elle-même en bon état, ou la valeur de l'estimation. A quelle action donne naissance un semblable pacte ? Ce n'est pas une action *mandati ;* le mandat est toujours gratuit. Donnerons-nous une action *ex vendito*, à cause de l'estimation ? Non, ce n'est pas une vente ; celui qui a reçu la chose estimée n'est pas obligé précisément à payer le prix : il peut, s'il veut, rendre la chose. Sera-ce l'action *ex locato*, comme si vous aviez loué vos services ? Non, car il n'y a pas un prix déterminé. Et, d'ailleurs, quand même cette raison de décider n'existerait pas, il répugnerait toujours au contrat de louage que celui qui a reçu la chose pût à son gré rendre cette chose ou l'estimation (cf. LL. 1 et 2, *De æstimatoria* 19, 3 ; L. 13, pp. *præsc. verb.*, 19, 5).

Quelle action faut-il donc donner ? Ulpien, dans la L. 13, *præsc. verb.* 19, 5, dit qu'il y aura toujours lieu à l'action *præscriptis verbis*, et jamais à l'action *pro socio*. Dans la loi 44, *n. t.*, au contraire, il donne tantôt l'une, tantôt l'autre de ces deux actions.

Comment concilier ces deux textes ? L'opération constitue un contrat innomé, si on ne peut y trouver tous les éléments de la société, et donne lieu, par conséquent, à une action *præscriptis verbis* ; mais elle peut réunir tous les éléments de la société : par exemple, la personne chargée de vendre peut, à raison de son industrie, faire un marché plus avantageux que toute autre. Elle fait alors un apport d'industrie ; le propriétaire de l'objet à vendre reste sans doute propriétaire, mais il fait apport à la société de la vénalité de cet objet. Il s'agit de réaliser un bénéfice, qui est le prix plus élevé que l'on espère obtenir par l'entremise du vendeur, et chacun, sinon participe, du moins espère participer aux bénéfices.

La société ne se confond nullement avec le louage de chose ordinaire ; l'analogie est plus grande avec le louage d'industrie. Dans les deux cas, celui qui fournit son travail veut en obtenir la récompense ; mais en cas de société, il y a quelque chose de plus : l'ouvrier ne veut pas seulement être indemnisé de son travail, il entend aussi faire un bénéfice résultant de l'union formée entre son industrie et le capital de son associé. Ajoutons d'autres différences pratiques : dans la société, il y a un fonds social, et l'associé est passible de la perte ; il n'y a rien d'analogue au cas de louage.

La difficulté est plus grande quand il s'agit des conventions que nous appelons aujourd'hui colonat partiaire et bail à cheptel, et qui étaient connues en droit romain. Sont-ce des sociétés donnant lieu à l'action *pro socio* ? Sont-ce des louages donnant lieu aux actions *locati* et *conducti* ? Sont-ce des contrats innomés ne donnant lieu qu'à des actions *præscriptis verbis* ?

Parlons d'abord du colonat partiaire, c'est-à-dire du contrat par lequel nous convenons que vous jouirez de mon fonds, et que, comme prix, vous me donnerez telle quotité des fruits perçus.

1re opinion. — Cette convention est un louage. — Les parties ont voulu atteindre le but qu'elles atteignent par le bail à ferme, et non pas faire une société, c'est-à-dire unir le fonds de l'un à l'industrie de l'autre pour spéculer sur le fonds social ainsi formé. Une seule différence distingue cette convention du louage ordinaire : le prix du bail ne consiste pas dans une somme fixe, mais dans une portion de fruits.—Cela répugne-t-il donc à l'essence du contrat de louage ? Les partisans de cette première opinion ne le croient pas. D'abord, il est admis par presque tous les auteurs que le prix, en cas de louage, peut consister non-seulement en argent, mais en denrées ou autres choses fongibles dont la quantité est déterminée, par exemple, en un certain nombre de mesures de froment (1). — Mais dans le colonat partiaire il y a quelque chose de plus : le prix consiste en une portion aliquote des fruits ; cependant, même dans ce cas, le louage peut exister. En effet, quel motif sérieux y aurait-il de distinguer ? D'ailleurs la loi 35, § 1, *Loc. cond.*, 19, 2, n'est-elle pas décisive ? Selon cette loi, il y a louage dans le cas suivant : *Si proponatur inter duos, qui sin-*

---

(1) Cf. lois 8 et 21, au Code *De loc. cond.*, 4, 65; cf. Cujas, ed. de Naples, I, p. 1486, et IX, p. 411; Corasius-Miscellan, 11; Godefroy, sur la loi 21; C. *De Loc.*; Contra, *Vinnius*, Inst., § 2, n° 2; Fachin; cout. I, 82).—C'est à cette règle qu'il faut attribuer la variété des termes dont on se servait pour désigner le prix du bail. *pretium, reditus, reductus, canon, pensio, rectigal.* Le prix, en cas de louage, n'est pas soumis aux mêmes règles qu'en cas de vente; *non obstant* le § 2, Inst., *Loc. cond.*, 3, 24, et la loi 23 *Com. divid.*, 10, 3. -Dans les cas prévus par ces textes, la jouissance d'une chose a pour corrélatif non pas une quantité de fruits, mais la jouissance d'une autre chose. N'objectez pas non plus la loi 1, § 1, *Depositi*, 16, 3, et la loi 5. § 2, *Præsc. verb.*, 19, 5, qui parlent du louage d'industrie pour lequel nous admettons qu'il faut un prix en argent.

gulos proprios fundos haberent , convenisse, ut alter alterius ita conductum haberet, ut fructus mercedis nomine pensaretur. Aussi Cujas, après avoir dit qu'il y avait louage quand le prix consistait en une redevance fixe en nature, ajoutait : *Quin etiam pensari potest et locationem esse, si cum partiario ita convenerit ut inferret quotannis fructuum, qui perciperentur, partem dimidiam aut tertiam, nullo adjecto modo* (Cujas, I, p. 1486). Les règles essentielles du contrat de louage ne sont donc aucunement blessées dans la convention dont nous recherchons le caractère.

Enfin ne trouvons-nous pas la confirmation du premier système dans la loi 25, § 6, *Locat. cond.*, 19, 2. — Cette loi traite du louage : elle suppose une perte très-considérable arrivée par force majeure ; le locataire ne devra pas en souffrir. Puis elle ajoute : *Apparet autem de eo nos colono dicere, qui ad pecuniam numeratam conduxit : alioquin, partiarius colonus quasi societatis jure et damnum et lucrum cum domino fundi partitur.* De cette loi ne peut-on pas conclure : 1° le colonat partiaire est une sorte de louage, puisqu'après avoir posé une règle s'appliquant en général au louage, on juge nécessaire de dire qu'elle ne s'applique pas au colonat partiaire ? — 2° Ces mots *quasi societatis jure* prouvent que la convention n'est pas une société, mais que, dans certains cas seulement, elle est traitée comme si elle était une société.

2° *opinion.* — Le colonat partiaire est un contrat innomé. Les partisans de cette seconde opinion disent avec le premier système : ce n'est pas une société, l'intention des parties y répugne ; et avec le troisième système : ce ne peut pas être un louage, le prix du louage ne peut pas consister dans une portion des fruits. Ils en concluent que c'est un contrat innomé qui tient à la fois du louage et de la société, mais qui n'est ni l'un ni l'autre (Coquille, 206; Favre, *Ration. sur la loi* 25, § 6, *Loc. cond.*).

3e *opinion*. — C'est une société (1). — Invoquons d'abord les textes du Digeste.

La loi 52, § 2, *n. t.*, parle de la responsabilité des associés en cas de faute, et, comme exemple de société, elle donne le cas où *agrum politori damus, in commune quærendis fructibus*. — N'est-ce pas le colonat partiaire?

Quant à la loi 25, § 6, *Loc. cond.*, 19, 2, le premier système abuse de son texte ; elle juge nécessaire de dire que la règle qu'elle pose pour le cas de louage ne s'applique pas au colonat partiaire, parce qu'en effet il y a analogie entre les deux situations, et que de plus le mot *colonus* s'employait dans les deux cas. Quant aux mots *quasi jure societatis*, ils veulent dire uniquement qu'on applique les règles de la société, et ils sont plutôt favorables au troisième système qu'ils ne lui sont contraires. D'ailleurs, que deviennent les explications contestables que nos adversaires donnent de cette loi en présence du texte formel de la loi 52, § 2, *n. t.*

---

(1) Cf. *Vinnius*, Inst., *De locat.*, Godefroid, Bartole, et Brunemann, sur la loi 25, § 6, *Locat.*; Cujas, dont l'autre système invoque l'autorité, nous est, dans un passage, pleinement favorable (cf. sur la loi 13, § 2, *Præsc. verb.*): *Cum partiario colono non contrahitur locatio, sed societas ; nam locatio fit mercede, non partibus rei.*

Pourquoi, en effet, ne serait-ce pas une société ? — Chacun fait son apport, l'un la jouissance du fonds, l'autre son industrie, pour obtenir un bénéfice qui est la récolte à faire, et ce bénéfice sera partagé. Mais, dit-on, les parties veulent obtenir le même résultat que par le louage ordinaire ; soit, mais elles veulent obtenir ce résultat par un moyen différent, par la société.

Ajoutons enfin que les clauses de cette convention sont contraires aux règles essentielles du contrat de louage. Nous admettons qu'il y a louage quand le prix consiste en une redevance en nature, pourvu qu'elle soit déterminée ; mais cette dernière condition est nécessaire : elle est remplie dans les conventions prévues par les lois 8 et 21 au Code, *De loc. cond.*, 4, 65. — Il n'en est plus de même si nous supposons que le prix consiste dans une portion des produits de la chose, car alors il n'y a pas véritablement de prix. — Le prix doit être dû et payé par le fermier ; dans notre espèce, n'est-il pas en quelque sorte payé par la terre elle-même ? Le propriétaire le prend, non à titre de location, mais à titre de propriétaire, comme partie de la terre elle-même. C'est ce qu'exprime Cujas dans le passage cité plus haut en note : *Locatio fit mercede, non partibus rei.*

On nous objecte la loi 35, 1, *Loc. cond.*, 19, 2, qui, dit-on, donne l'action *locati* dans un cas où la *merces* consiste en une redevance en nature non déterminée. Quel est le cas prévu par cette loi ? Nous avons un fonds commun, et convenons : *ut alternis annis certo pretio eum conductum haberemus.* Au moment où votre jouissance va finir, vous détruisez volontairement la récolte de l'année suivante ; je pourrai agir contre vous par l'action *conducti* pour la part indivise dont vous étiez propriétaire et dont je suis locataire, et par l'action *locati* pour la part indivise dont j'étais propriétaire et vous locataire. Sur ce premier point, pas de difficulté; il y avait une *merces* fixée en argent.

Mais le jurisconsulte Africain continue : « Servius donnait aussi, dans ce cas, l'action *communi dividundo*. » Africain l'approuve; c'est alors qu'il ajoute : *Quod ipsum simplicius ita quæremus, si proponatur inter duos, qui singulos proprios fundos haberent, convenisse ut alter alterius ita conductum haberet, ut fructus mercedis nomine pensaretur.* — *Quod ipsum simplicius,* cela veut dire que dans ce cas il n'y aura plus lieu à l'action *communi dividundo;* en effet, il n'y a plus de communauté, puisque chacun reste propriétaire de la chose. Il y a donc, dans ce cas, lieu aux actions *locati* et *conducti;* n'est-ce donc pas en contradiction avec les lois 17, 3, *Præsc. verbis,* 19, 5; 23, *Com. div.,* 10, 3, et le § 2, Inst. III, 24? D'après ces textes, il semble que dans l'espèce prévue il n'y a pas louage, parce qu'il n'y a pas *merces,* et que la convention ne doit donner naissance qu'à l'action *præscriptis verbis.* Cujas (I, 1486), et Favre (*Ration. ad. h. leg.*) ne le croient pas; selon eux, à la fin de notre loi 35, § 1, on suppose toujours que la *merces* est fixée, et on convient seulement que les fruits perçus seront imputés sur le loyer.

D'ailleurs, s'il fallait y reconnaître la décision que nos adversaires veulent y voir, nous ne nous regarderions pas cependant comme vaincus. Nous aurions, en effet, deux réponses à leur faire :

1° Admettons le sens que vous donnez à la loi 35, § 1;

cela prouve-t-il que le colonat partiaire soit aussi un louage? Nullement. D'abord, dans le colonat partiaire, rien ne répugne à la société, tandis que dans l'espèce de la loi 35, § 1, il ne peut y avoir société, parce que les bénéfices ne sont pas réalisés en commun; ensuite, la *merces*, il est vrai, n'est pas déterminée, mais elle consiste en des fruits d'un autre fonds, sur lequel le locataire n'a aucun droit de propriété, et non dans une portion des fruits de la chose elle-même. Nous ne trouvons donc pas là cette particularité qui nous empêche de voir un louage dans le colonat partiaire; il n'y a pas là un propriétaire percevant les fruits de sa chose à titre de propriétaire et non de locateur; il n'y a plus lieu de dire ce que disait Cujas : *Locatio fit mercede, non partibus rei.*

2° Nous pouvons voir dans cette loi 35, § 1, un vestige de l'ancienne controverse entre les Sabiniens et les Proculéiens; on se demandait quelles actions il fallait donner dans des conventions qui, tout en ayant de grandes analogies avec certains contrats, n'avaient pas cependant tous leurs caractères essentiels. Les Proculéiens donnaient l'action *præscriptis verbis*. Les Sabiniens, dont l'opinion du reste n'a pas prévalu, donnaient l'action du contrat qui se rapprochait le plus de la convention (1). Dans l'espèce, ils auraient donné évidemment l'action *locati*, puisqu'il ne pouvait être question de société. Cette explication n'est pas divinatoire : nous voyons, en effet,

---

(1) Cette controverse avait porté surtout sur l'échange. Fallait-il donner dans ce cas les actions *venditi et empti*, ou seulement l'action *præscriptis verbis* ?

par le § 2, Inst. III, 24, que la controverse avait porté précisément sur l'espèce qui nous occupe.

Nous avons fait à nos adversaires concessions sur concessions ; nous donnons à leur texte capital le sens qu'ils veulent lui donner, et nous ne pouvons y rencontrer une objection sérieuse.

Appliquons donc la loi 52, § 2, *n. t.*; reconnaissons dans le colonat partiaire une société. La convention donnera lieu à l'action *pro socio* avec ses conséquences ordinaires, le bénéfice de compétence et l'infamie. Le colon sera responsable de la faute *in concreto* comme l'associé, et non de celle *in abstracto* comme le locataire.

Faudra-t-il appliquer au colonat partiaire toutes les règles de la société, par exemple, notre convention finira-t-elle par la mort de l'une des parties? Ce résultat peut choquer ; cependant, il me parait difficile de le repousser, puisque, d'après les textes nous avons affaire à une société et que nous ne trouvons aucune trace d'exception faite aux règles ordinaires (Bartole et Godefroid sur la loi 25, § 6, *loc. cond.*).

Que décider maintenant pour le pacte, appelé en droit français cheptel à moitié, par lequel nous convenons que nous mettrons en commun nos troupeaux, que vous les ferez paître, et que nous en partagerons les produits dans telle ou telle proportion? Dans ce cas, il y a évidemment une société, tous les caractères s'y rencontrent (L. 52, § 2, *n. t.*).

Si nous supposons que je vous donne mon troupeau pour que vous le fassiez paître, et que nous convenions encore du partage des produits, sera-ce toujours une société? Je le crois, bien que cela ait été contesté; l'un

apporte la jouissance des troupeaux, l'autre son industrie;
la loi 13, § 1, me semble prévoir précisément ce cas, et
elle dit formellement que c'est une société (cf. Cujas VII,
p. 850).

Ce serait, au contraire, une *locatio operarum*, si vous
faisiez paître mon troupeau pour une somme d'argent
(L. 9, § 5, *loc. cond.*, 19, 2).

SECTION II.

Modalités du contrat de société.

Quelles modalités peuvent être apposées à un contrat
de société? Ce contrat peut être *ad diem* ou *ex die*. En
tout cas, il ne peut jamais durer plus que la vie des associés (cf. L. 1, pp., et 70, *n. t.*).

Que décider pour la condition? Autrefois, on discutait
s'il fallait l'admettre dans le contrat de société. Justinien
nous apprend l'existence de cette controverse dans la
loi 6, au Code, *n. t.*, et, en même temps, pour éviter toute
hésitation à l'avenir, il décide que la condition est possible.

La loi 1, pp., *n. t.*, du jurisconsulte Paul, admettait
aussi que la société pouvait être contractée *sub conditione;* est-ce une interpolation de Tribonien, prêtant à
Paul la décision de Justinien, ou bien Paul nous don-
nait-il son avis personnel sans faire allusion à la controverse? On est réduit aux conjectures.

Mais quelle raison avait pu faire douter de l'admissibilité de la condition? Voici l'explication de Cujas
(V, p. 479). La réalisation des apports doit se faire

par la *mancipatio*. Or, cette opération figurant parmi les *actus legitimi*, était incompatible avec la condition (L. 77, *De reg. juris*, 50, 17). Sous Justinien, la *mancipatio* n'existe plus, et la tradition suffisant dans tous les cas pour transférer la propriété, la raison de douter n'existe plus.

Si le système de Cujas était exact, il y aurait eu doute aussi pour l'admissibilité du terme; car les *actus legitimi* n'admettent pas plus le terme que la condition: or, nous ne trouvons pas de trace d'une semblable controverse. De plus, la mancipation ne pouvait être exigée que pour les apports consistant en choses *mancipi*. Pour les choses *nec mancipi* la tradition était possible, et la tradition admettait parfaitement la condition (L. 38, § 1, *De adq. vel amitt. poss.*, 41, 2).

D'ailleurs, est-ce vraiment la mancipation qui est affectée d'une condition? Non, c'est la société. Sans doute, par cela même cette condition pouvait affecter indirectement et tacitement la mancipation; mais la condition tacite et implicite ne suffit pas pour vicier un *actus legitimus* (1).

Doneau fournit une autre explication : les jurisconsultes ont pu hésiter à admettre une société conditionnelle, parce qu'ils y voyaient des obligations sous condition potestative. Chaque associé pouvant renoncer à une

---

(1) La loi 77, *De reg. juris*, 50, 17, est formelle, les exemples sont nombreux dans les textes. L'*acceptilatio* peut être faite pour une dette conditionnelle; cependant, n'est-elle pas par cela même conditionnelle? La dot peut consister dans une *acceptilatio* qui, alors, est faite sous la condition tacite que le mariage aura lieu.

société même déjà formée, pouvait à plus forte raison renoncer à une société future : il dépendait donc de sa volonté que la société fût ou non exécutée; or, une telle convention n'est-elle pas nulle (L. 8, *De oblig. et act.*, 44, 7)? Cette objection, du reste, n'avait pas prévalu; car la condition purement potestative seule annulait l'obligation : or, telle n'est pas la condition dont nous parlons, puisque la renonciation était subordonnée à certaines circonstances, à certaines règles qui en entravaient l'exercice.

Je préfère à ces deux explications celle donnée par des interprètes modernes. On hésitait à admettre la condition, parce qu'il y a quelque chose d'étrange dans la position d'un homme qui ne sait pas s'il est ou non associé. Si la condition vient à défaillir, l'acte ne convient qu'à lui; si cette condition est accomplie, au contraire, il a eu un associé. Cela serait bizarre, surtout s'il s'agissait d'une société *totorum bonorum*.

SECTION III.

Diverses espèces de sociétés.

Les jurisconsultes romains distinguaient les diverses espèces de sociétés en se plaçant au point de vue de l'étendue de l'objet. Les sociétés étaient *universelles* ou *particulières*, suivant que l'apport se faisait à titre universel, ou à titre particulier. Les sociétés universelles étaient *omnium bonorum* ou *universorum quæ ex quæstu veniunt;* Les sociétés particulières étaient *negotiationis alicujus* ou *rei unius* (cf. L. 5, *n. t.*; Gaïus 3, 148; Inst. 3, 25 pp.).

En droit français, on fait d'autres distinctions : on distingue les sociétés civiles et commerciales; il y a des subdivisions fondées sur les divers degrés de responsabilité et sur les garanties plus ou moins grandes offertes par les associés. Ces divisions n'existaient pas en droit romain; elles furent introduites dans notre vieux droit français ou dans le droit italien sous l'influence des besoins du commerce et de l'industrie. Nous verrons cependant que des règles spéciales avaient été introduites pour certaines sociétés.

Nous suivrons la classification des jurisconsultes romains et nous traiterons successivement des sociétés *omnium bonorum, universorum quæ ex quæstu veniunt, negotiationis alicujus, et rei unius.*

§ 1er. — Sociétés *universorum bonorum.*

Nous avons déja vu que, dans notre opinion du moins, cette société pouvait comme les autres résulter d'un consentement tacite, pourvu que l'intention des parties apparût manifestement.

La loi 1, § 1er *n. t.*, contient une règle spéciale aux sociétés *totorum bonorum* et qui constitue une exception remarquable aux principes du droit romain : *In societate omnium bonorum omnes res quæ coeuntium sunt continuo communicantur.* Ainsi, aussitôt le contrat formé, la propriété est transférée; ce qui était la propriété exclusive de chacun devient la propriété de tous.

Cela n'est-il pas contraire à cette règle : *traditionibus*

*et usucapionibus dominia rerum, non nudis pactis trans-
feruntur* (L. 20, Code, *De pactis* 2, 3). Les jurisconsultes romains, pour concilier cette décision avec les
principes, voyaient dans notre cas une tradition tacite :
*Quia licet specialiter traditio non interveniat, tacita tamen
creditur intervenire* (L. 2, *n. t.*). On présume un constitut possessoire; chaque associé possède *communi
nomine* les biens qui sont à lui; on sous-entend la tradition tacite par laquelle il déclarerait posséder au nom
de la société, c'est-à-dire de tous les associés; or, le
constitut possessoire suffit pour transférer la propriété.

Mais de ce que les Romains voyaient dans cette translation immédiate de la propriété la conséquence d'une
tradition tacite, ne nous faut-il pas conclure que pour les
choses *mancipi*, les autres associés n'acquerront immédiatement que la propriété bonitaire (1)?

Les jurisconsultes romains ont ainsi modifié les principes ordinaires du droit, parce qu'ils ont pensé que
l'application de ces principes en cas de société *totorum
bonorum* aurait présenté de graves difficultés pratiques;
il aurait fallu, pour faire un constitut possessoire exprès,
énumérer chaque objet du patrimoine. Les omissions ou
les fraudes auraient été faciles.

A quels biens s'appliquera cette règle spéciale de la
communication immédiate? Elle a trait seulement aux
biens présents et non pas aux biens acquis par l'associé,
une fois la société contractée (LL. 6, 74, *n. t.*). Cela se
comprend : la communication s'explique par un consti-

---

(1) Cujas croit au contraire qu'il y a là une mancipation sous-entendue ;
cette opinion me semble complétement divinatoire.

tut possessoire tacite qui est présumé résulter du contrat
de société. Ce constitut possessoire établi au moment de
la formation de la société ne peut nécessairement porter
que sur les biens présents. Au moment où sont acquis
les biens futurs, comment pourrions-nous dire qu'il y a
une tradition tacite? Il n'y a plus, en effet, à cette époque,
de convention entre les associés qui puisse servir de fondement, ou même de prétexte, à la présomption de ce
constitut possessoire.

Cette règle ne s'appliquera pas non plus aux créances
(L. 3, *n. t.*). En droit romain, on n'admettait pas la cession expresse et directe des créances : à plus forte raison n'admettait-on pas leur cession tacite; l'associé aura
l'action *pro socio* pour forcer le créancier à lui tenir
compte de sa créance, à la lui céder par un mandat *in
rem suam*.

Il nous reste à voir maintenant de quoi se composeront
l'actif et le passif des sociétés *totorum bonorum*.

I. *Actif*. — L'actif comprendra tous les biens présents
et futurs de chaque associé, tout ce qu'il a et pourra acquérir par quelque cause que ce puisse être, industrie,
donation, legs, succession (L. 3, § 1; L. 73, pp.
n. t.). Si l'un des associés subit une injure, éprouve quelque dommage sur sa personne ou autrement, il doit rapporter à la société ce qu'il a obtenu en dédommagement;
il en sera de même s'il a reçu une indemnité pour dommage fait à son fils (L. 52, § 16, *n. t.*).

La dot apportée par la femme de l'associé tombera
aussi dans la société *ipso jure*, si le mariage existait
avant la société; par les modes ordinaires de translation, si
le mariage est contracté pendant la durée de la société.

La dot tombe dans la société, car elle est partie inté-

grante des biens du mari qui a sur elle le *jus Quiritium*
et l'*in bonis* (1).

Elle y est *cum sua causa,* c'est à dire qu'il faudra avec
elle pourvoir aux dépenses du ménage. Si le mariage dure
encore après la dissolution de la société, le mari prélèvera la dot (L. 65, § 16, *n. t.*); car celle-ci, spécialement destinée à supporter les charges du mariage, suit
toujours le mari (2).

Supposons au contraire le mariage dissous alors que
la société dure encore, le mari peut être obligé de restituer la dot. Par exemple, si le mariage est dissous par
le prédécès de la femme, le mari doit rendre la dot profectice au père; la dot adventice, avant Justinien, à celui
qui l'a constituée et en a stipulé la restitution; après Justinien, à celui qui l'a constituée, à moins de convention contraire; en cas de divorce, la dot est toujours rendue à la
femme. Le mari, dans tous ces cas, pourra retirer la dot du
milieu de la société, mais seulement quand sera arrivé le
jour précis où doit se faire la restitution (L. 65, § 16, *n. t.*);
le mari peut en effet avoir des délais pour faire la restitution. Avant Justinien, si la dot se composait de choses
fongibles, elle devait être rendue par tiers en trois ans.
Sous Justinien, si la dot est mobilière, le mari a un délai

---

(1) Cf. loi 75, *De jure dot.*, 23, 3; Gaius, ii, 63. Si cette même loi 75 dit
que la dot est dans le patrimoine de la femme, elle veut dire seulement que
le mari devant supporter les charges du mariage parmi lesquelles figure en
première ligne l'entretien de la femme, celle-ci à la jouissance de la dot; mais
c'est moins un droit qu'une jouissance de fait (cf., L. 30, Code, *de Jure.*,
dot., 5, 12).

(2) Les applications de ce principe sont fréquentes dans les textes (cf., L. 20,
§ 2, 40 et 51. pp., *Fam. ercisc.*, 10, 2; loi 1, § 9, *De dote præleg.*, 33, 4;
loi 45, *De adopt.*, 1, 7; loi 56, § 1 et 2, *J. dot.*, 23, 3).

d'un an ; l'*interusurium* doit donc profiter à la société. Si le mari n'est pas obligé de restituer la dot, elle restera dans la société, et, à sa dissolution, elle entrera dans le partage comme les autres biens composant le fonds social (L. 66, *n. t.*).

Supposons enfin la société dissoute en même temps que le mariage ; par exemple, le mari associé meurt ; dans ce cas, l'héritier du mari doit restituer la dot à la femme ; il la prélèvera donc sur le fonds social. Si toutefois il a un délai pour la restitution, je crois, par application des principes, qu'il ne pourrait pas faire immédiatement le prélèvement. Supposons trois associés pour parts égales : Primus, Secundus et le mari décédé ; on fera le partage en trois parts, comme s'il n'y avait pas de dot à restituer ; mais Primus et Secundus donneront caution à l'héritier du mari de lui fournir à chaque échéance, où il lui faudra restituer une partie de la dot, le tiers de ce que cet héritier devra payer (arg. de la L. 65, § 16, *n. t.*, et des LL. 27, 28, *n. t.*)

Nous avons vu qu'on ne pouvait contracter une société ayant un objet illicite ; par application des mêmes idées, dans la société *totorum bonorum* n'entrent pas les gains illicites ou malhonnêtes que pourrait faire un associé (L. 52, § 17 ; L. 53, *n. t.*). La loi 53 donne comme motif : *quia delictorum turpis atque fœda communio est*. Ce motif est celui qui empêcherait qu'on ne mît valablement en société des biens dont on serait réellement propriétaire, du moment où cette société aurait un but illicite ; mais dans notre espèce n'y aurait-il pas un motif plus décisif encore ? N'entrent en société que les biens dont les associés sont propriétaires ; or, ils ne le sont pas des biens acquis par des moyens illicites et criminels. On ne peut donc pas demander par l'action *pro socio* que l'associé mette dans le fonds commun le bien qu'il a acquis par un délit (1); mais si l'associé l'a fait spontanément, les bénéfices acquis par ce moyen seront communs (L. 53, *n. t.*). On ne peut en dire autant du bien lui-même, car il n'appartenait pas à celui qui l'a mis en possession de la société. Toutefois, on n'admettra pas cet associé coupable à répéter ce bien, ou à le prélever au moment de la liquidation, sous prétexte que c'était un gain illicite : *nemo auditur propriam turpitudinem allegans*; et même, en admettant que les autres associés connussent l'origine criminelle de l'acquisition, on peut dire : *in pari causa turpitudinis potior est causa possidentis*. Cependant, si l'associé coupable poursuivi pour un délit était condamné à restituer, il pourrait reprendre ce qu'il a versé dans le fonds social (L. 54, *n. t.*).

II. *Passif.* — Nous venons de voir quel est l'actif des sociétés *universorum bonorum;* demandons-nous de quoi se compose leur passif.

Cette société, comprenant tous les biens présents et à

---

(1) Il faut donner une toute autre décision quand il s'agit de la pétition d'hérédité; l'héritier peut demander toutes les choses héréditaires, même celles acquises par des moyens illicites : *ne honesta interpretatio, non honesto quœstu lucrum possessori faciat* (Loi 52, *De her. pet.*, 5, 3) Le sénatusconsulte qui a été fait sur la pétition veut en effet que le possesseur, même de bonne foi, ne retire aucun profit, ne conserve absolument rien de la possession de l'hérédité (Favre, *Ad h. Leg.*).

On donne à peu près la même décision pour le mandataire. Il ne doit rien garder de ce qu'il a acquis en vertu du mandat (L. 46, § 4, *De procur.*, 3, 3).

venir des associés, doit supporter toutes les charges de ces biens, tant les présentes que celles à venir. C'est le cas d'appliquer le brocard : *bona non intelliguntur nisi deducto œre alieno.* »

La société supporte donc toutes les dettes présentes de chaque associé, et les dettes, charges des successions, legs ou donations échus à l'un des associés. Il faut aussi faire entrer dans le passif de cette société les dépenses que chaque associé sera obligé de faire devant la société, car c'est une charge des biens à venir. Citons comme exemple les frais de nourriture et d'entretien des associés et de leurs enfants ; l'éducation et l'établissement de ces derniers, et généralement toutes les dépenses raisonnables auxquelles la bienséance pourra engager chacun des associés, pourvu qu'elles soient faites avec une sage économie, eu égard aux facultés de la société et à la qualité des personnes (1) (cf. Poth., *de la Soc.*, n° 37).

Regarderons-nous aussi comme devant être comprises dans le passif social les dots des filles de chaque associé ? Nous le croyons. La dot, en droit romain, est une véritable dette du père de famille (L. 19, *De ritu nuptiarum*, 23, 2 ; cf. Voet, II. 603, Poth., *Société*, n° 38). On a voulu contester cette décision en invoquant la loi 81, *n. t.*; cette loi est importante : elle contient plusieurs décisions. Expliquons-la en suivant l'ordre du texte.

« Un associé a promis une dot pour sa fille ; avant de

---

(1) Nous trouvons une application de ces principes dans la loi 73, *n. t.* qui nous dit que les dépenses faites pour la magistrature du fils de l'un des associés seront à la charge de la société.

« l'avoir payée, il meurt, laissant cette fille pour héri-
« tière. Celle-ci, peu après, agit contre son mari pour se
« faire restituer la dot (il faut supposer, par exemple,
« qu'il y a eu divorce); elle obtient, par *acceptilatio*,
« libération de l'obligation qui lui était imposée de
« de payer sa dot. » Elle ne pouvait demander à son mari
autre chose que cette libération, puisque la dot n'avait
pas été payée, et que, comme héritière de son père, elle
avait succédé à l'obligation de faire ce payement (1).

Nous avons vu quelle était l'espèce posée en tête de la
loi 81. Le jurisconsulte continue : « Il a été demandé :
« la femme peut-elle agir par l'action *pro socio*, et pré-
« lever sur le fonds social la valeur de la dot, si on était
« convenu entre les associés que les dots seraient consti-
« tuées sur le fonds social? » On prévoit le cas où la
femme veut convoler en secondes noces. Dans ce cas,
comme nous le verrons plus bas, elle a droit à la dot qui
lui avait été promise pour son premier mariage. Le jurisconsulte suppose qu'il y a eu une clause expresse déci-
dant que les dots seraient constituées sur le fonds social.
— Est-ce donc que sans cela elles n'auraient pu l'être?
Domat le comprend ainsi ; il n'admet pas qu'à moins de

---

(1) Dans le cas de la loi 81, le mari ne sera pas obligé de restituer la dot
qu'il n'a pas reçue. Cependant, en général, à la dissolution du mariage le
mari est tenu de restituer la dot, non-seulement quand elle lui a été payée,
mais aussi quand c'est par sa faute qu'il ne l'a pas obtenue (cf., L. 33, *De
jure dot.*, 23, 3). Mais cette même loi 33 ajoute : Le père de la fille a promis
une dot qu'il n'a pas payée, et, la fille morte, le père agit contre le mari en
restitution de la dot. Il sera repoussé : *Quia non potest imputare, aut culpæ
vertere viro benignitatem suam, qui non urserit ad solutionem.* Les mêmes
motifs font donner la même décision dans l'espèce de la loi 81, n. t.

conventions spéciales, l'associé *totorum bonorum* puisse prendre dans le fonds commun de quoi doter ses filles (Dom., 1, p. 99). Cependant, la majorité des interprètes repousse cette opinion. Elle voit dans la dot des enfants une charge des biens à venir, et par suite, de la société ; elle repousse l'argument tiré de la loi 81, en faisant remarquer que cette loi ne prévoit pas le cas d'une société *totorum bonorum*. C'est, en effet, ce qu'établira la suite du texte. Dès lors, cette décision ne vient pas contredire la décision que nous avons donnée plus haut d'après les principes ; et, ce que le texte décide pour les sociétés autres que de tous biens, dans le cas où il y a un pacte exprès, nous l'appliquerons aux sociétés universelles, alors que ce pacte n'existe pas.

Nous avons donc vu ce que se demandait Papiniën dans la loi 81 ; mais, ainsi qu'il agit ordinairement dans ses *Questions*, le jurisconsulte, avant d'arriver à la solution principale, discute plusieurs questions préalables et accessoires.

Tout d'abord, il se demande si le pacte lui-même, par lequel chaque associé est autorisé à prendre les dots de ses filles sur le fonds social est valable. « J'ai dit que ce « pacte était valable, pourvu que le prélèvement fût « accordé sans distinction à tous les associés ayant des « filles, et non pas à un seul ; mais, si ce pacte a lieu « en faveur de tous les associés, peu importe qu'un seul « d'entre eux ait une fille. »

Après avoir dit que le pacte était valable, et à quelles conditions il l'était, Papinien n'examine pas encore la question principale, il discute les diverses hypothèses qui peuvent se présenter dans l'exécution du pacte dont il s'agit. « Si le père a payé la dot, et l'a recouvrée, une « fois le mariage dissous, par la mort de sa fille, il doit « rendre l'argent de la dot à la société. » C'est ainsi que, d'après l'équité, il faut, à mon avis, interpréter le pacte.

Là apparaît clairement ce que nous disions plus haut, que la loi 81 ne traite pas le cas de société *totorum bonorum*. Dans ce dernier cas, en effet, le doute aurait-il pu exister? Est-ce que la dot profectice recouvrée ne tomberait pas dans le fonds social comme toute autre acquisition?

Toujours dans la même hypothèse, en supposant que le père a payé la dot : « Si le mariage est dissous par le « divorce, alors que la société existe encore, la dot est « recouvrée *cum sua causa*, c'est-à-dire de telle sorte « qu'elle puisse être donnée au second mari de la « femme. »

D'après Pothier, la dot retourne à la société, à cette condition que la société devra la conserver à la disposition de la femme pour le cas où elle se remarierait (Poth., Pand. I, p. 477). Cujas, au contraire, croit que la dot, dans ce cas, ne rentre pas dans la société, qu'elle reste au père, qui doit la conserver pour sa fille : cette dot est considérée comme étant plutôt dans les biens de la fille que dans ceux du père. La dot profectice, dans ce cas, est à peu près pour les filles de famille ce qu'est pour les fils le pécule *castrens* ou *quasi-castrens* (Cujas, *ad leg.*, 81, *n. l.*).

« Et si, dans ce cas, le premier mari, *facere non pos-* « *set*, c'est-à-dire était insolvable, et usant du bénéfice « de compétence, ne restituait pas toute la dot, le père

« ne pourrait pas prendre de nouveau dans la société de
« quoi constituer la dot, à moins que le cas n'eût été
« prévu expressément entre les associés. »

« Dans toutes ces matières, il importe beaucoup de
« voir si la dot a été donnée, ou seulement promise.

« Si la dot a été donnée, et que la fille devenue héri-
« tière de son père ait repris la dot *jure suo*, elle ne doit
« pas rapporter à la société cette dot, qu'elle aurait eue,
« quand même un autre aurait hérité de son père. »

Nous supposons toujours le mariage dissous par le
divorce, et la femme ayant droit à la dot pour un nouveau mariage ; la femme, en demandant la restitution de
la dot, agit, comme dit le texte, *jure suo*, et non pas *jure
hereditario*. Si la femme avait agi comme héritière, elle
aurait été obligée de remettre la dot dans le fonds social.

Nous arrivons maintenant à la question principale, à
celle qui a été posée à Papinien. La dot a été seulement
promise par le père associé : il meurt sans l'avoir payée ;
le mariage est dissous par le divorce ; la femme, héritière de son père, agissant contre son mari pour la restitution de la dot, n'obtient que l'*acceptilatio* ; peut-elle,
pour le cas de second mariage, prendre sa dot sur le
fonds social. Papinien répond : *Quod si accepto a marito
liberata est, nequaquam imputari posse societati non so-
lutam pecuniam.* Comment expliquer cette décision ?
Cujas, *ad leg.*, 81, *n. t.*, donne pour raison que la dot
n'a pas été constituée, et qu'elle ne peut l'être après la
dissolution du mariage. Il semble supposer que le père
n'a pas promis une dot au mari de sa fille ; mais seule-

ment, dans le contrat de société, on est convenu, *ut unusquisque pro filia dotem constitueret de communi :* il est certain que, dans cette convention, il n'y a pas de constitution de dot. Mais le texte ne prévoit pas cette hypothèse ; il suppose que le père a promis expressément la dot : il y a donc là vraiment constitution.

Voici quelle est peut-être la pensée du jurisconsulte : il a deux intérêts contraires à concilier ; la femme, d'un côté, a besoin de sa dot pour un second mariage ; de l'autre, la femme est héritière du père, et le père, quand le mariage est dissous par la mort de la femme, doit remettre la dot dans le fonds social ; or, la femme est tenue des mêmes obligations. Papinien embarrassé, décide alors que le *statu quo* sera maintenu ; si la dot a été payée, elle restera à la femme pour son second mariage ; si elle n'a été que promise, elle restera dans le fonds social. Cette solution, du reste, ne me paraît guère digne de l'esprit logique des jurisconsultes romains.

Ne tombent pas dans le passif de la société *totorum bonorum*, les folles dépenses qu'un associé a faites sans l'assentiment de son coassocié. Il n'y a pas là une charge des biens à venir, et ces dépenses doivent être précomptées sur la part de l'associé. Nous voyons ce principe appliqué dans la loi 59, § 1, *n. t.*, qui dit que l'associé restera seul chargé des pertes faites en se livrant à la débauche ou au jeu.

N'entrent pas non plus dans le passif de la société les condamnations encourues par l'un des associés, à raison des délits qu'il a commis (L. 52, § 18, *n. t.*). Cette loi fait cependant une restriction pour le cas où l'associé aurait été condamné injustement, sans qu'il y eût de sa faute ; par exemple, sans qu'il eût fait défaut (1).

Si nous supposons que le profit des délits a été versé dans la caisse sociale, la société sera tenue envers l'associé condamné ; dans quelle limite? Dans celle du profit, si les associés ignoraient le délit ; dans celle non-seulement du profit, mais aussi de la peine, s'ils le connaissaient (L. 55, *n. t.*). Cela sera vrai pour toutes les actions en cas de délits, actions pénales privées, ou même actions publiques entraînant des peines pécuniaires (L. 56, *n. t.*). Ces règles s'appliqueraient, encore que l'associé eût été condamné après la dissolution de la société (L. 56, *n. t.*). Tous ces recours se feront par l'action *pro socio ;* nous supposons en effet une société licite, ayant un but honnête, et par suite ayant donné naissance à l'action *pro socio.* S'il s'agissait au contraire de sociétés formées pour commettre des délits, ces sociétés seraient radicalement nulles, ne pourraient produire aucun effet légal, et il ne serait plus question des recours dont nous venons de parler (L. 57, *n. t.*).

---

(1) Mais quand sera-t-il établi que la condamnation était injuste? Domat (p. 08) semble s'en rapporter à l'équité des associés. Pothier (*de la Soc.*, n° 41) me semble avoir une opinion plus juridique. Selon lui, l'associé ne doit pas être recevable à alléguer qu'il a été condamné injustement, tant que la sentence subsiste. La chose jugée est présumée être la vérité. Mais s'il a fait infirmer la condamnation par le juge supérieur, et si, par suite de l'insolvabilité de la partie, il ne peut répéter ce qu'il a payé en exécution de cette sentence, cette perte devrait retomber sur la société.

§ 2. — Société *universorum quæ ex quæstu veniunt.*

Cette société existe non-seulement quand les parties l'ont adoptée expressément, mais c'est elle que l'on présume dans le silence des contractants (L. 7, *n. t.*).

Nous parlons ici de la société qui comprend tous les gains, de celle appelée par les interprètes *socielas generalis quæstuum*, par opposition à la société *specialis quæstuum*, qui ne comprend que les gains provenant d'une industrie déterminée (cf. L. 71, pp.). Cette dernière société rentre dans la catégorie des sociétés *unius negotiationis.*

Que comprend l'actif de cette société? Tous les profits provenant de l'industrie, de la profession, des actes ou des opérations quelconques des associés, par exemple : des achats, ventes ou louages (LL. 7, 8 et 52, § 8, *n. t.*); mais ne tombent pas dans l'actif de cette société : les hérédités, legs ou donations, soit entre-vifs, soit à cause de mort (l.l. 9 et 11, *n. t.*). Pourquoi? Les lois 9 et 10 répondent à cette question : *Fortassis hæc ideo quia non sine causa obveniunt, sed ob meritum aliquod accedunt; et, quia plerumque vel a parente, vel a liberto quasi debitum nobis hereditas obvenit.*

La cause de ces acquisitions est donc la considération du mérite personnel du donataire ou légataire, ou une sorte de dette naturelle envers l'héritier. Dès lors les acquisitions ne peuvent être comprises dans le *quæstus*, ni, par suite, tomber dans la société. La donation resterait propre au donataire, alors même que ce seraient les affaires communes qui en auraient été l'origine et l'occasion en procurant à l'associé la connaissance du donateur (L. 60, § 1ᵉʳ, *in fine, n. t.*).

Le passif comprend seulement les dettes qui sont le corrélatif de l'actif, c'est-à-dire celles qui proviennent des opérations dont la société a tiré profit : *sed nec œs alienum, nisi quod ex quæstu pendebit, veniet in rationem societatis* (L. 12, *n. t.*)

§ 3. — Société *unius rei vel certarum rerum.*

Dans cette société nous mettons en commun une ou plusieurs choses déterminées pour partager les bénéfices qu'elles produiront. Elle peut, par exemple, porter sur une hérédité ou sur les hérédités qui adviendront à chaque associé (L. 52, § 6).

N'entrent dans l'actif ou dans le passif de ces sociétés, que les gains ou les pertes résultant des objets composant le fonds social (1) (L. 52, § 6).

---

(1) Il peut être quelquefois difficile de déterminer si tels ou tels bénéfices doivent tomber dans la société. La loi 63, § 9, *n. t.*, examine une de ces difficultés. La société a pour objet un esclave commun aux deux associés ; Primus, l'un d'eux, fait un legs *sine libertate* à l'esclave ; ce legs appartient tout entier à Secundus, l'autre associé. En effet, il ne peut valoir que *ex persona Secundi*, et non pas *ex persona testatoris ;* or, quand un esclave est commun à deux maîtres et que les acquisitions par lui faites ne peuvent appartenir à l'un d'eux, elles passent en entier sur la tête de l'autre (L. 12, *De auctor. et cons. tut.*, 26, 8 ; LL. 1, § 4, *In fine*, et 18, pp. *De stip. serv.*, 45, 3.). Mais Secundus pourra-t-il être forcé par l'action *pro socio* de communiquer aux héritiers de Primus une partie des bénéfices qu'il a faits en vertu de ce legs ? N'est-ce pas un bénéfice provenant du fonds social ?

Cependant, Julien est plus porté à croire que Secundus n'y sera pas obligé, parce que, dit-il, il a fait cette acquisition *ob suam partem, non propter communionem.* Si le legs avait été fait *cum libertate*, on aurait appliqué la théorie du *jus accrescendi.*

§ 4. — Société *negotiationis alicujus*.

Cette société a pour objet une ou plusieurs opérations déterminées ou l'exercice d'une profession.

Son actif se compose des apports convenus ainsi que des bénéfices résultant des opérations sociales ; mais il ne comprend pas ce qui provient, pour tel ou tel associé, d'opérations étrangères à la société (L. 52, § 5, *n. t.*). Du reste, l'associé serait responsable, s'il négligeait les intérêts de la société pour s'occuper d'une industrie particulière.

Les objets de ces sociétés étaient très variés : les Romains s'associaient pour faire le commerce de terre ou de mer ; pour les opérations sur les immeubles, achats de terrains à bâtir et entreprises de constructions (L. 52, § 7 et 12, *n. t.*; Cic. *Pro Quintio*), pour la fourniture des armées (L. 52, § 4, *n. t.*); pour diverses autres spéculations qui nécessitaient des voyages lointains (L. 52, § 15, et 58, § 1); quelquefois les sociétés avaient des objets plus modestes : deux grammairiens mettaient en commun leur industrie pour partager ce qu'ils gagnaient avec leurs leçons (L. 71, *n. t.*); le Comédien Roscius contractait une société avec le maître de l'esclave Panurge pour apprendre à ce dernier l'art scénique (Cic., *Pro Roscio*).

Il y avait aussi des sociétés pour la traite des esclaves, et même les associés, dans ce cas, étaient tenus plus rigoureusement envers les tiers que dans les sociétés ordinaires. Il en était de même aussi dans des sociétés très-communes, les sociétés *d'argentarii*.

Les *argentarii* occupaient une grande place à Rome. Ils étaient à la fois banquiers, usuriers et prêteurs sur gages, changeurs, essayeurs de métaux, notaires, courtiers, commissaires-priseurs, agents de change, orfévres. Aussi était-il rare que les soins et la fortune d'un seul pussent suffire à la gestion d'une *mensa argentaria*; il fallait une association de personnes et de capitaux.

Mais, de toutes les sociétés, les plus importantes furent sans contredit celles qui eurent pour objet le fermage des impôts. Leur siége était à Rome; elles employaient un immense personnel; leur influence politique était considérable: on en trouve des témoignages remarquables dans Cicéron (*Ad. Att.* 6, 2; *Pro domo*, 74). Nous donnerons plus tard quelques détails sur l'organisation et l'administration de ces sociétés. Nous verrons que, par un privilége unique, elles formaient une personne juridique, et qu'elles étaient soumises à des règles spéciales, quant à la dissolution de la société par la mort de l'associé.

CHAPITRE II.

EXÉCUTION DU CONTRAT DE SOCIÉTÉ.

Nous avons vu naître la société; voyons-la vivre. Comment fonctionnera-t-elle? Quels seront les droits et les obligations des différentes parties? Mais une question primordiale se présente, qui a une grande influence sur les règles à donner dans ces divers cas. Les sociétés sont-elles des personnes morales, distinctes des associés qui les composent?

L'existence d'une personne juridique repose sur une fiction légale; c'est quelque chose d'exorbitant; sa création ne peut donc dépendre de la volonté des parties : il faut une intervention de l'autorité publique, se manifestant sous la forme d'une loi, d'un sénatus-consulte ou d'une constitution. Ces principes sont nettement posés dans la loi 1, *Quod cuj. univ.*, 3, 4. Et cette même loi ajoute : *Paucis admodum in causis concessa sunt hujusmodi corpora : ut ecce vectigalium publicorum sociis permissum est corpus habere : vel aurifodinarum, vel argentifodinarum et salinarum.*

N'est-ce pas formel? Les sociétés ne constituent des *corpora* que quand elles sont *vectigalium argentifodinarum* etc. Les autres sociétés rentrent dans le droit commun, c'est-à-dire qu'elles n'ont pas de personnalité juridique.

Il semble que le doute n'aurait pas pu se soulever. Cependant, beaucoup d'interprètes ont cru que toutes les sociétés constituaient des personnes morales : ils mettent en avant divers textes qui leur semblent contredire la décision de la loi 1, *Quod cuj. univ.* Ce sont d'abord la loi 22, *De fidej.*, 46. 1; la loi 3, § 4, *De bon. poss.* 37, 1 et la loi 31, § 1, *De furtis*, 47, 2. Toutes ces lois citent comme exemples de personnes juridiques les sociétés en général, sans restreindre l'exemple aux sociétés *vectigalium*.

Que disent ces lois? Que parmi les *corpora* il y a des sociétés; voilà tout. Mais, disent-elles, dans quel cas les sociétés sont ainsi des personnes juridiques? Nullement.

La réponse à cette question nous est donnée par la loi 1, *Quod cuj. un.* Il faut nous en tenir à cette décision ; les lois précitées ne la contredisent pas, elles ne font qu'y renvoyer.

On veut aussi tirer argument contre nous de la loi 65, § 14, *n. t.* Voici l'espèce : les associés ont constitué l'un d'eux caissier ; un autre associé a fait des dépenses ou subi des pertes pour la société : cette loi nous dit qu'il ne pourra agir que contre le caissier. Eh bien ! dit-on, si la société n'était pas une personne morale, l'associé aurait pu agir contre ses coassociés débiteurs, chacun pour leur part. Le texte ne prouve-t-il pas qu'il n'y pas là plusieurs débiteurs, mais un débiteur unique, la société, personne juridique, qui est représentée par le caissier?

Je ne crois pas qu'il soit nécessaire de recourir à l'idée d'une personne juridique pour expliquer ce texte ; il suffit des principes ordinaires du mandat. Tous les associés ont donné mandat à l'un d'entre eux de tenir leurs comptes ; l'associé agit donc contre le caissier comme le mandataire de ses coassociés.

Donc, aucun des textes invoqués contre nous ne fournit aucun argument sérieux, et nous restons en présence de la loi 1, *Quod cuj. univ.*, dont le texte est aussi formel que possible.

La solution que nous adoptons est confirmée par plusieurs textes, qui posent pour les sociétés ordinaires des règles inconciliables avec la personnalité juridique de ces sociétés. En effet, si nous avions affaire à des *corpora*; est-ce que la loi 13, § 1. *De Præsc verbis* 19, 5, nous dirait que l'associé ne perd pas complétement la propriété de la chose qu'il apporte? Ne veut-elle pas dire, en effet, qu'il conserve sur cette chose un droit indivis? Enfin, est-ce que la loi, 68, *n. t.* permettrait à l'associé d'aliéner sa portion dans le fonds commun.

On comprend, du reste, que la personnalité juridique n'ait été concédée qu'aux sociétés *vectigalium*. Nous avons vu quelle était à la fois l'importance de ces sociétés et la faveur dont elles jouissaient ; la multiplicité de leurs relations rendait nécessaire leur constitution en *corpus*, et leur immense crédit leur fit obtenir cet avantage.

Nous verrons à la fin de ce chapitre l'intérêt qu'il y a à distinguer si une société constitue ou non une personne morale. Examinons d'abord les règles des sociétés ordinaires.

Nous aurons cinq sections : 1° droits des associés sur les biens sociaux ; 2° adiministration de la société ; 3° rapports entre les associés et les tiers ; 4° rapports des associés entre eux ; 5° des sociétés constituant des personnes morales.

SECTION Ire.

Droits des associés sur les biens sociaux.

Faisons tout d'abord une remarque générale; lorsqu'il s'agit de sociétés ordinaires, et ce sont les seules dont nous nous occupions pour le moment, on se sert d'une expression impropre en disant que la société a tel ou tel droit, qu'elle est grevée de telle ou telle obligation. Tous les droits réels ou personnels reposent sur la tête des divers associés. Par exemple, quand on dit que la société

est propriétaire de tel objet, on veut dire par là que les associés sont copropriétaires, chacun pour sa part indivise ; quand une créance est acquise à la société, c'est chaque associé qui est créancier pour sa part. J'en dirais autant des dettes mises à la charge de la société (1). Chaque associé, ainsi que nous venons de le dire, est copropriétaire du fonds social : la conséquence naturelle est qu'il peut en disposer. Il parait que, dans l'origine, on avait douté s'il pouvait aliéner au profit d'un autre qu'un coassocié ; un rescrit de Dioclétien est venu dissiper sur ce point toute incertitude, et permettre l'aliénation au profit d'un étranger (L. 3, Code, *De. comm. rer.*, *alien.* 4, 52). On avait donné autrefois un droit de préemption aux associés ; mais cette décision fut abrogée par Valentinien et Théodose (L. 14, Code, *De cont.*, *empt.* 4, 38).

L'associé peut aliéner sa part ; mais il ne peut pas aliéner plus que sa part (L. 68, pp. *n. t.*; L. 16, *De reb. cred.*, 12, 1). Non-seulement l'associé ne peut aliéner la part de ses associés, mais il ne peut, par aucun acte, porter atteinte à leur propriété ; par exemple, il ne peut, en enterrant un mort dans le terrain commun, le rendre religieux ; ce serait, en quelque sorte, aliéner le fonds, car ce serait le mettre hors du commerce. Il ne pourrait ensevelir un mort que dans le cas où ce terrain contien-

---

(1) Nous verrons, toutefois, qu'il y a quelques distinctions à faire pour savoir dans quelle mesure est tenu chaque associé. Ces diverses questions seront examinées à la section III ; nous verrons enfin dans la section V quel intérêt il y a à dire que les droits reposent sur la tête de chaque associé et non sur un être idéal, la société.

drait un sépulcre; il peut, en effet, comme nous le verrons tout à l'heure, user de la chose commune suivant sa destination; mais s'il s'agit d'un terrain entièrement profane, l'associé qui y enterre un cadavre excède ses droits. Sans doute, l'exhumation ne peut se faire sans un décret pontifical ou une autorisation de l'Empereur; mais les autres associés peuvent demander une indemnité (1).

Le terrain social pourra être rendu religieux sans le consentement des coassociés, quand il s'agira d'enterrer le corps de l'un des associés (L. 41, *De relig.*, 11, 7).

Bien que l'associé n'ait pas le droit de rendre le terrain religieux, malgré la volonté de son coassocié, et qu'il soit, comme nous l'avons vu, obligé de l'indemniser, cependant, il peut apporter un cadavre sur le fonds commun, et, en cas d'opposition, vaincre la résistance par l'interdit *De mortuo inferendo*. Il est, en effet, propriétaire; cela suffit pour pouvoir agir par l'interdit; on n'exa-

---

(1) Par quelle action? selon Trebatius et Labéon, le chef des Proculéiens, c'est une action *in factum*. Ulpien nous rapporte leur opinion (L. 6, § 6, *Com. div.*, 10, 3). Ces jurisconsultes admettent sans doute que l'associé n'a pas le droit de rendre le terrain réellement religieux; mais cependant ce terrain a reçu par l'apport du cadavre un caractère tel, qu'il est, dans une certaine mesure, en dehors du commerce. Dès lors il ne peut plus être l'objet d'une société, il n'y a plus à parler d'action *pro socio*, et on doit recourir, pour faire payer l'indemnité, à l'action *in factum*, qu'on emploie quand toutes les autres font défaut.

Tel ne fut pas l'avis des Sabiniens; car Pomponius, rapportant l'opinion de Sabinus, nous dit qu'il y aura lieu à l'action *pro socio* (L. 39, *n. t.*). Cette dernière opinion prévalut; en effet, Ulpien, dans la loi précitée, ne fait que rapporter l'opinion de Labéon sans l'approuver. Nous le voyons au contraire dans la loi 2, § 1, *De relig.*, 11, 7, donner une décision qui ne peut se concilier qu'avec l'opinion des Sabiniens.

mino pas alors s'il y a un autre propriétaire. Il peut paraître bizarre que l'interdit appartienne ainsi à celui qui n'a pas le droit de rendre le terrain religieux; mais des raisons de piété et d'ordre public ont fait donner cette décision. Il importe, en effet, que l'on n'entrave pas les inhumations et que les cadavres ne restent pas sans sépulture (L. 43, *De relig.*, 11, 7).

Si l'associé peut aliéner sa part, il ne peut cependant apporter aucun changement dans ses rapports avec les autres contractants, il reste toujours associé. L'acquéreur au contraire n'est nullement associé, il est seulement possesseur d'un droit indivis; dès lors, comme tout copropriétaire, il a le droit de demander le partage par l'action *communi dividundo*; mais puisque l'aliénation ne peut nuire aux coassociés, le tiers ne pourra exercer cette action que dans les limites où l'associé vendeur aura pu lui-même l'exercer; — si, par exemple, une clause empêchait l'associé de demander le partage avant une certaine époque, elle serait opposable au tiers acquéreur (1). (L. 16, § 1, *n. t.*; L. 14, § 3, *Com. div.* 10, 3).

---

(1) La loi 17, pp., *n. t.*, ajoute que l'associé en vendant a contrevenu à la clause, et que par suite il doit être tenu de l'action *pro socio.* Comment expliquer cette décision? En quoi peut consister le dommage dont l'associé vendeur devra indemniser ses associés, puisque, comme nous venons de le dire, les associés pouvaient repousser la demande en partage que l'acquéreur intentait avant le délai fixé par la clause? Diverses interprétations ont été proposées : les uns disent : Paul, auteur de la loi 17, est souvent en désaccord avec Ulpien, auteur de la loi 16; peut être Paul appliquait-il ce principe, que les obligations du vendeur ne sont pas en général opposables à l'acheteur, qui n'est qu'un ayant cause à titre particulier. L'acheteur pouvait donc demander le partage quand il le voulait, et dans cette opinion il ne res-

Il est d'autres restrictions à ce droit d'aliénation. Du moment où le partage est demandé par l'action *communi dividundo*, et qu'il y a *litis contestatio*, l'associé ne peut plus vendre sa part, la demande en partage doit suivre son cours, quoi que fasse l'associé : on ne peut, en effet, aliéner les choses litigieuses (L. 1 et 2, Code, *De litig.*, 8, 37 ; L. 1, Code, *Com. div.* 3, 37 ; L. 13, *Fam. ercisc.*, 10, 2).

L'aliénation peut être antérieure au partage, mais faite *judicii mutandi causa*, si l'un des associés vend sa part pour se substituer, dans l'action en partage qui va bientôt être intentée, un plaideur plus influent. Nous supposons réunies toutes les conditions requises par la loi pour constituer l'aliénation *judicii mutandi causa;* il y a eu aliénation, *consilium mutandi judicii*, dol, aggravation de la position de l'autre partie. La vente reste valable, mais le préteur veille à ce que l'autre partie n'en souffre pas.

---

tait plus qu'une ressource à l'associé du vendeur, c'était de se faire indemniser par les actions *pro socio* ou *communi dividundo* utile.

Mais c'est, il me semble, imaginer sans preuve et sans nécessité une discordance entre deux textes du Digeste. Le dommage dont l'associé ou vendeur demande la réparation peut consister dans les frais du procès qu'il a été obligé de soutenir pour repousser la demande en partage; il a pu ne pás recouvrer ses frais, soit que l'acquéreur n'y ait pas été condamné, soit que celui-ci n'ait pas pu exécuter la condamnation. Cette explication est donnée par la Glose.

On peut supposer encore que l'associé du vendeur n'a pas su repousser la demande en partage de l'acheteur : il n'avait pas à cette époque les preuves de l'existence de la clause *ne dividat*. Aujourd'hui, au contraire, il lui est facile de l'établir; il demandera alors une indemnité du dommage qu'il a éprouvé en subissant le partage (arg. de la loi 10, § 3; *De edendo*, 2, 13; Favre, *Ration.* sur la loi 17, pp., *n. t.*].

Dans l'action *communi dividundo*, chaque associé peut être, défendeur ou demandeur;— celui qui se disposait à demander le partage aliène *judicii mutandi causa*. L'acheteur, qu'il soit complice ou non, ne pourra pas agir sans doute *jure civili*; l'action *communi dividundo* lui compètera comme à tout copropriétaire, mais le préteur annonce par son édit qu'il lui refusera cette action (Loi 12, *in fine, De alien. jud. mut.*, 4, 7). Le vendeur, au moins, pourra-t-il agir? Non. Ce n'est plus, il est vrai, l'édit du préteur qui lui refuse l'action, mais c'est la loi Licinia (1). (L. 12, *eod tit.*)

Supposons maintenant que l'un des associés se disposant à demander le partage, l'autre associé aliène *judicii mutandi causa*; le premier aura contre le second, en vertu de l'édit du préteur, une action *in factum* pour obtenir des dommages-intérêts (L. 24 , § 1, *Com. divid.*, 10, 3).

Mais aura-t-il l'action *communi dividundo* contre cet associé qui a aliéné par dol, en invoquant la maxime *dolus pro possessione est*? Non; car on ne dit pas *dolus pro*

---

(1) Sur quoi porte en réalité l'interdiction de la loi Licinia ? Sans doute, le vendeur ayant cessé d'être copropriétaire de la chose commune, ne pouvait demander le partage : il n'était pas besoin pour décider cela d'une loi spéciale. Mais notre loi prévoit le cas où l'aliénation ne serait pas maintenue, où elle serait, par exemple, rescindée pour vilité du prix : dans ce cas, le vendeur redevenu copropriétaire ne pourra pas cependant intenter l'action *communi dividundo*. La loi Licinia a encore une autre utilité. Alors même que l'on a cessé d'être copropriétaire, on a droit à une action *communi dividundo* utile pour le règlement des comptes, dépenses et fruits. Cette action sera retirée au vendeur par l'effet de la loi Licinia (cf. Favre, *Ration.*, ad. L. 12, *De action. jud. mut.*).

dominio est; or ce qu'il faut pour être défendeur à l'action *communi dividundo*, ce n'est pas seulement la possession, mais la propriété. — Cette action a pour but la division de la propriété, puisqu'il faut, par suite d'adjudications et de prestations réciproques, que chacun devienne propriétaire d'une part divise (cf. Favre, *Ration.*, *Ad leg.* 24, § 1, *Com. div.*).

Si l'un des associés affranchit l'un des esclaves sociaux, nous appliquerons les règles du *jus accrescendi*, et les modifications que leur firent subir les constitutions impériales, comme pour tout affranchissement fait par un copropriétaire (Paul, *Sent.*, 4, 12, 1 ; Ulp., *Reg.* I, 18 ; L. 1, Code *De com. serv.*, 7 ; § 4, Inst., *De Don.*, 2, 7).

L'associé peut aliéner une portion de ses droits dans la société, mais il ne peut, sans le consentement des autres parties, faire de son cessionnaire un nouvel associé qu'il adjoindrait aux anciens. Ce tiers restera donc étranger aux autres associés ; ceux-ci n'ont point contracté avec lui, et une société repose avant tout sur le choix réciproque des parties : *socii mei socius, meus socius non est* (LL. 19 et 20, *n. t.*; L. 47, *De reg. juris*, 50, 17).

Un tiers peut être adjoint comme associé, avec le consentement des anciens contractants. Ce consentement peut être tacite, et doit le plus souvent être reconnu comme existant quand les associés, ayant eu connaissance de la cession, ont permis au cessionnaire de s'immiscer dans les affaires sociales, et lui ont prêté leur concours (Casaregis, *Disc.*, 133, n° 8 et 9).

Si ce consentement n'existe pas, quelle est la situation de ce tiers auquel les jurisconsultes modernes donnent le nom de croupier, vis-à-vis de l'associé avec lequel il a traité, et vis à vis des autres associés?

Quelle est d'abord sa position vis-à-vis de l'associé avec lequel il a traité? Il y a entre eux une nouvelle société greffée en quelque sorte sur l'ancienne; le tiers est cessionnaire d'une partie des droits de l'associé cédant; ce sont ces droits qui constituent sa mise; le cédant apporte ce qui lui reste de sa part. Tous les caractères du contrat de société se rencontrent dans cette convention (1); d'ailleurs, les lois romaines sont formelles sur ce point (LL. 19 et 20, *n. t.*).

Quelle est la position du croupier vis à vis des autres associés? Il n'est pas leur associé; entre eux il n'existe pas de rapports directs. Supposons Primus et Secundus associés. — Secundus cède une partie de ses droits à Titius sans le consentement de Primus. Primus fait des bénéfices; Titius ne pourra agir contre lui pour participer à ces profits; mais Primus les communiquera à Secundus, qui, à son tour, en fera part à Titius (L. 21, *n. t.*)

De même Primus ne peut agir contre Titius pour lui, faire supporter sa part des pertes; — il agira contre Secundus qui, à son tour, recourra contre Titius.

Si Titius a fait des bénéfices avec le fonds social, Primus ne pourra agir que contre Secundus, qui est responsable du fait de Titius, et qui pourra recourir contre lui (L. 21, *n. t.*).

Titius cause quelque dommage à la société par sa

---

(1) M. Duvergier (n° 375) a cependant élevé des doutes sur ce point. Mais son opinion, insoutenable en droit romain, est même universellement repoussée par les interprètes du Code Nap.

faute; Primus agira contre Secundus qui est responsable; celui-ci pourra demander la réparation à Titius, et même il n'aura pas besoin pour agir d'attendre qu'il soit actionné par Primus; il pourra prendre l'initiative, (L. 22, *n. t.*).

Supposons que Titius, auteur du dommage, soit insolvable; Secundus, actionné par Primus, sera-t-il quitte en cédant à ce dernier son action telle quelle contre Titius, ou bien sera-t-il responsable du fait de son croupier, alors même qu'il ne pourrait exercer contre lui qu'un recours insuffisant; Pomponius avait hésité, mais Ulpien décide que Secundus sera tenu dans tous les cas, parce que, dit-il, c'est par sa faute que le tiers a été mêlé aux affaires de la société (Loi 23, pp. *n. t.*) Secundus, ainsi poursuivi pour dommage causé par Titius, ne pourra opposer en compensation les profits que Titius avait procurés à la société (L. 23, § 1, *n. t.*); il n'y a là rien de spécial à notre matière : c'est une application de cette règle générale, que l'associé doit réparer les dommages qu'il cause sans pouvoir les compenser avec les bénéfices qu'il procure.

Si le dommage a été causé par la faute de Primus, Secundus aura action contre lui, et devra communiquer le bénéfice de cette action à Titius (L. 22, *n. t.*).

Mais si Primus est insolvable, Secundus sera-t-il garant envers Titius de cette insolvabilité comme il était garant envers Primus de l'insolvabilité de Titius?

Certains interprètes l'admettent. La loi 22 ne dit-elle pas en général que l'associé est responsable vis-à-vis du croupier du fait de son associé, sans distinction ni limitation? Le croupier doit sans doute participer aux pertes qui naîtront de l'entreprise sociale elle-même, par exemple à celles résultant d'un incendie ; mais il ne supportera pas les pertes provenant des associés eux-mêmes ; car, si l'objet de la société entre Secundus et Titius est l'entreprise formée par la société principale, cet objet est purement réel, et nullement personnel. Titius n'a rien de commun avec Primus et n'a pas contracté avec lui (cf. Merlin, V° *Croupier*).

Cette opinion est généralement et avec raison repoussée. Titius, cessionnaire d'une partie des droits de Secundus, ne peut avoir d'autres droits que son cédant. Le cédant n'est garant que de l'existence du droit cédé, et non de la solvabilité du débiteur éventuel. D'ailleurs, que penser de la distinction faite par l'autre opinion entre les pertes réelles ou personnelles ? Qu'a voulu faire Secundus ? Associer Titius à toutes les chances qu'il courait lui-même, quelles qu'elles fussent. Les deux éléments de la société, les choses et les personnes, ne peuvent se séparer. Le dommage provenant de la faute de Primus diminue l'actif social ; qu'importe dès lors que Titius n'ait pas contracté avec Primus, il n'en subit pas moins par la force des choses les conséquences de sa faute, en tant que l'actif social peut en être affecté. Quant à la loi 22, après avoir dit, il est vrai, *factum quoque sociorum debet ei præstare,* elle ajoute : *quia ipse adversus eos actionem habet.* Le motif de la décision nous indique sa portée ; c'est donc seulement dans la limite de ce qu'il peut obtenir par son action contre Primus que Secundus est responsable des fautes de ce dernier. Il n'y a pas, du reste, de contradiction entre cette décision et celle donnée par la loi 23 pp. *n. t.*

Pourquoi, en effet, d'après la loi 23, Secundus est-il responsable de l'insolvabilité de Titius? Parce que c'est par sa faute que Titius s'est immiscé dans les affaires de la société. En est-il de même dans notre cas? Nullement. Quand Titius a contracté avec Secundus, la société principale existait déjà; il l'a acceptée telle qu'elle était avec ses éléments bons et mauvais, réels et personnels.

Nous avons supposé jusqu'à présent que l'associé n'a cédé qu'une portion de ses droits dans la société. Si la cession embrasse tous ses droits, les solutions seront évidemment les mêmes, car il ne peut pas plus se substituer que s'adjoindre un associé. Dans ses rapports avec les contractants primitifs, le cédant reste associé; mais entre lui et le cessionnaire il m'est difficile de voir une nouvelle société, puisque le cédant désormais n'a plus aucun droit; celui-ci me semble plutôt être le mandataire du cessionnaire, chargé de le représenter dans la société principale.

Nous n'avons pas sans doute énuméré tous les droits des associés sur le fonds social. Il est toute une classe de droits qui leur appartient pour mettre en mouvement la société, alors que le contrat n'établit pas d'administration; nous en parlerons dans la section suivante.

SECTION II.

Administration de la société.

La société est un moteur nous l'avons déjà dit. Ce n'est pas un contrat qui, une fois fait, produit de lui-même ses résultats, et n'a plus besoin de l'activité des contractants;

il faut donc faire fonctionner la société. Qui administrera, exploitera le fonds social pour réaliser les bénéfices ? Sur ce point il faut distinguer : ou bien les contractants ont réglé l'administration et choisi des gérants, ou bien ils n'ont rien réglé.

§ 1er. — Les contractants ont nommé un ou plusieurs gérants.

Il faut exécuter sur ce point les conventions des associés. Le titre *pro socio* est muet sur les attributions de ces gérants; faut-il donc en conclure que l'état normal de la société était la participation de chacun des associés à la gestion sociale, plutôt qu'une délégation de leur pouvoir individuel? Cela n'est pas vraisemblable. Nous voyons au contraire, dans les textes, des vestiges de l'existence des gérants (cf. L. 65, § 14, *n. t.*; L. 14, *De pactis*, 2, 14; L. 57, *De verb. signif.*, 50, 16). On peut expliquer le silence du titre *Pro socio*; ce titre avait surtout pour objet les obligations qui tiraient leur origine de la seule qualité d'associé : elles étaient réglés par des principes nouveaux, spéciaux au contrat de société, qu'il était nécessaire d'exposer. Au contraire, ce titre parlait peu des rapports des gérants avec les associés, rapports qui étaient régis par les principes précédemment exposés du contrat de mandat.

Les gérants sont appelés par les textes *Magistri* (L. 14, *De pactis* 2, 14; L. 57, *De verb. signif.*, 50, 16). Le plus souvent ils seront pris parmi les associés eux-mêmes.

Quels seront leurs pouvoirs, leur responsabilité ? Sur tous ces points appliquons les règles du mandat : si les pouvoirs sont déterminés par les clauses du contrat, pas de difficulté; sinon les administrateurs ont les pouvoirs de faire tous les actes nécessaires aux affaires sociales : c'est l'intention des parties. Ils peuvent aussi poursuivre les débiteurs sociaux, faire les recouvrements, donner quittance, faire les achats et les ventes qui sont dans la destination de la société. On ne peut donc dire d'avance si ces gérants ont ou non le pouvoir d'aliéner; il faut voir, d'après les circonstances, quelle a dû être la volonté des parties.

On peut nommer plusieurs administrateurs. Le plus souvent alors leurs pouvoirs seront déterminés par l'acte de société; s'il n'en est pas ainsi, chaque gérant peut, séparément et sans le concours des autres, faire tous les actes d'administration.

§ 2. — Les contractants n'ont nommé aucun gérant.

Malgré l'absence d'administrateurs, il faut cependant que la société marche; elle ne peut être réduite à une inaction qui serait contraire à son essence et à la volonté des parties. Personne n'est administrateur; alors tous le sont, chacun peut agir.

Mais par cela même que tous ont un droit égal, ils peuvent mutuellement paralyser leur action. L'associé ne peut agir malgré le *veto* d'un seul de ses coassociés. En effet, nous fondons ce droit d'agir qu'a chaque partie, sur la présomption qu'elle a reçu des autres contractants un mandat général d'administrer. Tant que rien ne vient démentir cette présomption, elle subsiste; mais elle s'évanouit devant l'opposition de l'un des associés. Ajoutons ce que dit Papinien : *In re enim pari potiorem causam esse prohibentis constat* (L. 28, *Com. div.*, 10,

3; cf. L. 11, *Si serv. vind.*, 8, 5 et 27, § 1, *De serv. urb.*, *præd*, 8, 2). Nous ne disons donc pas que l'associé qui fait opposition ait plus de pouvoir que les autres, mais il demande l'inaction, le maintien du statu quo, c'est-à-dire ce qui est le moins dangereux. Si l'on agissait malgré le veto, ce serait en quelque sorte s'emparer de la chose d'autrui (L. *Si serv. vindic.*, 8, 5). Un seul associé peut donc arrêter un acte qu'agréent tous les autres associés. Il n'y a pas ici à parler de majorité; sa puissance n'est reconnue que dans les sociétés qui constituent des personnes morales.

Faisons l'application de ces principes. Un associé veut faire des constructions; les autres peuvent l'en empêcher; mais supposons que ces constructions aient été faites; si les autres associés les ont autorisées, ils ne peuvent pas ensuite les faire démolir ni demander d'indemnité (L. 28, *Com. div.*, 10, 3). S'ils ont gardé le silence, ils peuvent, dans le cas où la société éprouve un préjudice, réclamer une indemnité. Ils peuvent de plus exiger l'enlèvement des constructions, s'ils y avaient fait opposition, ou s'ils étaient absents au moment où elles ont été faites (L. 28, *Com. div.*, 10, 3).

Mais supposons les associés silencieux et présents au moment des travaux; peuvent ils ensuite venir exiger la démolition? Papinien leur refuse ce droit (L. 28, *cod. tit.*). Les associés doivent imputer à leur négligence l'achèvement de ces constructions (1).

---

(1) Paul n'est-il pas plus large, ne donne-t-il pas le droit d'enlèvement sous cette seule restriction : *Si modo toli societati prodest opus tolli* (L. 28, *De serv., præd. urb.*, 8, 2). Cependant, on croit généralement que cette dernière

Comment l'associé s'opposera-t-il aux actes de son associé ? Intentera-t-il, comme en cas de servitude, une sorte d'action négatoire dans laquelle il dirait : *Jus non esse tibi œdificandi ?* Non ; on ne peut parler ici de servitude, il ne peut en exister au profit du copropriétaire, sur le fonds commun. La règle *nemini res sua servit* s'y oppose (L. 26, *De serv. prœd. urb.*, 8, 2). On ne pourra pas non plus recourir à l'*operis novi denuntiatio ;* elle suppose qu'on agit *jure servitutis*, et ne peut avoir lieu entre associés (L. 3, § 1. *De op. nov. nunc.*, 39, 1).

Pour exercer le veto il faudra donc agir non pas *jure servitutis*, mais *jure dominii*. L'opposition se fera par l'action *communi dividundo* (L. 26, *De serv. prœd. urb.*, 8, 2), ou *per prœtorem*, c'est-à-dire par l'interdit, et principalement par l'interdit *uti possidetis*, qui compète à celui qui est troublé dans sa possession (L. 3, § 1, *De op. nov. nunc.*, 39, 1 ; cf. Favre sur la loi 11, *Si serv. vind.* ; Cujas iv, 152).

L'associé, qui doit en principe s'arrêter devant l'opposition de l'un de ses coassociés, pourra cependant en triompher s'il s'agit de travaux nécessaires ; il pourra obliger l'opposant à les laisser faire et même à participer aux dépenses (L. 12, *Com. divid.* 10,, 3). *Non malitiis est indulgendum*, dit la loi 38 *De rei vind.*, 6, 1, dans une espèce analogue. Il ne faut pas que l'un des associés, en abusant de son droit détruise le droit des autres ; mais cette exception à la règle ordinaire ne s'appliquera que

---

loi ne contredit pas la loi 28 *De comm. div.* Elle prévoit, selon Accurse, le cas où l'associé était absent ; selon Favre (*Ration., ad. n. leg.*), celui où il était présent, mais avait opposé son *veto*.

quand il s'agira de travaux nécessaires ; il ne suffit pas que les travaux soient dans la destination donnée au fonds social. Accurse se contentait de cette condition ; mais les textes condamnent cette opinion (cf. Favre sur la L. 12, *Com. div.*).

Comment l'associé triomphera-t-il de l'opposition faite aux travaux? Nous n'admettions pas tout à l'heure qu'on pût agir par une action négatoire pour faire opposition ; nous n'admettons pas non plus que l'associé puisse, dans notre cas, agir par une action confessoire, comme ayant le droit de bâtir *quasi jure servitutis ;* il emploiera l'action *communi dividundo* ou l'interdit *uti possidetis* (L. 12, *Com. div.* 10, 3). L'interdit lui compète parce que l'opposant le trouble en l'empêchant d'user de son droit.

L'associé qui a fait ces travaux nécessaires peut recourir contre ses coassociés pour se faire indemniser de ses dépenses (L. 32, *Damn. inf.*, 30, 2 ; § 3, Inst., *Obl. quas. ex constractu* 3, 27). Nous verrons quelle règle spéciale avait été introduite sous Marc Aurèle pour les reconstructions ou réparations de bâtiments.

Il est un cas spécial, où, par des considérations de religion et d'ordre public, l'associé peut vaincre la résistance de son coassocié ; bien qu'il ne puisse seul rendre religieux le terrain commun, il peut cependant, malgré toute opposition, en usant de l'interdit *De mortuo inferendo,* apporter un cadavre sur le fonds commun.

Nous venons de voir que chaque associé a un droit général d'agir tant qu'il n'y a pas d'opposition de l'un des coassociés, et qu'il a même le droit de surmonter cette opposition quand il s'agit de dépenses nécessaires ;

nous reconnaissons en outre à chaque associé le droit de se servir des biens sociaux.

Mais, de la nature et du but de la société découlent trois restrictions très-importantes, qui viennent réduire ce droit d'une façon considérable : 1° Il faut conserver à la chose sa destination sociale ; 2° s'abstenir, quand il y va de l'intérêt de la société. Ces deux premières restrictions se justifient facilement ; les mises ne sont pas fournies pour le service personnel de l'associé, mais dans l'intérêt de la jouissance de la société : cet intérêt domine donc, excluc même, s'il est besoin, l'intérêt individuel. 3° Il ne faut pas empêcher le droit collatéral des coassociés qui tous ont un droit égal.

Ce droit des associés, de se servir des biens sociaux, trouve son application dans la loi 6, § 6, *Com. div.*, 10, 3, qui permet à l'associé d'enterrer des morts dans le fonds social, quand il contient un sépulcre.

Nous trouvons au contraire une application des restrictions que nous avons apportées au droit des associés dans la loi **27**, *cod. tit.* qui défend à l'associé de mettre à la torture l'esclave commun, quand il ne s'agit pas des affaires sociales.

SECTION III.

Rapports des associés avec les tiers.

Nous venons de voir comment était administrée la société ; mais les administrateurs traitent avec des tiers : de là des rapports juridiques, des créances et des dettes. Le droit romain était loin sur ce point d'offrir les développements et la facilité d'action de notre droit moderne; les règles sur le mandat et sur l'impossibilité où l'on était de se faire représenter par autrui entravaient la marche des sociétés. Le droit prétorien vint, il est vrai, modifier ces vieux principes et faciliter la représentation.

Il importe d'examiner en détail ces rapports entre les associés et les tiers. Nous distinguerons le cas où les associés avaient nommé des gérants, et celui où ils n'avaient pas pris ce soin; mais n'oublions pas que nous ne traitons ici que des sociétés ordinaires, de celles qui ne constituent pas des personnes morales.

§ 1er. — La société est administrée par des gérants.

Nous supposons un administrateur traitant avec les tiers au nom de la société; on appliquerait dans ce cas les principes généraux du droit romain sur le mandat. Rappelons-les brièvement.

A l'origine, nul ne pouvait se faire représenter dans les actes juridiques, si ce n'est par ceux qui étaient sous sa puissance. Pour les actes éminemment civils, les actions de la loi et leurs dérivés; pour les *actus legitimi*, le vieux principe demeura dans toute sa vigueur. Quant aux autres actes, on admit qu'ils pouvaient être faits pour le compte d'autrui, mais le mandataire ne représentait pas. Les effets juridiques se produisaient dans sa personne, et on reportait ces effets sur la personne du mandant, à l'aide d'actions de comptes réciproques. Ce système avait de graves imperfections : il y avait des dangers d'insolvabilité à courir et de la part du mandant et de la part du mandataire.

L'idée de la représentation ne resta pas toujours étrangère au droit romain. On admit, par exemple, que le mandant pouvait acquérir par le mandataire la possession et même par suite la propriété.

Mais nous traitons spécialement des rapports avec les tiers, c'est-à-dire des créances et des dettes.

Parlons d'abord des créances : en principe, elles sont acquises à celui qui a fait l'opération ; les autres associés n'ont d'autre ressource que d'agir contre l'administrateur pour le forcer à leur céder une partie de cette créance (L. 1, § 18, *De exerc. act.*, 14, 1).

Plus tard, on fit fléchir ce principe, et on admit que le mandant aurait une action utile contre les tiers, s'il n'avait pas d'autre moyen de sauvegarder ses intérêts ; si, par exemple, le mandataire était absent et ne pouvait faire cession des actions, ou bien, si par suite de l'insolvabilité de ce mandataire, le mandant venait en concours avec les autres créanciers, et perdait par là une partie de ce à quoi il avait droit (LL. 1 et 2, *De inst. act.*, 14-3 ; L. 5, *De stip. præt.*, 46-5). Dans ce cas, les tiers étaient sujets à deux actions : celle du mandant et celle du mandataire ; mais la première était préférable, et si le mandataire, contre l'intention du mandant, exerçait lui-même l'action, il était repoussé par une exception (L. 28, *De procur.*, 3, 3).

On avait admis aussi dans divers cas des dérogations à la règle primitive. Ainsi, en cas de *mutuum* fait au nom de quelqu'un par un tiers, la *condictio certi* résultant du contrat était acquise à celui au nom duquel le contrat avait été fait; on était moins rigoureux qu'au cas de stipulations (LL. 2, § 4, et 9, §8, *De Reb. cred.*, 12, 1; L. 126, § 2, *De verb. oblig.*, 45, 1). La représentation existait aussi pour les stipulations prétoriennes (L. 3 et 5, *De stip. præt.*, 46, 5), en cas de vente par procureur, et pour les satisdations données accessoirement à la vente (L. 13, § 25, *De act. empt.*, 19, 1), quand le procureur stipulait *ex re domini* (L. 68, *De procur.*, 3, 3); quand la promesse était faite au procureur en présence du mandant (L. 79, *Verb. oblig.*, 45, 1). Remarquons que dans tous ces cas ce n'était pas une action directe, mais seulement une action utile qui compétait aux associés.

Parlons maintenant des dettes. On tempéra la rigueur des principes par l'extension donnée aux actions institoires ou exercitoires. *L'institor* proprement dit était l'esclave ou le fils de la famille préposé à un commerce, à une boutique. Le droit prétorien étendit les règles de l'action institoire au cas où ces individus *in potestate* avaient fait, sur le mandat du chef de famille, un acte de commerce isolé, ou même une affaire quelconque non commerciale. On alla plus loin encore, et les mêmes règles furent appliquées aux actes de tout mandataire. Dans ce dernier cas, on donnait aux tiers une action utile *ad exemplum institoriæ actionis* (L. 19, pp. *De inst. act.*, 14, 3; L. 13, § 25, *De act. empt.*, 19, 1; L. 10, § 5, *Mandati*, 17, 1; L. 5, *au cod.*, *De instit. et exerc.*, 4, 25).

L'action exercitoire, qui originairement ne s'appliquait aussi que quand les préposés étaient sous la puissance du préposant, fut étendue au cas où les associés, exploitant en commun un navire, mettaient à la tête de cette exploitation l'un d'eux, ou toute autre personne libre.

Remarquons que ces actions utiles se donnent *in solidum* contre chacun des associés, comme les véritables actions institoires ou exercitoires. Nous verrons plus loin, en traitant de ces dernières actions, les motifs et les conséquences de cette règle.

On avait admis également comme tempérament apporté aux anciens principes qu'on pouvait, pour agir en justice, se faire représenter par un *cognitor*, sorte de mandataire constitué par des paroles solennelles. On avait même fini par assimiler au *cognitor* toute espèce de *procurator*.

Il est inutile d'ajouter que, pour que les associés soient obligés, il faut que les gérants soient restés dans les limites de leurs pouvoirs.

§ 2. — Les associés n'ont nommé aucun gérant.

Nous examinerons successivement trois cas différents : 1° tous les associés ont pris part à l'administration ; 2° ils contractent par l'intermédiaire d'un esclave commun ; 3° un associé agit au nom de la société sans avoir été constitué gérant.

I. *Tous les associés ont agi collectivement et pris part à l'administration.* En vertu de ce principe général, que la solidarité ne se présume pas, les créances et les dettes se divisent entre les contractants (L. 4, pp., *De exerc. act.* 14, 1 et loi 14, § 1, *De œdil. act.*, 21, 1). Nous avons vu qu'au contraire, dans le cas où les associés avaient contracté par l'intermédiaire d'un administrateur, chacun était tenu *in solidum*. Je ne crois pas que cette différence puisse être justifiée par de bonnes raisons (1).

Les créances se divisent entre les associés dans la proportion de leurs droits sociaux. Sur ce point, il ne pouvait y avoir de doute; mais dans quelle proportion se divisent les dettes? Sans doute chacun ne doit supporter définitivement qu'une part proportionnelle à son droit social; mais si telle doit être la contribution, ne doit-on pas poser une autre règle pour le droit de poursuite? Ne faut-il pas donner au tiers associé le droit de poursuivre chaque associé pour une part virile? Car comment peut-il savoir pour quelle part chacun de ses débiteurs était associé? (2). Cependant, telle ne paraît pas avoir été la décision du droit romain. Chaque associé ne peut être poursuivi que proportionnellement à son droit social (L. 4, pp. *De exercit.*, *act.* 14, 1, L. 44, § 1, *De œdil. ed.* 21, 1),

En principe donc, les associés ne sont débiteurs ou créanciers que pour leur part; mais il peut y avoir entre eux soit corréalité, soit solidarité, et il nous faut reconnaître la solidarité toutes les fois que les associés étant liés envers un tiers par un contrat de bonne foi, il apparaît que dans l'intention des parties cette solidarité doit exister. Le juge a un pouvoir discrétionnaire pour ap-

---

(1) Certains auteurs, choqués de ce résultat, ont soutenu que les associés, même dans le cas où ils ont contracté sans intermédiaire, sont tenus *in solidum*, au moins pendant la durée de la société. Ils invoquent la loi 27, *n. t.*; mais cette loi traite des rapports des associés entre eux, et non de leurs rapports avec les tiers.

(2) Telle est la décision du Code Napoléon, art. 1863.

précier cette intention, à laquelle seule il faut s'attacher, quels que soient du reste les termes employés (1).

L'existence d'une société entre les codébiteurs ou cocréanciers apporte des dérogations importantes aux règles ordinaires de la solidarité ou de la corréalité. Elle établit entre les parties un recours qui n'aurait pas existé sans cela, du moins dans les principes originaires du droit romain, et par suite modifie les effets de certains modes d'extinction, le pacte *de non petendo*, le legs de libération, la compensation, la confusion, le compromis. Elle exerce aussi une grande influence sur la manière dont il faut calculer la *Falcidie*, et faire à cette fin déduction des dettes dans les successions des *correi* (cf. 62 pp. et L. 73, § 1, *Ad leg. Falc.*, 35, 2). L'exposition complète de ces diverses conséquences de l'existence d'une société appartient plutôt à la matière de la solidarité qu'à la nôtre. Nous nous contenterons donc de ces renvois.

Nous avons posé comme règle générale que les dettes et les créances se divisaient entre chaque associé, au point de vue tant de la contribution que du droit de poursuite. Cette règle, en dehors des cas où il y a corréalité ou solidarité, reçoit deux exceptions.

Première exception. — Supposons une société d'*argentarii;* le créancier pourra poursuivre chaque sssocié *in solidum*. La loi 25, *De pactis*, 2, 14, assimile les *argentarii socii* à des *correi promittendi*. Il suffirait même

______

(1) On trouve au Dig. des applications de ce principe, en matière de vente, louage, mandat, commodat, dépôt; loi 9, *De duob reis*, 45, 2; loi 1, § 44, *Depos.*, 16, 3; loi 8, § 15; *Commod.* 13, 6 ; loi 47; *Locati*, 19, 2.

qu'un seul des *argentarii socii* eût contracté avec le tiers pour que tous les autres fussent obligés *in solidum*. On lit en effet dans le traité *ad Herennium*, généralement attribué à Cicéron : *Id quod argentario tuleris expensum a socio ejus recte repetere possis* (*ad Her.*, 2, 19). L'auteur cite cette décision comme exemple d'une règle posée par le droit coutumier. Réciproquement, quand un tiers était débiteur de la société *argentaria*, il pouvait être poursuivi *in solidum* par l'un des associés. La loi 27, pp., *De pactis*, 2, 14, assimile les *argentarii socii* à des *correi stipulandi*.

Ces règles spéciales édictées pour les sociétés *argentarii* ont pour motif l'importance de ces banquiers et et la multiplicité de leurs affaires (1).

Deuxième exception. — Supposons une société de *venalicii*, c'est-à-dire de marchands d'esclaves; l'édit des *édiles* permettait à celui qui leur avait acheté des esclaves, d'intenter les actions édilitiennes *in solidum* contre celui des associés qui avait dans l'affaire l'intérêt le plus considérable, où dont la part était au moins égale à celle de chacun des autres. Mais ce droit de poursuite *in solidum* n'existait que pour les actions rédhibitoires ou *quanti minoris*, et n'existait pas pour l'action *ex empto* (L. 44, § 1, *De œdil. ed.*, 21, 1). Des édiles avaient établi cette règle dans un esprit de défaveur pour les marchands d'esclaves : *Nam id genus hominum*, dit Paul

---

(1) Ce ne sont pas, du reste, les seules dérogations faites au droit commun à propos des *argentarii*. On peut citer l'action *receptitia*, première origine du pacte de constitut, une compensation spéciale et un privilége réservé à ceux qui déposaient chez eux de l'argent.

dans la loi citée, *ad lucrum potius vel turpiter faciendum pronius est.*

Nous avons supposé jusqu'à présent que les dettes ou créances provenaient de contrats passés avec les tiers ; supposons qu'ils proviennent de délits. Sans doute, une société qui a pour objet des délits n'existe pas en droit ; mais il est possible qu'elle existe en fait, et que plusieurs associés commettent les délits en vue desquels ils se sont réunis. Ceux-ci peuvent être poursuivis par les tiers. Dans quelle limite ? Parmi les actions relatives aux biens, on peut distinguer : les actions *rei persecutoriæ*, où il s'agit simplement de rétablir l'intégrité du patrimoine sans appauvrir l'autre partie ; les actions pénales bilatérales, où il s'agit de diminuer le patrimoine du défendeur pour augmenter celui du demandeur ; les actions pénales unilatérales, où il s'agit d'appauvrir le défendeur, mais simplement de rétablir l'intégrité du patrimoine du demandeur ; les actions mixtes, qui sont pour une partie pénales, et pour l'autre *rei persecutoriæ*, au moins au point de vue du demandeur.

Admettons que le délit commis par plusieurs associés donne naissance à une action pénale bilatérale, par exemple à l'action *furti;* elle sera donnée *in solidum* contre chacun des codélinquants sans que le payement fait par l'un libère les autres : il y a autant de vols que de voleurs (L. 55, § 1, *De adm. et per. tut.*, 26, 7 ; L. 1 § 10, *Is qui testam.*, 47, 4; L. 21, § 9, *De furtis*, 47, 2) (1). Que se passera-t-il si le délit donne naissance

---

(1) Cette règle reçoit exception quand il s'agit de délits commis par plusieurs associés au préjudice du fisc. Ils ne sont tous tenus ensemble qu'à payer une fois la peine du quadruple, et chacun ne peut être poursuivi que pour sa part virile (L. 46, § 9, *De jure fisci*, 49, 14).

à des actions pénales unilatérales? Chacun sera encore tenu *in solidum*, mais le payement fait par un des délin-linquants libérera les autres (L. 1, § 4, *De eo per quem*, 2, 10; L. 17, *De dol. mal.*, 4, 3 ; L. 14, § 15, *Quod. met. caus.*, 4, 2); cela se comprend, cette action étant *rei persecutoria* du côté du demandeur. Une fois que ce but est atteint, il n'y a plus lieu à de nouvelles poursuites.

En fait d'actions *rei persecutoriæ* naissant d'un délit, je ne connais que la *condictio furtiva* (1). Nous lui appliquerons les règles que nous venons de donner pour l'action pénale unilatérale (L. 1, Code, *De cond. furtiv.*, 4, 8).

Que décider pour les actions mixtes? Il semblerait que d'après les principes elles ne devraient être données qu'une fois *in solidum* contre les codélinquants, en ce qu'elles ont de *rei persecutorium*, et qu'au contraire, pour ce qu'elles ont de pénal, il faudrait suivre les règles des actions pénales. Il ne paraît pas cependant qu'on ait toujours décidé ainsi; les textes appliquent à l'action *legis Aquiliæ* les règles des actions pénales bila-térales (L. 11, § 2, et L. 51, § 1, *Ad leg. Aq.*, 9, 2). Or, cette action n'est-elle pas *rei persecutoria* au point de vue du demandeur, c'est-à-dire seulement pénale uni-latérale? On explique cette décision en disant que cette action peut aussi, à un certain point de vue, être pénale du côté du demandeur. Si, en effet, l'esclave tué a valu

---

dans le courant de l'année plus qu'il ne valait au moment de sa mort, le créancier aura droit à cette valeur; cet excédant ne constitue-t-il pas une peine bilatérale? Cette idée de peine apparaîtra plus manifeste encore s'il y a eu condamnation au double *adversus inficiantem*. Néanmoins, ce n'est pas seulement pour cet excédant, mais pour le tout qu'on applique les règles des peines bilatérales. L'idée de peine absorbe en quelque sorte l'idée d'indemnité.

Au contraire, pour les actions *De effusis* ou *dejectis*, où le demandeur obtient souvent plus qu'une simple indemnité, on applique les règles des actions pénales unilatérales (LL. 1, § 10; 2 et 3, *De his qui effud.*, 9-3). Il en est de même pour l'action *De rationibus distrahendis*, qui entraîne condamnation au double (L. 2, *Tut. et rat.* 27, 3; L. 55, 1. *De adm. et per.* 26, 7) et pour l'action *quod metus causa* qui se donne au quadruple (L. 14, § 15; L. 15; L. 16, pp., *Quod met. causa*, 4, 2). Pourquoi ces décisions différentes et qui semblent contradictoires? Je n'en vois aucune raison sérieuse.

Quelles règles faut-il appliquer non plus aux dettes, mais aux créances provenant des délits commis au préjudice des associés? Chaque associé aura l'action *furti* et la *condictio furtiva* pour sa part: ce sont des actions parfaitement distinctes (L. 46, § 5, *De furtis*, 47, 2).

II. — *Les associés contractent par l'intermédiaire d'un esclave commun*. Les créances sont acquises divisément *ipso jure*, à tous les associés, à raison de leur part dans la propriété de l'esclave (§ 3, *Inst.*, 3, 28).

Il se peut cependant que la créance ne soit pas acquise à tous les associés. On peut citer trois cas : 1° l'esclave a stipulé nominativement pour l'un de ses maîtres ; 2° il a stipulé par l'ordre d'un seul d'entre eux : telle était du moins l'opinion des Sabiniens, que Justinien confirma ; 3° un seul des associés peut acquérir (Gaïus III, 167 ; §3 ; Inst., III, 28 ; L. 1, § 4, *De stip. serv.*, 45, 2.).

Quant aux dettes contractées par l'esclave, en droit civil elles n'obligent pas le maître. Le droit prétorien a corrigé cette ancienne règle, et il a établi contre ce maître diverses actions fondées, soit sur son ordre ou son autorisation expresse ou tacite (actions *quod jussu, institoria, exercitoria, tributoria et de peculio*), soit sur le profit retiré de l'opération (action *de in rem verso*). Remarquons le : bien que ces diverses actions soient dénommées dans les textes comme ayant une existence propre, cependant au fond ce ne sont que des attributs des manières d'être des diverses actions prétoriennes ou civiles, auxquelles donnent naissance les contrats passés par les esclaves.

Ces actions *quod jussu, institoria, exercitoria, de peculio,* peuvent en général être intentées contre tous les associés qui ont donné l'autorisation expresse ou tacite, mais seulement contre eux. Ainsi l'action *quod jussu* n'existe que contre ceux qui ont donné l'ordre ; l'action *de peculio,* que contre ceux des associés chez qui l'esclave à un pécule. Toutes les fois que ces actions seront données contre plusieurs maîtres, elles le seront *in solidum* contre chacun d'eux (L. 5, § 1, *Quod jussu* 15, 4 ; LL. 1, 4, § 1 ; 25, *De exercit. act.*, 14, 1 ; L. 13, § 2, *De Inst. act.*, 14, 3). Si donc l'esclave à un pécule chez plusieurs de ses maîtres, chacun d'eux ponrra être condamné *de peculio* jusqu'à concurrence de la valeur, non-seulement du pécule qui est dans son patrimoine, mais aussi de celui qui est dans le patrimoine des autres associés (L. 27, § 8, *De peculio*, 15, 1). Le maître poursuivi n'éprouvera aucun préjudice, puisque ce qu'il a donné de plus que la valeur du pécule dont il est propriétaire, il pourra le demander à ses associés par l'action *pro socio*.

Pourquoi cette sorte de solidarité? La loi **27, 8**, *De peculio*, 15, 1, nous donne la raison qui paraît avoir décidé les juriconsultes : *Est enim iniquum in plures adversarios distringi eum qui cum uno contraxerit.*

L'action est donnée *de in rem verso* contre ceux des maîtres qui ont retiré un bénéfice du contrat (L. 13, *De in rem verso*, 15, 3). S'ils sont plusieurs ayant profité, je crois, bien qu'aucun texte ne le dise, que chacun peut être poursuivi jusqu'à concurrence du profit retiré par tous les associés. Nous voyons en effet par la loi 13 précitée que notre cas est soumis aux mêmes règles que l'action *quod jussu* ; d'ailleurs, n'y a-t-il pas même raison de décider (1)? Nous avons vu que quand plusieurs associés

---

(1) La loi **14**, *eod. tit.*, nous dit qu'il est un cas où l'action *de in rem verso* peut être donnée même contre celui des associés qui n'a pas profité Voici quel est ce cas selon Cujas et Pothier (Cujas, *Tract. ad Afr.*, ad. leg. 17, *De pec.*; Poth , *Pand.* l. xv, t. iii, nº 18, not. 1 et 2). Un esclave appartenant à Primus et Secundus contracte une obligation qui tourne au profit de Primus; si l'esclave a un pécule chez Secundus, cet associé peut être poursuivi *de peculio ;* et dans ce cas, le juge doit, ainsi que nous l'avons dit plus haut, estimer même le pécule que l'esclave a chez Primus ; or, l'affaire ayant profité à Primus, l'esclave est devenu son créancier en vertu d'une *naturalis obligatio* qui doit, suivant les principes généraux, être comprise dans l'estimation de ce second pécule. Secundus sera donc condamné jusqu'à concurrence et du pécule qui se trouve dans son patrimoine, et du pécule dont Primus est propriétaire, y compris la créance naturelle de l'esclave. On peut

sont tenus en vertu de l'une de ces actions *adjectitiæ qualitatis*, chacun peut être poursuivi *in solidum*. M. Demangeat est d'avis qu'il y a là comme une corréalité, et que la poursuite exercée contre l'un libère les autres.

Mais ces actions peuvent-elles être exercées *in solidum* contre l'un des associés, alors même que ses coassociés seraient insolvables? Oui ; c'est la règle ordinaire en matière d'obligations solidaires.

On nous fait cependant une objection : pourquoi, dit-on, l'associé peut-il être poursuivi *in solidum* ? Parce qu'il peut exercer son recours contre ses coassociés ; du moment où ce recours n'est pas possible, le droit de poursuite *in solidum* doit disparaître (arg. des lois 14, *inst. act.*, 14, 3, et 27, § 1, *De pecul.* 15, 1).

Répondons à cette objection. Les lois précitées supposent le cas où il n'y a pas eu droit de recours à exercer par l'action *pro socio*. Je comprends alors que l'action ne puisse être exercée *in solidum*. Mais elles ne supposent

---

donc dire que dans ce cas Primus sera tenu *de in rem verso*, bien que l'affaire ne lui ait pas profité; mais pour donner cette explication, nous faisons une petite correction aux textes. Le jurisconsulte vient de dire dans la loi 13 que l'action *de in rem verso* n'est donnée que contre ceux qui ont profité; la loi 14 ajoute : « il est cependant un cas où celui qui n'a pas profité sera tenu du bénéfice fait par l'autre associé, *quid enim dicemus*, dit le jurisconsulte (nous traduisons : en effet n'en serait-il pas ainsi?) *si peculium servo ab altero ademptum fuerit*. Ces derniers mots n'ont pas de sens : il faut donc lire : *ademptum non fuerit*. Cela veut dire alors : si l'esclave a encore son pécule chez l'autre maître. Nous avons vu à quelle hypothèse le texte fait allusion. La loi se termine par cette observation de Paul : *Ergo hæc quæstio ita procedit si de peculio agi non potest*. Cela veut dire : le principe posé par Ulpien dans la loi 13 n'a d'application que si l'autre associé ne peut pas être poursuivi par l'action *de peculio*.

pas l'hypothèse toute différente où le recours existe en droit, mais n'a pas en fait de résultats utiles par suite des insolvabilités (Vangerow, III § 653).

Supposons maintenant que l'esclave appartenant aux associés commette un délit; si c'est à l'insu des maîtres, l'action pénale sera donnée noxalement et *in solidum* contre chacun d'eux, et la poursuite exercée contre l'un libérera les autres; si c'est au su des maîtres, nous appliquerons les mêmes règles que dans le cas où le délit a été commis par plusieurs associés; l'action pénale sera donnée contre chacun *in solidum,* sans qu'il puisse être question d'abandon noxal. S'il s'agit d'une peine bilatérale, le payement fait par l'un ne libérera pas les autres. Si, parmi les associés, l'un a ignoré le délit et l'autre l'a connu, le premier, seul, pourra éviter la condamnation, en faisant l'abandon noxal. Si donc la victime du délit a droit à plus que la valeur de l'esclave, elle pourra, après avoir obtenu de l'associé innocent l'abandon noxal, agir pour cet excédant contre l'associé coupable. Si le créancier commence au contraire par agir contre ce dernier associé et obtient toute la réparation du dommage, celui-pourra recourir contre son coassocié et lui demander non pas une part de tout ce qu'il a payé, mais une part de la valeur de l'esclave. L'associé qui a non-seulement connu mais ordonné le délit ne pourra exercer aucun recours contre son coassocié (LL. 5, pp.; 8 et 17, pp., *De nox. act.*, 9, 4).

III — *Un associé agit au nom de la société sans avoir été constitué gérant.* — S'obligera-t-il seul, ou les autres associés seront-ils tenus par une action utile *ad exemplum institoriæ?*

Le principe est que celui qui contracte une dette est seul obligé. — On a admis, par exception à ce principe, la représentation du mandant par le mandataire ; mais cette dérogation ne doit pas être étendue au cas où l'affaire a été gérée sans mandat (arg. de la loi 13, § 25, *De act. empti*, 19, 1) ; aussi, disent la plupart des interprètes, l'associé qui contracte n'oblige que lui seul, sauf son recours contre les autres associés. Ce recours, qui sera exercé par l'action *pro socio*, existera toujours en cas de dépenses nécessaires, n'existera, en cas de dépenses utiles, que quand il n'y aura pas eu d'opposition de la part des autres associés, et n'existera jamais pour les dépenses simplement voluptuaires. Cependant, est-il exact de prétendre que dans notre cas l'associé agisse sans mandat? Quand aucun gérant n'a été nommé, ne résulte-t-il pas du contrat même de société, un mandat tacite d'administrer pour chaque associé, mandat qui subsiste tant que les coassociés n'ont pas fait d'opposition. Dès lors, toutes les fois que l'associé reste dans les limites de l'administration, n'agit-il pas en vertu d'un mandat tacite, et ne peut-on pas dire que les autres associés sont obligés envers les tiers ?

Du reste, même en admettant cette opinion peut-être un peu hardie, le mandat et par suite la représentation n'existeront pas pour les actes excédant les limites de l'administration ; et, dans l'opinion généralement admise, la représentation n'existera jamais; mais ne faut il pas, au moins quand cette représentation n'existe pas, donner au tiers contre les autres associés une action directe *de in rem verso* pour le cas où ils ont profité?

Je ne le crois pas : l'action *de in rem verso* ne s'ap-

plique, d'après les textes, qu'au cas d'une dette contractée par un fils de famille ou un esclave. Il n'apparait
pas qu'elle ait été étendue, comme l'action *institoria*,
au cas où la dette a été contractée par un individu *sui
juris*.

Plusieurs auteurs donnent cependant dans notre hypothèse l'action *de in rem verso* (cf. Félicius, *De soc.*,
cap. 30, n° 13; Vangerow, III, § 653). Ils se fondent sur
là loi 82, *n. t.*, qui dit : *Jure societatis per socium ære
alieno socius non obligatur, nisi in communem arcam
pecuniæ versæ sint.*

Mais cette loi a pour but de régler les rapports des associés, non avec les tiers, mais entre eux. Elle veut dire
seulement que les autres associés qui auront profité de
l'obligation contractée par l'un d'eux seront tenus de
l'indemniser. En effet, dans l'opinion que nous combattons, comment expliquer ces mots de la loi, *jure societatis?* Car les associés seraient obligés envers les tiers,
non pas en vertu de la société, par l'action *pro socio*, mais
par l'action dérivant du contrat et donnée *de in rem verso*.
Dans notre opinion, au contraire, ces mots *jure societatis* s'expliquent parfaitement. Ils signifient que l'associé qui emprunte à un tiers ne peut *jure societatis*,
c'est-à-dire par l'action *pro socio*, forcer ses coassociés à
contribuer à l'acquittement de ses obligations, que si
l'argent emprunté a été versé dans la caisse sociale (Cujas, III, p. 943).

Si l'associé agissait, non pas au nom de la société,
mais en son nom propre, il faudrait, a fortiori, décider
qu'il s'obligerait seul envers les tiers, et qu'il n'y aurait
pas contre les autres associés d'action *de in rem verso*

(Cujas, *Resp. Pap.*, *ad. L.* 82, *n. t.;* Felicius; cap. 30, n° 5; cf. contra, Merlin, *Quest.*, v° *Société.*

Quant aux créances stipulées par l'associé non administrateur, elles lui seront acquises, sauf un règlement de compte avec ses associés. Si c'est un tiers, et non un associé qui, sans pouvoir d'administration, contracte au nom de la société, ce tiers sera seul obligé, sauf, quand il y aura lieu, son recours contre les autres associés, par l'action de gestion d'affaires.

Quant aux créances stipulées par l'associé non gérant, elles lui seront acquises : il pourra être contraint par l'action *pro socio* à y faire participer ses coassociés.

SECTION IV.

Rapports des associés entre eux.

Nous étudierons successivement ce que l'associé doit à la société, ce que la société doit à l'associé, et par quelle action sont sanctionnées ces diverses obligations.

Nous avons déjà vu que dans les sociétés ordinaires ce n'était pas la société qui était débitrice ou créancière, mais bien les associés, chacun pour leur part. Nous parlons cependant des obligations de la société ou envers la société; nous ne le faisons que toute réserve faite des principes précédemment exposés, et pour simplifier le langage, tout en reconnaissant que ces expressions, généralement usitées, manquent d'une parfaite précision.

§ 1ᵉʳ. — Obligations de l'associé envers la société.

Les causes de ces dettes sont diverses. L'associé doit:
1° ses apports ; 2° ce qu'il a retiré du fonds commun ;
3° la réparation des dommages causés.

I. — L'associé doit ses apports.

C'est la première et la plus naturelle des obligations
des associés, puisqu'il s'agit d'exécuter les conditions
mêmes du contrat.

Si l'associé n'accomplit pas cette obligation, les autres
associés ont différents partis à prendre. Ils peuvent conclure par l'action *pro socio* à l'exécution du contrat
(L. 52, pp. et § 13, *n. t.*). Si l'exécution n'est plus possible par le dol ou la faute du débiteur, et que ce soit
une faute *in concreto*, ils peuvent, par cette même action *pro socio*, se faire indemniser (L. 52, § 11, *n. t.*).

Nous savons de plus que la société ne peut exister que
quand il y a un apport de chaque associé. Si les apports
périssent avant d'être aux risques de la société, la société est dissoute.

L'objet de l'apport peut consister soit dans la pleine
propriété de corps certains ou de quantités, soit dans une
créance, soit dans un usufruit, soit dans une obligation
de faire jouir ou de fournir une certaine utilité d'une
chose, soit dans l'industrie des parties. Examinons su-
cessivement ces diverses hypothèses.

A. *L'objet de l'apport est la propriété d'un corps cer-*

lain. — Entre l'associé et la société, ce seront les mêmes rapports qu'entre un vendeur et un acheteur. En principe, la propriété n'est pas transférée par le seul contrat; aussi devra-t-on employer les modes ordinaires de translation, *traditio, mancipatio, injure cessio.* Nous avons vu cependant que, par exception à ces principes, en cas de sociétés universelles, la propriété des biens corporels présents était transférée par le seul effet du contrat.

Nous appliquerons pour les risques les règles de la vente. Ainsi, les risques seront pour la société en cas de contrat pur et simple, ou même de contrat conditionnel, si la perte n'est que partielle, et l'associé pourra réclamer sa part dans les bénéfices, bien que l'objet de son apport ait péri avant d'être transféré dans le fonds social. Nous supposons une perte dont l'associé ne soit pas responsable, c'est-à-dire une perte arrivée avant sa mise en demeure, et sans qu'il y ait de sa part faute *in concreto*; si la société est conditionnelle et la perte totale, alors les risques seront au contraire pour l'associé débiteur (1).

---

(1) Cette dernière décison est appliquée par la loi 58, pp., n. t. Vous avez trois chevaux et moi un ; nous contractons une société pour vendre le quadrige formé par la réunion de nos chevaux et pour partager le prix. C'est là une société conditionnelle ; elle est faite sous la condition de la vente. Ce n'est pas en effet le quadrige, c'est le prix résultant de la vente qui est mis en société. *Pendente conditione*, les risques sont donc pour le débiteur de l'apport. C'est pourquoi, si mon cheval périt avant la vente, je ne pourrai réclamer ma part du prix que vous avec obtenu en vendant vos trois chevaux. Mais si nous avons mis en société les chevaux eux-mêmes, le contrat a pour objet la formation du quadrige. Le contrat ne sera plus conditionnel; les risques seront pour la société.

L'associé qui aura réalisé son apport, sera garant de l'éviction et des vices de la chose comme le vendeur. Cette garantie lui sera demandée par l'action *pro socio*: il n'y aura pas lieu à garantie s'il s'agit de sociétés universelles, car l'associé est, dans ce cas, obligé d'apporter une universalité et non pas des objets déterminés; or, l'éviction d'un ou plusieurs objets n'empêche pas l'universalité d'exister.

Si le corps certain, objet de l'apport, est une chose frugifère, l'associé devra-t-il les fruits ? En principe, dans les contrats de bonne foi, les fruits sont dus dès le jour de la mise en demeure. Quelquefois, cependant, ils étaient dus même auparavant. Ainsi, le vendeur doit les fruits du jour où le prix a été payé (Paul, *Sent.*, 2, 17, 7). En cas de société, l'associé doit les fruits par lui perçus du jour où il aurait dû effectuer son apport, *in societatibus fructus communicandi sunt* (L. 38, § 9, *De usuris*, 22, 1). Si l'associé a été mis en demeure, il devra non-seulement les fruits qu'il a perçus, mais aussi ceux que la société eût pu percevoir; car, dit Pothier, c'est un effet de la demeure d'obliger le débiteur à indemniser son créancier de tout ce que le créancier a souffert par suite du retard (Poth., *Société*, n° 115).

B. *L'apport a pour objet une quantité, par exemple une somme d'argent.* — L'associé devra exécuter son obligation par les modes ordinaires de translation de propriété; il ne devra les intérêts de la somme, objet de l'apport. que du jour où il sera mis en demeure (Poth., *Soc.*, n° 116). Aucun texte ne fait, en effet, exception à la règle générale. L'associé est débiteur de genres; or, *genera non pereunt*. Il ne peut se prétendre libéré par le cas fortuit qui fait périr entre ses mains la somme ou la quantité due ; la perte n'est au compte de la société que lorsque le genre est devenu un corps certain par la détermination des objets, faite d'accord avec les créanciers. Cette détermination, le plus souvent, sera faite par la réalisation même de l'apport (1).

C. *L'apport consiste en créances.* — L'associé devra les communiquer à la société par les moyens en usage dans le droit romain pour opérer la cession des créances, c'est-à-dire par la *novatio mutato creditore* ou la *procuratio in rem suam.*

D. — *L'apport consiste dans un démembrement de la propriété, par exemple, dans l'usufruit d'un corps certain.* — Les autres associés peuvent exiger la constitution de l'usufruit. Quant aux risques et à la garantie, appliquons les mêmes règles que pour le cas où l'apport a pour objet la pleine propriété d'un corps certain.

E. — *L'associé a promis de faire jouir la société d'un objet mobilier ou immobilier.* — Il faut se garder de confondre ce cas avec celui que nous venons de traiter, celui où l'associé promet l'usufruit de son fonds ; dans notre

---

(1) Cela peut donner lieu à des questions d'une appréciation délicate. Nous formons une société pour aller acheter en différentes provinces certaines marchandises et les revendre ensuite ; l'apport de chaque associé consiste en 1,000 sesterces. Je destine à cette société 1,000 sesterces que je mets dans un coffre : ils sont volés. Cette destination mentale n'était pas une détermination suffisante ; mais je pars pour aller acheter les marchandises en exécution du contrat ; je prends sur moi 1,000 sesterces : ils me sont volés pendant le voyage. La perte tombera alors sur la société, car il y a eu là en réalité exécution de mon obligation ; c'est comme si j'avais payé à la société la somme que je lui devais (L. 58, § 1, *n. l.*).

cas, l'associé est tenu envers la société a une obligation analogue à celle du locateur ; aussi, son obligation n'est-elle pas accomplie par la seule délivrance de l'objet ; il est tenu de faire jouir la société. Sa mise est un apport *successif*, qui consiste à procurer chaque jour à la société la jouissance de la chose. Cela constitue une grande différence avec les apports dont jusqu'ici nous nous sommes occupés.

En cas de bail, les choses louées sont aux risques du bailleur (L. 33, *locati*, 19. 2) : il en sera donc de même dans notre cas. Si la chose dont on a promis la jouissance périt avant la délivrance, la société n'aura pas pris naissance ; car l'associé n'aura pas effectué d'apport ; si elle a péri après la délivrance, les obligations corrélatives des autres associés seront alors éteintes, et la société sera dissoute.

Remarquons, de plus, que l'apport étant successif, l'associé n'aura pas réellement complété son apport. — Cela peut avoir de l'influence sur la répartition du fonds social.

L'apport peut consister non pas dans la jouissance complète d'une chose, mais seulement dans quelques-uns de ses attributs utiles, par exemple, dans sa vénalité. L'associé, dans ce cas, sera obligé de mettre la société à même de profiter de ces attributs.

F. *L'apport consiste dans l'industrie des contractants.* — Ce sera encore un apport successif, qui ne sera complétement effectué que quand l'associé aura fourni son industrie pendant tout le temps que devait durer la société.

La société qui a un objet illicite est nulle, nous l'avons vu ; aussi l'associé ne pourra-t-il pas être contraint de faire les apports convenus.

Mais supposons qu'il les ait faits ; la nullité de la société n'empêche pas l'indivision de s'établir, car, nonobstant le but illicite que les parties se sont proposé, la translation de propriété s'est effectuée.

L'associé pourra-t-il du moins répéter son apport par une *condictio ob turpem causam ?* — Non ; parce qu'il y a turpitude des deux côtés (1). (L. 3 et 8, *Cond. ob. turp. caus.*, 12, 5. L. 2 et 5 ; Code, *cod. tit.*, 4, 7).

Tout ce que nous venons de dire pour les apports, nous le dirons pour les bénéfices faits au moyen des délits en vue desquels la société avait été constituée.

II. — L'associé doit ce qu'il a retiré du fonds commun.

L'associé qui a pris dans la caisse commune quelque somme d'argent pour l'employer à ses affaires particulières, est débiteur de cette somme.—Si, avec cet argent, il a acheté quelque chose en son propre nom, il devra toujours, ainsi que nous l'avons dit, indemniser la société ; — mais ce qu'il a acheté ne sera pas commun, et il ne pourra être forcé à en faire part à ses associés (L. 4, Code, *Com. ut. jud.*, 3, 38). Il doit également les profits qu'il a retirés du fonds commun et les gains qu'il

---

(1) Quelques interprètes veulent donner à l'associé une *condictio* sinon *ob turpem causam*, du moins *sine causa;* ils argumentent par analogie de la loi 5, *Cond. sine causa*, 12, 7. Mais l'analogie n'existe pas, et s'il fallait dans ce cas donner la *condictio sine causa*, on pourrait toujours éluder la règle qui refuse la *condictio* quand il y a turpitude des deux côtés.

a faits avec son industrie, quand cette industrie a été
apportée dans la société (cf. L. 52, § 5, *n. t.*). L'associé ne doit pas les gains dont la société n'a été que la
cause occasionnelle ; par exemple, en faisant les affaires
de la société, il se crée des relations avec une personne
riche et bienfaisante qui lui fait une donation ou un legs
(L. 60, § 1, *n. t.*). De même, nous avons vu que l'associé
ne doit pas les gains faits plutôt *ob suam partem*, que
propter communionem, c'est-à-dire qu'il ne doit pas remettre dans le fonds social le legs fait *sine libertate* à
l'esclave commun par l'autre associé.

L'associé devra-t-il les intérêts des sommes dont il est
débiteur envers la société ? En principe, sauf pour les
actions du droit strict, le débiteur de sommes d'argent
doit les intérêts au taux de la place, du jour de la mise
en demeure (L. 1, pp., *De usuris*, 22, 1).

Entre associés, la *mora* n'est pas toujours nécessaire
pour faire courir les intérêts ; ils sont dus sans aucune
mise en demeure, *quum socius pecuniam communem in-
vaderit, vel in suos usus converterit* (L. 1, § 1, *De usur.*,
22, 1) (1). L'associé, dans ce cas, est assimilé au voleur,
non fur est, sed prope furem (L. 45, *n. t.*) ; or, le voleur
est toujours en demeure.

L'associé doit encore les intérêts des sommes d'argent
appartenant à la société, et qu'il a prêtées *communi nomine* (L. 67, § 1, *n, t.*). Si nous supposons, au contraire,
le prêt fait par l'associé en son propre nom, il garde les

---

(1) Il en est de même en cas de mandat de gestion d'affaires, de gage (L. 10,
§ 3; *Mand.*, 17, 1; loi 38, *De neg. gest.*, 3, 5 ; loi 6, § 1 et 7, *Pigner.*,
13, 7.).

intérêts au lieu de les remettre à la société : *quoniam sortis periculum ad eum pertinuerit* (L. 67, § 1, *n. t.*).

Cette décision ne laisse pas que de présenter de graves difficultés : d'abord, comment peut-il y avoir *mutuum* dans le cas où l'associé a agi *suo nomine*, puisque l'argent qu'il donne ne lui appartient qu'en partie? Il faut reconnaître que *le mutuum* n'est parfait que jusqu'à concurrence de ce qui appartient au prêteur; mais il devient valable pour le tout, si les espèces ont été consommées de bonne foi : c'est le cas supposé par notre texte.

Autre difficulté. L'associé qui prête ainsi l'argent de la société en son propre nom ne doit-il pas les intérêts au taux de la place comme ayant converti l'argent social à son usage personnel? Plusieurs interprètes le croient. Dans leur opinion, si le prêt est fait au nom de la société, l'associé devra les intérêts qu'il a perçus; si celui-ci l'a fait en son propre nom, il ne devra plus ces intérêts : c'est là ce que veut dire uniquement la loi 67, § 1; mais, en vertu de la loi 1, § 1, *De usuris*, 22, 1, il devra les intérêts novatoires, qu'ils soient supérieurs ou inférieurs aux intérêts qu'il a perçus (Voet., Pand., 1, *n. t.*, § 17; Favre, *Rat., Ad. leg.* 67, § 1, *n. t.*).

Cette solution serait logique; pourquoi, en effet, dans l'espèce, l'associé ne devrait-il pas les intérêts? Il supporte les risques de l'insolvabilité du débiteur, dit la loi. Sans doute; mais qu'importe à la société? Celle-ci n'en souffre pas moins.

Je ne crois pas cependant que telle soit la solution du droit romain. La loi 67, § 1, me semble décider formellement que dans notre cas l'associé ne doit pas d'intérêt; et elle donne ce motif, qui peut nous paraître insuffisant,

mais dont se contentent les jurisconsultes romains : les
intérêts, dit-elle, doivent aller à celui qui supporte le
risque de l'insolvabilité comme compensation de ce
risque. L'associé doit, sans doute, les intérêts moratoires
quand il a employé l'argent à son usage personnel, mais
il faut que ce soit sans courir aucun risque d'insolvabilité. Nous voyons, en effet, en droit romain plusieurs
décisions analogues (L. 44, 1, *Ad Scons. Treb.*, 36, 1 ; L. 10,
8, *Mandat*, 17, 1 ; Loi 47, 4, *De adm. et per. tut.*, 26, 7 ; cf.
Poth., Pand., 1, p. 483, note 9 ; Cujas v, p. 495).

La loi 60, pp., *n. t.*, présente aussi de graves difficultés d'interprétation. Voici son texte : *socium, qui in
eo, quod ex societate lucrifaceret, reddendo moram adhibuit, cum ea pecunia ipse usus sit, usuras quoque eum
præstare debere, Labeo ait, sed non quasi usuras, sed
quod socii intersit moram eum non adhibuisse: sed si aut
usus ea pecunia non sit, aut moram non fecerit, contra
esse. Item, post mortem socii nullam talem æstimationem
ex facto heredis faciendam ; quia morte socii dirimatur
societas* (1).

---

(1). Cujas (iii, 370), Pothier (page 483, not. *i.*), corrigent le texte, ils lisent :
aut moram adhibuit, aut ea pecunia ipse usus sit. Ce texte ne ferait alors
que répéter le principe général : on doit les intérêts moratoires, soit quand on
est en demeure, soit quand on emploie à son usage personnel les deniers
sociaux.

L'économie du texte repousse cette correction : dans l'opinion de Cujas, il
faudrait lire aussi *usus est* au lieu de *usus sit*. Mais surtout que fait-on de
la suite du texte ? Il dit que si l'une des deux conditions manque, soit la demeure, soit l'emploi des deniers à l'usage personnel de l'associé, les intérêts
ne sont plus dus. N'est-ce pas en contradiction avec les règles que nous venons
d'exposer ? Enfin, comment expliquer la dernière phrase de notre loi ? Ne
corrigeons donc pas le texte.

Comment concilier cette loi avec ce principe, que la *mora* seule, ou l'usage des deniers sociaux seul, suffit pour faire courir les intérêts? Deux systèmes sont proposés.

Voici comme raisonne le premier : Jusqu'ici nous avons supposé qu'il s'agissait de l'associé qui a employé l'argent commun, ou qui, débiteur de cet argent, a été mis en demeure. La loi 60 prévoit un autre cas : *socium, qui in eo quod ex societate lucrifaceret*. Il s'agit de l'argent que l'associé a gagné avec les fonds sociaux. Il en est débiteur envers la société ; mais pour que les intérêts soient dus, il faut le cumul des deux conditions *mora* et *versio in usus*.

On comprend, dans notre cas, que l'associé soit traité plus favorablement; il est plein propriétaire de l'argent qu'il a employé, ou qu'il est en demeure de remettre à la société ; il est donc moins coupable que s'il s'agissait d'argent commun qui appartienne, au moins pour partie, à ses coassociés. La loi 60 dit que ces intérêts sont dus, *non quasi usuræ, sed tanquam id quod interest,* parce qu'il ne peut être vraiment question d'intérêts que là où il y a dette de quantités. Or, dans l'espèce, l'objet de l'obligation, c'est la communication des bénéfices; n'est-pas une obligation plutôt de faire que de donner quelque chose (Voet, 1, 609; Favre, *Ration. ad. leg*. 60, *n. t.*).

La distinction sur laquelle repose ce système ne me paraît pas logique. Pourquoi le débiteur ne devrait-il pas les intérêts, du moment où il est en demeure, alors même qu'il serait propriétaire de l'argent qu'il doit? Ne voyons-nous pas l'acheteur devoir les intérêts de son prix, du jour de la *mora* (loi 5, Code, *De act. empt.*, 4. 49; loi 13, § 20, *De act. empt.*, 19, 1).

On a donné de la loi 60 une explication qui me semble meilleure. En principe, quand les intérêts sont dus, soit à cause de la loi *mora*, soit à cause de la *versio in usus*, ils sont dus au taux de la place, et l'associé créancier ne serait pas admis à réclamer des dommages et intérêts plus étendus. Il n'en est pas de même si les conditions de *mora* et de *versio in usus* sont réunies. Le créancier peut alors réclamer des intérêts plus forts que les intérêts moratoires ordinaires; c'est ce que veut dire la loi par ces mots : *Sed non quasi usuras*, etc.

Dans ce système, la dernière phrase de notre loi s'explique parfaitement; ce calcul exorbitant de la loi 60 est fondé sur les rapports qui unissent les associés. Aussi, faut-il faire retour au calcul ordinaire, quand il s'agit du fait de l'héritier qui n'est pas associé.

En principe, l'associé qui a reçu sa part dans la créance sociale, par exemple, dans le prix de la vente de la chose commune, n'est pas à ce titre débiteur de la société (cf. loi 62, *n. t.*).

Cependant l'associé qui a obtenu le payement de sa part dans la créance sociale, doit rapporter ce qu'il a reçu dans la caisse commune, si les autres associés ne peuvent pas se faire payer intégralement leurs parts (L. 63, § 5, *n. t.*): c'est une conséquence des deux principes exposés plus haut. Dans la société, l'intérêt individuel doit être sacrifié à l'intérêt général ; ensuite, dans les rapports entre associés doit régner la plus complète bonne foi, et même *ius quoddam fraternitatis*.

III. — L'associé doit la ré_aration des dommages qu'il a caus's.

L'associé doit d'abord indemnité pour les dommages causés par les fautes *in committendo*, dont il devrait la réparation alors même qu'il n'y aurait aucune espèce de contrat. Il s'agit ici des dommages illicites en eux-mêmes, sans qu'on ait besoin de se référer à aucune obligation. On obtient la réparation de ces fautes par l'action de la loi Aquilia ou par les actions *injuriarum, furti, de dolo malo;* dans ces cas, il suffit d'une faute très-légère : l'imputabilité ne s'arrête que là où commence le cas fortuit (L. 44, pp. *ad leg. Aq.*, 9,2; L. 47, § 1, *n. t.*). Il est inutile de nous arrêter longtemps sur cette règle, puisque dans ce cas il n'y a rien de spécial au contrat de société.

Mais il nous faut parler de la faute contractuelle, de celle qui n'existerait pas sans les rapports créés par le contrat. Voici comment la question se présentera le plus souvent : je me suis obligé envers vous; l'exécution de ma promesse est devenue impossible. Je suis responsable, à moins que je ne prouve que l'obstacle survenu à cette exécution ne m'est pas imputable.

Qu'est-ce qui me sera imputable? De quelle faute serai-je tenu? Telle est la question. Avant de la résoudre pour le cas de société, il nous faut donner une idée générale de la théorie des fautes, sauf à montrer ensuite son application au cas spécial qui nous occupe.

De nombreux systèmes ont été proposés sur cette difficile matière. La plupart des anciens interprètes admettaient une division tripartite en *culpa lata, levis et levissima,* dont on répondait, suivant que le contrat était dans l'intérêt du créancier, des deux parties, ou du débiteur. Ce système, déjà ébranlé par Doneau (*Comm. J. civ.* l. 16, c. 7 et 13), par Thomasius (Dissert. t. 2), et par Lebrun (*Essai sur la prestation des fautes*, 1764), fut enfin définitivement renversé par M. Hasse.

Ce n'est pas ici le lieu d'exposer complétement, ni de critiquer ces divers systèmes; je me contenterai d'indiquer les principaux traits de la théorie qui me paraît avoir été celle du droit romain.

On distingue trois degrés de responsabilité :

1° Certains débiteurs répondent du dol. Les jurisconsultes du IIe siècle, après quelques hésitations, finirent par assimiler au dol la faute lourde. Qu'est-ce? Selon les uns, c'est une négligence telle que personne n'aurait agi ainsi; selon les autres, à ce premier *criterium* il faut en ajouter un second : il y a aussi *culpa lata*, quand on a été plus négligent qu'on ne l'est pour sa propre chose.

2° D'autres répondent de la faute *in abstracto*; elle existe quand on ne fait pas ce que fait en général un homme soigneux (1).

3° D'autres répondent de la faute *in concreto;* il suffit

---

(1) Certains auteurs croient cependant qu'on doit exiger dans ce cas non pas la diligence qu'apporte un bon père de famille, mais celle qu'on est capable d'apporter soi-même si l'on se conduit en bon père de famille, car il se peut qu'on ne soit pas capable de fournir une diligence ordinaire. Comment exiger plus qu'on ne peut fournir? Je préfère cependant la première opinion, qui me paraît plus conforme aux textes. Nos adversaires se placent à un point de vue qui me semble faux : il ne faut pas seulement considérer ce dont chaque individu est capable, mais ce à quoi l'autre partie s'attendait la diligence qu'elle était en droit d'espérer.

qu'ils apportent la même diligence qu'à leurs propres affaires.

Mais, au moins dans l'une des opinions que nous avons exposées plus haut, n'y a-t-il pas là une faute lourde? Dès lors, quelle différence y a-t-il entre ceux qui répondent de la faute *in concreto* et ceux qui répondent de la faute lourde? La faute lourde assimilée au dol n'est imputée que comme dol et non comme faute. Or, le dol ne se présume pas, c'est à celui qui l'invoque à le prouver; au contraire, la faute *in concreto* est imputée comme faute. Le débiteur qui se prétend libéré par la perte de la chose doit prouver qu'il n'y a pas de sa part faute *in concreto*, c'est-à-dire qu'il a apporté à cette chose tous les soins qu'il apporte à son propre patrimoine. La faute lourde se distingue beaucoup plus facilement de la faute *in concreto* dans l'autre système : elle ne diffère, non plus seulement par le mode de preuve, mais aussi par le degré de responsabilité.

Ne répondent que du dol et de la faute lourde ceux qui n'ont pas d'intérêt dans l'opération, ceux qui rendent un service gratuit, par exemple, le dépositaire, le commodant; il faut ajouter celui qui reçoit à titre de précaire, et faire au contraire exception pour le gérant d'affaires, le mandaire et le tuteur.

Repondent de la faute *in abstracto*, tous ceux qui ont intérêt dans l'opération, sans distinguer si l'autre partie est aussi intéressée : par exemple, le commodataire, le déposant, les deux parties dans le gage, la vente, le louage, l'usufruitier, l'héritier débiteur du legs; ajoutez-y par exception le mandataire et le gérant d'affaires.

Répondent enfin de la faute *in concreto* : les débiteurs

qui ont une sorte de copropriété, de communauté d'intérêt avec le créancier. En première ligne sont les associés ; on peut citer encore les cohéritiers, les communistes,
le mari tenu de l'action *rei uxoriæ*, celui qui était devenu
propriétaire *contracta fiducia*, la personne grevée de fidéicommis et qui doit conserver une quarte ; je crois
qu'il faut ajouter, par exception aux principes, le tuteur.

De cette théorie générale, ne retenons que ce qui nous
intéresse plus spécialement, c'est-à-dire que l'associé est
tenu de la faute *in concreto* ?

Mais pourquoi l'associé et les autres personnes que
nous venons d'énumérer ne doivent-ils que la faute *in
concreto*, et non pas celle *in abstracto*?

La loi 72, *n. t.*, reproduite par le § 9, Inst. *n. t.*, donne
le motif suivant : *Nam qui parum diligentem socium sibi
adsumpsit, de se queri debet* (1).

Nous avons dit *a priori*, comme application de notre
théorie générale, que l'associé devait la diligence *in con-*

------

(1) Cette raison peut suffire pour la société, mais elle ne peut s'appliquer
aux autres cas où l'on répond de la faute *in concreto*, par exemple, aux cohéritiers, aux colégataires, qui ne sont pas choisis réciproquement. La loi 25,
§ 16, *Fam. erc.*, 10, 2, indique un autre motif : *quoniam hic propter suam
partem causam habuit gerendi.*

En effet, on ne peut dire au cohéritier : Pourquoi vous êtes vous mêlé de
l'administration de cette hérédité? cela ne vous regardait pas ; aussi sera-
t-on sévère pour vous qui avez fait ce que vous n'aviez aucun droit de
faire. Non, on ne peut lui parler ainsi, car son droit de copropriété explique qu'il se soit immiscé dans l'administration.

On peut donner un autre motif qui s'applique à tous les cas de responsabilité *in concreto*. Dans tous ces cas, il y a une communauté d'intérêts ; cette
communauté n'est-elle pas une garantie de la diligence des parties ? Il est
donc inutile d'établir une responsabilité rigoureuse.

creto. Voyons maintenant dans les textes spéciaux à la société l'application de cette doctrine.

D'abord l'associé répond du dol (L. 52, § 1, et 59, § 1, *n. t.*). Il répond de la *culpa*, mais seulement de la *culpa in concreto* (L. 72, *n. t.*, § 9, Inst. *n. t.*).

Cette décision apparaît aussi dans la loi 23, *De Reg. juris*, 50, 17, qui est, du reste, la loi capitale sur laquelle se fonde toute notre théorie.

Que dit cette loi ? « Dans certains contrats on répond seulement du dol; dans d'autres, on répond du dol et de la faute. » Remarquons, en effet, que, le plus souvent, en droit romain, on commence par distinguer deux degrés de responsabilité : d'un côté la responsabilité du dol, auquel on assimile la faute lourde ; de l'autre la responsabilité du dol et de la faute, sauf à sous-distinguer ensuite la faute lourde et la faute légère. Cette division bipartite, que nous rencontrons souvent dans les textes (cf., L. 25, § 16, *Fam. erc.*, 10, 2, et L. 5, 2, *Commod.*, 13, 6), est aussi suivie par Ulpien dans notre loi 23. Il énumère les contrats où l'on doit seulement le dol, puis passe aux contrats où l'on doit le dol et la faute. Dans cette seconde partie, son énumération se divise en deux catégories distinctes : dans la première, il parle du mandat, du commodat, de la vente, du gage, et du louage, tous contrats où l'on doit la faute *in abstracto*.

Puis il ajoute : *Item dotis datio, tutelæ, negotia gesta (in his quidem et diligentiam), societas et rerum communio, et dolum et culpam recipit...* Si Ulpien a séparé ainsi son énumération des contrats qui entraînent la responsabilité du dol et de la faute, c'est qu'il y a une différence entre ces deux catégories. Dans la seconde, sont les

contrats ou quasi-contrats où on doit la faute *in concreto.*
Que veulent dire, en effet, ces mots : *in his quidem et
diligentiam,* qui viennent après ceux-ci : *negotia gesta?*

Le jurisconsulte, énumérant dans la seconde catégorie
presque tous les quasi-contrats, est entraîné à citer le cas
de gestion d'affaires; mais, comme dans ce cas, à la différence des autres, on doit la faute *in abstracto,* il ajoute :
« Dans ce quasi-contrat, on doit de plus la *diligentia.* »
Diligentia veut dire ici faute *in abstracto* (1).

Quelques auteurs ont cru voir dans la loi 5, § 2,
Commod., 13, 6, la contradiction de cette règle posée si
clairement dans les textes précités. Ulpien dit, dans cette
loi, que dans les contrats où il s'agit de l'utilité des deux
parties, on répondra du dol et de la faute, et il cite
comme exemple le louage, la dot, le gage, la société. De
cette assimilation ne semble-t-il pas résulter que l'associé doit la faute *in abstracto,* comme le locataire? Nullement; Ulpien, suivant cette méthode, que nous avons
déjà signalée, sépare d'abord les contrats où l'on ne doit
que le dol, de ceux où l'on doit la faute, sans même
distinguer s'il s'agit d'une faute *in abstracto* ou *in concreto;* ce sera plus tard l'objet d'une subdivision; mais,
pour le moment, il énumère pêle-mêle, pour ainsi parler,
les contrats où l'on doit non-seulement le dol, mais aussi

____

(1) Le mot *diligentia* est employé par les jurisconsultes dans des sens
très divers. Le sens que nous lui donnons dans la loi 23, *De reg. juris,* se
retrouve dans la loi 68, *pp. De contr. empt.,* 18, 1; dans la loi 5 § 2, *in fine,*
Commod., 13, 6, et dans la loi 47, § 5, *De leg.,* 30. Quelquefois, au contraire,
on se sert du mot *diligentia* quand on parle de la faute *in concreto* (cf., L. 1,
pp. *De tut. et rat. dist.,* 27, 3; L. 25, § 16, *Fam. erc.,* 10, 2; § 2, Inst. 3,
14; § 9, *Inst. n. t.).*

une faute quelconque. C'est ainsi qu'après avoir parlé du louage, où l'on doit la diligence *in abstracto*, il parle de la dot, où le mari, d'après ce même Ulpien, ne doit que la diligence *in concreto* (L. 27, § 5, *Sol. matr.*, 24, 3).

La responsabilité de l'associé, telle que nous venons de la déterminer, s'applique à celui dont l'apport consiste en industrie seulement (L., 52, § 2. *n. l.*). Cette loi suppose des conventions analogues à celles que nous nommons colonat partiaire, et bail à cheptel. Mais comment l'associé, qui, dans notre espèce, n'apporte que son industrie, et ne peut, à la fin de la société, élever aucune prétention sur les fonds ou le troupeau, mis seulement pour la jouissance dans le fonds social ; comment cet associé est-il traité, au point de vue de la responsabilité, aussi sévèrement qu'un associé ordinaire ? Cette objection s'était présentée à l'esprit des jurisconsultes romains, et c'est pour y répondre qu'Ulpien écrivait cette phrase, sur le sens de laquelle on a tant discuté : *Pretium enim operæ artis est velamentum.*

Nous n'énumérerons pas les divers systèmes proposés par les interprètes, qui, presque tous, sont d'accord sur le sens général de la loi (1). Indiquons seulement celui qui nous paraît le plus simple et le plus vraisemblable. Il faut laisser le texte tel qu'il est : il signifie que le prix reçu par l'associé pour son travail le couvre de ses soins. Sans doute, le troupeau ou le fonds reste la propriété de celui qui l'a mis en société, mais l'associé dont l'apport consiste en industrie trouve une compensation suffisante

---

(1) Cujas sur le § 2, Inst., *De societ.;* Favre, *Ration. ad. leg.* 52, § 2, n. t.; Voet, 1, 607.

de son travail dans le partage des bénéfices : il n'y a donc pas lieu d'établir en sa faveur une dérogation au droit commun (Huber cité par Gluck. Comm. des Pand., 15, 396, n° 80).

En principe, l'associé ne répond pas des cas fortuits. Il en serait autrement, s'il avait promis *custodiam*; il n'y aurait alors que les accidents qu'aucune surveillance n'aurait pu prévenir, et qui arrivent par force majeure, comme l'incendie ou le vol à main armée, dont il ne répondrait pas; le vol ordinaire lui serait imputable.

La clause par laquelle on promet *custodiam* peut être expresse ou tacite. Il y a clause tacite dans le cas suivant : l'un des associés apporte la jouissance d'un troupeau, l'autre son industrie; si le troupeau a été estimé, cette estimation ne vaudra pas vente; l'associé restera propriétaire de son troupeau; mais elle produira deux effets : 1° elle déterminera la somme que l'associé devra payer si la chose périt, soit en totalité, soit en partie; 2° elle élèvera la responsabilité de l'associé qui n'apporte que son industrie, elle équivaudra à la promesse de fournir *custodiam*. Cela se comprend : le soin que prend l'associé de faire l'estimation indique qu'il compte de la part de l'autre contractant sur la plus grande diligence possible (L. 52, § 3, *n. t.*).

L'associé doit réparer les pertes occasionnées par sa faute, quand même il aurait procuré de grands bénéfices à la société. Il ne peut compenser les dommages pour lesquels il doit indemnité avec les gains qu'il a fait faire. Cela fut décidé par Marc-Aurèle (LL. 25 et 26, *n. t.*). En effet, l'existence d'une dette et d'une créance entre les mêmes parties est une condition essentielle de la compensation. Dans notre cas, je vois bien la dette; mais où est la créance? L'associé n'est pas créancier de la société pour les gains qu'il lui a fait faire. La loi 23, § 1, *n. t.*, applique ces principes au cas où les dommages et les gains, au lieu d'être faits par l'associé lui-même, sont faits par son croupier ou son esclave.

Cette décision, parfaitement conforme aux principes, ne semble pas avoir été admise sans difficulté. Nous voyons qu'au moins pour le cas où les dommages avaient été causés par le croupier, Pomponius avait une opinion différente (1).

§ 2. — Obligations de la société envers l'associé.

L'associé créancier pourra demander à chacun de ses coassociés une part de la somme due, proportionnelle au droit du défendeur dans la société. Si l'un des contractants est devenu insolvable, la perte qui en résultera se répartira entre tous les associés, y compris le demandeur. C'est une conséquence de l'égalité qui doit régner entre eux (loi 67, pp., *n. t.*).

La société doit indemniser l'associé : 1° des dépenses faites dans l'intérêt social ; 2° des obligations contractées

---

(1) Remarquons la décision de la loi 24, *n. t.* Si les associés ont tous préposé à la gestion l'esclave de l'un d'eux, et que cet esclave cause un dommage à la société, le maître sera tenu *de peculio*, mais, pour le surplus, il ne pourra être poursuivi *in solidum;* la perte devra être supportée par tous les préposants : il ne faut pas donner aux autres associés une action *quod jussu* contre le propriétaire de l'esclave; car tous l'ont préposé à la gestion, et, sauf pour ce qui est dans la limite du pécule, le maître ne doit pas être tenu du chef de l'esclave envers ceux-là mêmes qui l'ont préposé.

dans le même but; 3° des préjudices occasionnés par la gestion; 4° des délits commis par l'un des esclaves communs.

1. Dépenses faites dans l'intérêt social.

Quelques textes supposent un recours de l'associé contre la société pour de semblables dépenses (cf. L. 52, § 12 et 15, *n. t.*). Toutefois, il est évident que le recours ne doit pas exister pour tous les déboursés, quels qu'ils soient; si l'associé a des pouvoirs formels d'administration, il pourra se faire rembourser les dépenses faites dans les limites de ses pouvoirs. S'il n'en a pas, il nous faut alors appliquer les principes que nous avons posés plus haut. Nous pouvons en faire découler les règles suivantes :

En cas de dépenses nécessaires, il y a toujours recours (L. 32, *Damn. inf.* 39, 2; § 3; Inst., *Obl. q. ex. cont.*, 3, 27).

Il en sera de même pour les dépenses utiles, s'il n'y a pas opposition de la part des autres associés : c'est le cas prévu par la loi 4, § 3, *Com. div.*, 10, 3. Pour reconnaître les dépenses utiles, il faut se reporter au temps où elles ont été faites, sans considérer d'ailleurs si les choses acquises n'ont pas péri depuis (L. 31, *fam. ercisc.*, 10, 2. L. 8, § 4, L. 9, L. 25, *Com. div.*, 10, 3).

Il n'y a pas de recours pour les dépenses inutiles ou voluptuaires. L. 8, § 3. *Com. div.* 10, 3. Loi 27, *Neg. gest.*, 3, 5).

L'associé aura droit aux intérêts de ses déboursés du jour où ils auront été faits, non-seulement quand il aura été obligé d'emprunter à intérêt pour faire cette dépense, mais même s'il a employé de l'argent qui lui appartient, car il aurait pu le placer à intérêt (L. 67, § 2, *n. t.*; cf. L. 19, § 4, *Neg. gest.*, 3, 5).

Un sénatus-consulte, rendu sous Marc-Aurèle, se montra plus favorable encore pour l'associé qui a fait certaines dépenses nécessaires ayant un caractère d'utilité publique; il s'agit des reconstructions ou réparations de bâtiments en ruine. Ce sénatusconsulte donne contre les associés qui ne veulent pas contribuer aux dépenses, une double ressource (L. 52, § 10, *n. t.*).

1° Celui qui a fait les dépenses peut, dans les quatre mois, agir par une *condictio ex lege* pour se les faire rembourser; *cum certis usuris*, dit la Florentine; lisez: *cum* centesimis *usuris*. Cette action jouit même d'une hypothèque privilégiée (L. 1, *In quib. pign.*, 20, 2; L. 5, *Qui pot. in pign.* 20, 4). Cet associé n'a-t-il pas, en effet, conservé le gage des créanciers?

2° Au bout des quatre mois, si les coassociés persistent dans leur refus de contribuer aux dépenses, l'associé devient, sans aucun fait de l'homme, par la seule vertu de la loi, propriétaire de la maison tout entière.

Ulpien, auteur de notre loi 52, § 10, se demande alors si, les quatre mois écoulés, l'associé pourra ne pas devenir propriétaire, mais réclamer par l'action *pro socio* une indemnité (*quod sua intererat*, dit le texte)? Sans aucun doute; si le sénatusconsulte n'en parle pas, c'est qu'il pensait qu'on préférerait généralement user de la faculté de devenir propriétaire.

11. Obligations contractées par l'associé dans l'intérêt social.

Les mêmes conditions que nous avons exigées pour forcer la société au remboursement des dépenses, nous les exigerons également pour l'obliger à indemniser l'associé des engagements contractés dans l'intérêt commun.

Mais comment indemniser cet associé? Celui-ci pourra, si la dette est exigible, la faire payer avec l'argent de la caisse sociale. Peu importe que la société soit déjà dissoute au moment du payement, pourvu toutefois que la dette ait été contractée pendant la durée de la société (L. 27, *n. t.*). Si la dette n'est pas exigible, cet associé ne pourra pas demander qu'on lui remette la somme destinée au payement; car il gagnerait sans droit la jouissance de la somme jusqu'au moment de l'échéance. — Ne pourra-t-il donc rien réclamer avant le jour du payement? — Demeurera-t-il grevé de cette dette personnelle qui diminue son crédit, et exposé à trouver ses coassociés insolvables au moment de l'échéance? Non. Aussi lui permet-on de demander à ses associés des sûretés, des *cautiones*, pour le garantir contre le payement éventuel de la dette (L. 27, 28, 67, *n. t.*; L. 16, *Com. divid.*, 10, 3) (1).

---

(1) Les règles que nous venons d'exposer ne constituent pas des règles isolées et exorbitantes du droit commun. Au contraire, nous voyons dans la loi 38 pp. *n. t.*, que le juge de l'action *pro socio* doit pourvoir au moyen de *cautiones* à ce que le dommage non encore éprouvé, mais qui doit résulter

III. Préjudices occasionnés par la gestion de la société.

La société devra indemniser l'associé des préjudices qui ont été la suite des risques inséparables de la gestion : telle était du moins l'opinion des Sabiniens, qui finit par prévaloir (L. 52, § 4 ; L. 60, § 1 et 61, *n. t.*).

Mais, nous l'avons dit, la société n'est tenue que des risques qui sont la suite inséparable de la gestion. La loi 54, § 2, *n. t.*, applique ce principe : un associé voyageant pour acheter des marchandises, est complétement dépouillé par les voleurs ; la société doit l'indemniser de la perte de l'argent destiné aux affaires de la société, et même de la perte des objets que l'associé avait avec lui et qui étaient, vu sa condition, nécessaires pour son voyage ; mais elle ne devrait rien pour les autres choses que l'associé avait emportées sans nécessité ou pour ses affaires propres.

Il faut que les pertes soient une suite naturelle de la gestion, il ne suffit pas qu'elles aient été encourues à son occasion ; l'associé ne peut demander d'indemnité sous le prétexte que les affaires de la société lui ont fait encourir la disgrâce d'une personne originairement disposée à tester en sa faveur (L. 60, § 1, *n. t.*).

La société ne devra aucune réparation si la perte est

---

du contrat fait dans l'intérêt de la société, ne reste pas à la charge de l'associé qui a contracté, et à ce que les gains non encore réalisés et provenant de la même source ne profitent pas à lui seul. La même loi ajoute que cette décision doit être généralisée et appliquée à tous les contrats de bonne foi.

arrivée par la faute de l'associé (L. 203, *De R. J.*, 50, 17; L. 6, § 12, *Com. divid.*, 10, 3).

IV. L'esclave commun a commis un délit au préjudice de l'un des associés.

Si un esclave commun a commis un vol ou causé un dommage au préjudice de l'un des associés, cet associé ne pourra exercer l'action pénale noxalement contre les maîtres de cet esclave, car il est lui-même maître pour partie (L. 43, § 12, *De furt.*, 47, 2); mais il pourra, par l'action *pro socio* ou *communi dividundo*, mettre ses associés dans l'alternative de réparer le dommage au simple, ou de lui abandonner l'esclave (L, 16, § 6, *Fam. ercisc.*, 10 2 ; L. 61 pp., *De furtis*, 47, 2). Il ne faut pas, en effet, priver l'associé de toute action.

Cet associé aurait contre le tiers cessionaire, de la part des autres maîtres de l'esclave une action *communi dividundo* utile (Loi 61, *cod. tit.*). Cette action se rapproche donc de l'action noxale ordinaire, en ce qu'elle suit l'esclave en quelques mains qu'il passe ; elle s'en éloigne en ce qu'elle n'est pas l'action née du délit, et qu'elle n'est donnée qu'au simple.

L'associé ne peut agir contre l'esclave devenu libre ; car il était son maître, au moins pour partie, et le maître volé par son esclave ne peut avoir aucune action contre lui (L. 61, *cod. tit.*); l'esclave mort, il n'y a plus d'action, parce que l'abandon quasi-noxal n'est plus possible (L. 61, *cod. tit.*).

§ 3. — Sanction de ces obligations.

L'exécution des diverses obligations dont nous venons de parler est poursuivie entre les associés par l'action *pro socio*. Cette action a pour objet les prestations personnelles que les associés se doivent, et qui dérivent du contrat de société. L'associé peut arriver au même résultat par l'action *communi dividundo*, qui a pour objet, outre le partage du fonds commun, les prestations personnelles qui ont trait à la chose indivise.

Cependant, il est certaines obligations que l'associé ne pourra faire exécuter que par l'action *pro socio*. Si la société a pour objet la mise en commun de créances, il ne pourrait être question, pour exiger cette communication, que de l'action *pro socio*. L'action *communi dividundo* ne s'applique, en effet, qu'aux choses communes. Or, comment supposer une créance qui soit réellement commune? Elle est ou propre à l'un des associés, ou divisée de plein droit entre eux. Ne peut-on pas dire aussi que, quand la société n'a reçu encore aucune exécution, quand aucune mise en commun n'a été effectuée, il ne peut y avoir lieu à l'action *communi dividundo* pour forcer les associés à fournir leurs apports ; car il n'y a pas encore indivision, et de ce fait seulement peut naître notre action.

Je pourrais signaler encore d'autres différences entre les actions *communi dividundo* et *pro socio*. Remarquons surtout que les deux caractères spéciaux de l'action *pro socio*, que nous allons plus loin étudier avec détail, l'infamic et le bénéfice de compétence, ne se rencontrent pas dans l'action *communi dividundo*.

A quel moment peut-on agir par l'action *pro socio?* Il faut distinguer l'action *pro socio* spéciale, qui consiste à demander l'exécution de l'une ou l'autre des obligations contractées par l'associé, et l'action *pro socio* générale, qui a pour objet la liquidation de la société, la reddition définitive des comptes.

Cette action générale ne peut être exercée qu'au moment où la société prend fin ; et même on la considère comme une cause de dissolution du contrat (L. 65, pp., *n. t.*). Nous nous en occuperons au chapitre III.

L'action spéciale peut, au contraire, être exercée avant la dissolution du contrat. L'exécution de certaines obligations des associés, par exemple le versement des apports, la communication d'un gain, peuvent être nécessaires au maintien même de la société (cf. LL. 52, § 13 et 65, § 15, *n. t.*) (1).

Il n'y a d'action *pro socio* que là où il y a société. — Elle n'existe pas en cas de simple indivision. Par application de ce principe, si nous supposons des dépenses faites par l'un des associés *post distractam societatem*, il n'y aura pas lieu à l'action *pro socio,* mais seulement à l'action *communi dividundo* (L. 65, § 13, *n. t.*).

L'action *pro socio* est donnée à l'associé contre son associé. — Qui sera associé ? Cela peut présenter quelques

---

(1) Peut-être l'associé agissant par l'action *pro socio* spéciale faisait-il mettre en tête de la formule une *præscriptio*, afin que si plus tard il voulait intenter l'action générale, l'exception *rei judicatæ* ne pût lui être opposée (Arg. de Gaïus, IV, 130 et sq.).

difficultés quand il s'agit d'un contrat de société fait avec un fils de famille. Lorsque ce dernier contracte, par l'ordre de son père, celui-ci est ordinairement soumis à l'action *pro socio quod jussu*, action prétorienne, et, comme disent les interprètes, *adjectitiæ qualitatis;* cependant, en pareil cas, la loi 84, *n. t.,* donne contre le père l'action *pro socio* directe. On pense que les associés ont eu surtout en vue la personne du père, que c'est lui le véritable contractant, et que le fils n'est qu'un intermédiaire. Aussi, sera-ce la mort du père, et non celle du fils, qui dissoudra la société (Favre, *Ration. ad. h. leg.*).

La loi donne la même décision, en supposant que c'est un tiers *sui juris* qui a traité par l'ordre d'une autre personne. Cette personne est l'associé ; le tiers n'est qu'une sorte de *nuntius* qui transmet le consentement.

Supposons toujours une société contractée avec un fils de famille ; celui-ci a traité sans le *jussus* du père, mais il a un pécule. L'associé n'aura contre le père que l'action *de peculio;* mais si ce dernier intente l'action *pro socio* qui lui est acquise de plein droit, l'associé poursuivi pourra conserver par l'effet de la compensation, non-seulement ce qu'il aurait obtenu par l'action *de peculio,* mais tout ce qui lui est dû. Le père, en agissant *pro socio,* semble ratifier la société, et il serait injuste que celui qui peut agir *in solidum* en vertu de cette société pût ne pas supporter *in solidum* la compensation opposée pour la même cause (L. 9, pp., *De compens.,* 16, 2.)

Mais si le fils de famille est actionné *pro socio* par l'associé pourra-t-il opposer, comme compensation, ce que la société doit à son père ? Il le pourra, *quia unus contractus est*, dit Paul. C'est du même contrat de société que sont nées la créance du père et l'obligation du fils. Toutefois, le fils, pour pouvoir opposer cette compensation, devra donner caution qu'elle sera ratifiée par le père, afin que celui-ci ne vienne pas exercer plus tard la créance qui a été compensée (L. 9, § 1, *cod. tit.*).

Il pourra arriver que l'associé créancier n'ait pas la faculté de poursuivre tous les associés. Si, par exemple, d'un accord unanime, ils ont constitué l'un d'eux caissier, c'est ce dernier qu'il faudra poursuivre (L. 65, § 14, *n. t.*)

L'action *pro socio* est transmissible activement et passivement aux héritiers. Sans doute, ils ne sont pas eux-mêmes associés, mais ils succèdent aux créances et aux dettes de leurs auteurs (L. 63, § 3, *n. t.*; L. 3, au Code, *n. t.*).

Ces notions générales une fois données sur l'action *pro socio*, examinons les deux caractères spéciaux de cette action : elle produit l'infamie et donne lieu au bénéfice de compétence; l'une a pour but d'aggraver la condamnation, l'autre de l'adoucir. Tous deux sont des conséquences de ce *jus quoddam fraternitatis* qui doit régler les rapports des associés (cf. L. 63, pp., *in fin.*, *n. t.*). Nous verrons ensuite les règles sur le concours de l'action *pro socio* avec diverses autres actions.

I. De l'Infamie.

La condamnation en vertu de l'action *pro socio* entraîne l'infamie (L. 1, *De his qui not.*, 3, 2).

Faut-il qu'il y ait dol de la part de l'associé condamné?

Certains interprètes ne l'exigent pas. Cette condition, disent-ils, n'est pas indiquée par les textes, et d'ailleurs, le défendeur, en se laissant traduire en justice, ne commet-il pas un dol ?

C'est aller trop loin. Dans les textes, la mauvaise foi est toujours indiquée comme le motif de l'infamie : cela ne montre-t-il pas qu'elle en est aussi la condition ? (L. 6, § 5 et 7, *De h. q. not.*, 3, 2 ; L. 22, Cod., *Ex quib. caus.*, 2, 12 ; Cic., *Pro Cæcina*, c. 3.) Sans doute, la résistance de l'associé qui ne veut pas exécuter le contrat, cette *temeritas litigandi*, peut quelquefois constituer, vu les circonstances, un véritable dol ; mais il ne faut pas poser cela comme une règle générale. Par exemple, on réclame à l'associé une indemnité dont il ne nie pas la cause, mais dont il conteste la quotité ; de là un procès. Le défendeur est condamné à une indemnité moins forte. Direz-vous qu'il y a dol de sa part (De Sav., p. 169 et sq.; Doneau, 18, 8, § 8 à 13)?

L'héritier condamné en vertu de l'action *pro socio* n'encourt pas l'infamie ; il n'est pas associé *non in societatem succedit, sed tantum in æs alienum defuncti* (L. 6, § 6, *de his. q. not.*, 3, 2).

Qu'est-ce que l'infamie ? Exposer en détail l'histoire et les développements de cette institution nous entraînerait trop loin ; qu'il nous suffise de rappeler que l'infamie, création du droit coutumier et non du droit prétorien, se rattache principalement au droit public : elle emporte privation des droits politiques, du *jus suffragii* et du *jus honorum*. Ce n'est qu'après coup et accessoirement qu'elle a produit des effets en droit privé, la privation du droit de postuler pour autrui, et une restriction à la capacité de contracter mariage.

II. Du Bénéfice de compétence.

Dans quels cas l'associé peut-il invoquer le bénéfice de compétence? Il faut d'abord qu'il soit poursuivi par l'action *pro socio* (L. 16, *De re jud.*, 42-1; § 38, Inst., *De act.*, 4-6). Ce bénéfice appartient-il à tout associé? Deux textes d'Ulpien, tous deux tirés de son commentaire sur l'édit, semblent complétement contradictoires; selon la loi 16, *De re judicata*, 42, 1, jouissent du bénéfice de compétence ceux *qui pro socio conveniuntur; socium autem omnium bonorum accipiendum est.* Dans la loi 63, pp. *n.t.*, au contraire, Ulpien approuve l'opinion de Sabinus, qui donnait aux associés le bénéfice de compétence, *etiam si non universorum bonorum socii sunt.*

Comment concilier ces lois? Autant d'interprètes, autant de systèmes divers. Favre supprime toute la dernière phrase de la loi 16 (*socium autem*) qui lui semble être un glossème. Cujas y ajoute *maxime :* ces deux premiers systèmes doivent être repoussés. Il suffit, en effet, de comparer notre texte avec celui des *Basiliques*, pour se convaincre qu'il n'a pas été altéré.

Pothier croit qu'Ulpien a changé d'avis. Sa dernière opinion serait celle consignée dans la loi 16, *De re jud.*; il aurait ainsi restreint ce bénéfice de compétence à la société *totorum bonorum*, parce que là seulement les liens de fraternité sont complets.

Je pense, au contraire, que c'est l'opinion plus raisonnable consacrée par la loi 63, qui a prévalu. Quant à la loi 16, on peut y voir, soit une interrogation à laquelle répond la loi 63, soit une simple mention de l'avis suivi par d'anciens jurisconsultes, avant que Sabinus eût donné l'interprétation plus large à laquelle adhère Ulpien.

Le bénéfice de compétence est tout personnel à l'associé ; il ne peut être invoqué par ses héritiers, par ses fidéjusseurs, ni par son père ou son maître poursuivi par l'une des actions *adjectitiæ qualitatis* (L. 63, § 1 et 2, *n. t.*). Il n'appartiendra pas non plus à celui qui aura commencé par nier sa qualité d'associé, ou qui sera obligé, à raison de son dol (L. 22, § 1, *De re jud.*, 42, 1). Il n'est donné qu'au débiteur malheureux et de bonne foi.

Comment l'associé invoquera-t-il le bénéfice ? Par l'exception *quod facere potest*, qu'il fera insérer dans la formule ; c'est même là son vrai nom en droit romain : le nom assez bizarre de bénéfice de compétence a été créé par les interprètes. On ajoute non à l'*intentio*, mais à la *condemnatio*, ces mots : *condemna in id duntaxat quod facere potest, quodve dolo malo fecerit quominus possit* (arg. de la L. 63, pp., *n. t.*). Le bénéfice doit donc être invoqué au moment de la *litis contestatio*, quand le magistrat délivre la formule.

Quel est l'effet de cette exception ? L'associé est dispensé de la contrainte par corps, et ne peut être condamné que dans la limite de ses facultés, *in id quod facere potest.*

Comment se fera le calcul ? Et d'abord, quel est le moment où il faudra se reporter pour faire l'estimation des facultés du défendeur ? La loi 63, § 6, *n. t.*, dit que c'est le *tempus rei judicandæ*, c'est-à-dire le moment où l'on va prononcer la sentence ; ce n'est donc pas l'époque de la *litis contestatio*, comme à l'ordinaire. En effet, notre bénéfice, dit Favre, *non tam actionem respicit quam exactionem*. Le juge devra faire complétement abstraction des diminutions de facultés provenant du dol. Cela est dit dans la formule ; mais il faut le dol ; la faute ne suffirait pas (L. 63, § 7, *n. t.*).

On peut condamner l'associé jusqu'à concurrence de ses facultés. Est-ce jusqu'à concurrence de l'actif brut ou de l'actif net? Faut-il faire ou non déduction des dettes? Cela importe beaucoup à savoir. Supposons qu'un associé doive 20 à son coassocié, 40 à un tiers ; il a 50 de fortune. Si nous calculons sur l'actif brut, l'associé, poursuivi par son coassocié, pourra être condamné à payer les 20 qu'il lui doit. Si nous calculons sur l'actif net, il ne pourra être condamné que jusqu'à concurrence de 10.

En principe, on calcule sur l'actif brut, *non deducto œre alieno* (L. 16, *De re jud.*, 42-1 ; L. 63, § 3, *n. t.*). Mais ne semble-t-il pas que le but du bénéfice de compétence n'est pas atteint, puisque l'associé peut être contraint par corps sur la poursuite de ses autres créanciers, et condamné à plus que ses facultés? Cependant, cette décision est beaucoup plus facilement justifiable qu'on ne le croit communément. Le bénéfice de compétence n'est donné que vis-à-vis de l'associé, et non pas vis-à-vis des autres créanciers. Ce qu'on veut empêcher, ce n'est pas que l'associé ne soit contraint par corps, c'est qu'il ne le soit sur la poursuite à outrance de son coassocié. Les rapports qui doivent unir les associés ne permettent pas un semblable scandale. D'ailleurs, calculer sur l'actif net, ne serait-ce pas constituer un privilége au profit des autres créanciers sur les associés, puisque ceux-ci seraient obligés de réduire leurs poursuites de façon à ce que les autres créanciers fussent tous payés avant eux ?

On ne déduit pas même ce qui est dû à des créanciers de la même condition, à d'autres associés. Ce sera donc celui qui se présentera qui obtiendra la condamnation (L. 19, pp., *De re jud.*, 42-1) ; mais nous savons que l'autre associé agissant à son tour ne pourrait se faire payer intégralement ; il aurait le droit d'agir contre l'associé déjà payé, afin de le forcer à communiquer ce qu'il a reçu en payement de sa part de créance.

Toutefois, la loi 63, § 3, fait une exception à cette règle ; qu'il ne faut pas déduire les dettes, pour ce que l'associé doit *ex ipsa societate*. En effet, dit Favre : *ejusmodi æs alienum de communi solvi debet* (cf. L. 27 et 82, *n. t.*).

Cependant, par exception, quand il s'agissait du bénéfice de compétence que pouvait opposer le donateur poursuivi en exécution de la donation, on calculait les facultés du défendeur sur l'actif net (L. 19, § 1, *De re jud.*, 42, 1). Cette première faveur accordée au donateur ne fut pas étendue aux autres défendeurs jouissant du bénéfice de compétence.

Mais le donateur avait encore un autre privilége : on ne pouvait le dépouiller complétement, il fallait lui laisser quelque chose, *ne egeat* (L. 19, § 1, et L. 30, *De re jud.*, 42, 1). Ce second privilége fut, à la différence du premier, étendu à tous les cas de bénéfice de compétence (L. 173, pp., *De reg. jur.*, 7, 50-17). L'époque où fut faite cette extension est incertaine ; aucune constitution du Code ne la consacre. Le texte que nous venons d'indiquer a été évidemment interpolé par Tribonien ; il est en effet de Paul, auteur de cette loi 19, § 1, *De re jud.*, qui restreint au donateur le privilège dont s'agit. Il est donc probable que cette innovation a été faite par Justinien, ou du moins peu de temps avant lui. La manière maladroite dont elle a été faite semble trahir la main des jurisconsultes de la décadence. En effet, à quoi bon décider qu'il faut laisser quelque chose au débiteur *ne egeat*, du moment où on continue à calculer les facultés sur l'actif brut? La déduction *ne egeat* ne profite pas au défendeur, mais à ses autres créanciers, vis-à-vis desquels il ne jouit pas du bénéfice de compétence.

Nous avons vu quels étaient les effets de l'exception *quod facere potest*; faut-il ajouter que le débiteur, condamné dans les limites de ses facultés, sera libéré pour le surplus, ou bien pourra-t-il être poursuivi, s'il revient à meilleure fortune? Les textes ne résolvent pas expressément la question. La loi 63, § 4, *n. t.*, décide que l'associé donnera *cautio*, c'est-à-dire fera la *nuda promissio* de payer le surplus. Ne concluez pas de ce texte que sans cette *cautio*, l'associé aurait été libéré : cela serait trop contraire à l'équité. Si l'on fait faire cette promesse au débiteur, c'est pour se procurer une poursuite plus facile, et peut-être aussi parce que les associés créanciers ont pu perdre leur action en l'exerçant pour le tout, sans la limiter par une *præscriptio*.

III. Concours de l'action *pro socio* avec plusieurs autres actions.

L'action *pro socio* peut se trouver en concours avec

d'autres actions : que se produit-il? Avant d'exposer les décisions données par les textes, rappelons brièvement les principes qui réglaient les concours d'actions.

Trois résultats peuvent se produire, quand il y a coexistence de plusieurs actions; elles se cumulent, s'excluent, ou se combinent. Pour que des actions puissent avoir influence l'une sur l'autre, il faut évidemment qu'il y ait entre elles un lien quelconque, une identité partielle ou totale. Cette identité peut porter sur divers points; il peut y avoir communauté d'origine, similitude de nature désignée par un nom commun, mêmes parties; mais tout cela n'exerce au point de vue qui nous occupe aucune influence sérieuse. La seule circonstance décisive, c'est la communauté d'objet; et le principe fondamental de cette théorie peut se résumer dans cette maxime bien simple : la chose que nous avons obtenue en vertu d'une action ne peut pas être réclamée une seconde fois par une action nouvelle. Quelquefois, la première action ayant fait obtenir tout ce qui était l'objet de la seconde; celle-ci sera complétement éteinte. D'autres fois, la première ne nous a fait obtenir qu'une partie de ce que peut faire obtenir la seconde; alors la seconde subsiste pour le surplus. Enfin, il peut n'y avoir aucune identité d'objet entre les deux actions; dès lors elles subsistent toutes deux, et l'exercice de l'une ne peut éteindre l'autre.

Tels sont les principes; examinons l'application qu'en ont faite les jurisconsultes dans notre matière.

Voyons d'abord les cas où il y a identité complète d'objet entre les deux actions, et où l'exercice de l'une éteindra l'autre.

Il en sera ainsi quand l'action *communi dividundo* et

l'action *pro socio* auront le même objet; par exemple, s'il s'agit de certaines prestations personnelles dues entre associés (L. 38, § 1, *n. t.*). J'on dirai autant de l'action *pro socio* et *ex stipulatu* dans le cas où les parties auraient confirmé leurs conventions par une stipulation avec clause pénale (L. 71, pp., *n. t.*)

Supposons un *damnum injuria datum* causé par l'un associé envers son coassocié. Ce fait peut donner lieu aux actions *pro socio* et *legis Aquiliæ*. Cotte dernière n'est qu'une action pénale unilatérale, s'il n'y a pas eu de négation de la part du défendeur, et si l'indemnité à laquelle cette action donne droit n'est pas supérieure à celle à laquelle donnerait droit l'action *pro socio*. Alors les deux actions ont le même objet et s'excluent l'une l'autre. C'est le cas prévu par les lois 47, § 1. 48, 49 et 50, *n. t.*

Passons maintenant au cas où, entre les deux actions, il n'y a qu'une identité partielle; elles s'excluent pour la partie identique, et se cumulent pour le reste. Voici plusieurs cas où nous appliquerons cette règle.

Quand on a exercé l'action *pro socio* pour exiger l'exécution des prestations personnelles, cela n'empêche pas d'intenter l'action *communi dividundo*, non pas pour parvenir au même résultat, mais pour obtenir le partage et l'adjudication (L. 43, *n. t.*).

L'un des associés vole un objet appartenant à la société; il est tenu de l'action *pro socio* et de la *condictio furtiva;* il se pourra, sans doute, que ces deux actions aient identiquement le même objet; mais il se pourra aussi que l'objet de l'action *pro socio* soit plus étendu. La *condictio furtiva*, en effet, ne fait obtenir aux associés que la valeur actuelle de la chose volée, tandis que par l'action *pro socio*, les associés réclament une indemnité dans la mesure de l'intérêt qu'ils avaient à ne pas être volés : c'est le cas de la loi 47, pp., *n. t.*

Si nous supposons, au lieu d'un vol un dommage donnant lieu à l'action de la loi *Aquilia*, nous aurons une décision analogue. Rarement, en effet, cette action aura, comme nous le supposions tout à l'heure, d'après la loi 50, *n. t.*, un objet identique à celui de l'action *pro socio*. Souvent il sera plus étendu ; il en sera ainsi s'il y a condamnation au double *adversus inficiantem ;* ou si l'objet détruit ou détérioré a eu une valeur plus considérable dans l'année qui a précédé le délit, s'il s'agit du premier chef de la loi ; dans les trente jours, s'il s'agit du troisième chef.

Il se pourra, au contraire, que l'action *pro socio* soit plus avantageuse. L'action *legis Aquiliæ* est donnée contre les héritiers, mais seulement jusqu'à concurrence du profit qu'ils en ont tiré ; l'action *pro socio* ne subira pas une pareille limitation.

Si le dommage est causé par l'esclave ou le fils de l'associé, l'action *pro socio* pourra, selon les cas, se donner *quod jussu*, *de peculio*, ou *de in rem verso;* il n'y aura pas alors à craindre d'abandon noxal ; il n'en serait pas de même, si l'associé agissait par l'action de la loi *Aquilia*.

Terminons par le cas où les actions se cumulent, parce qu'il n'y a aucune identité entre leur objet. Nous n'énumérerons pas toutes les actions qui peuvent ainsi se cumuler avec l'action *pro socio*.

Remarquons seulement qu'il faut placer dans cette catégorie les actions pénales bilatérales qui ne sont aucunement *rei persecutoriæ*. On peut donc agir par l'action *furti*, après avoir agi par l'action *pro socio* (L. 45, *n. t.*) (1).

Nous voyons donc que l'exercice d'une action peut influer plus ou moins sur l'existence d'une autre. Par quel moyen de procédure fera-t-on valoir cette extinction totale ou partielle? Dans les cas peu nombreux où il y a identité véritable entre les obligations, il n'est pas besoin de recourir à des moyens artificiels; le rapport de droit lui-même est anéanti, et avec lui toutes les actions qui en découlent. C'est ce qui arrivera quand une dette sera payée par la caution (§ 1, Inst., *De duob. reis*, 3, 16; L. 3, § 1, *De duob. reis*, 45, 2; LL. 23 et 53, *De sol.*, 46, 3).

Dans les cas nombreux où les deux actions ne reposent pas sur une obligation identique, mais où le but de l'une d'elles a été atteint en totalité ou en partie par le résultat de l'autre, et où il y a ainsi satisfaction indirecte pour l'action non encore exercée; dans ces cas, l'égalité

---

(1) La loi 69, *n. t.*, prévoit le cas où l'associé se trouve exposé à être poursuivi par l'action *pro socio* et l'action *venditi*. Quel est ce cas? Le texte est obscur et les interprètes ont beaucoup discuté (cf., Cujas III, p. 99; Poth., Pand., *pro socio*, § 41). Le système de Gluck, sans être pleinement satisfaisant, me semble cependant le plus admissible. Voici la convention prévue : il a été convenu que l'un des associés, Titius, pourrait, si les autres le voulaient, être forcé de prendre pour son compte tout l'achat de marchandises, à la charge de rembourser à ces associés tous les frais qui pourraient avoir été faits. Cette convention donne lieu à l'action *pro socio* et à l'action *venditi* : elle est une société, puisque les parties peuvent ne pas user de la faculté qu'elles se sont réservée; une vente, puisqu'elles ont vendu d'avance sous une condition potestative leur part dans l'affaire moyennant le remboursement des frais. Supposons maintenant que Titius ne veuille pas exécuter la convention et refuse de rembourser les frais, il pourra être poursuivi par l'une ou l'autre des deux actions, mais l'exercice de l'une exclura l'autre.

exigeant qu'on ne puisse agir de nouveau, la seconde action sera repoussée en tout ou en partie par une *exceptio doli* ou *in factum* (L. 57, *De re jud.*, 50, 17).

Si la seconde action était *stricti juris*, l'exception devait être insérée dans la formule pour que le juge pût y avoir égard ; mais on pourrait craindre que l'exception ne fût oubliée ; aussi, les anciens jurisconsultes conseillent à l'*arbiter*, juge de la première action, qui était de bonne foi, de ne pas condamner tant que le demandeur ne renoncera pas à sa seconde action (L. 25, § 5 ; L. 43, *Locati*, 19, 2 ; L. 7, § 1, *Commod.*, 13, 6 ; L. 9, § 1, *De furtis*, 47, 2 ; L. 36, § 2, *De her. pet.*, 5, 3 ; L. 13, *De rei vindic.*, 6, 1).

Si la seconde action était au contraire de bonne foi, le juge doit prendre en considération l'exception même non exprimée dans la formule. C'est ce que veulent dire certains jurisconsultes, quand ils parlent d'exclusion faite *ipso jure* (L. 28, *De act. empti*, 19, 1 ; L. 71, pp., *De furtis*, 47, 2). Du reste, même dans ce cas, il sera toujours plus sûr d'insérer l'exception dans la formule (L. 34, § 1, *De o. et a.*, 44, 7 ; L. 14, § 13, *Quod metus*, 44, 7).

Toutes ces difficultés de procédure n'existaient plus dans le droit de Justinien, puisqu'il n'y avait plus de formules, et déjà, sous les jurisconsultes, on pouvait éviter toute difficulté en exerçant toutes les actions à la fois : alors le juge devait appliquer immédiatement les principes du concours (L. 1, § 4, *Quod leg.*, 43, 3).

SECTION V.

Des sociétés qui constituent des personnes juridiques.

Nous avons déjà vu quelles sociétés constituent des personnes juridiques ; voyons maintenant comment elles fonctionnent, quels sont leurs droits, et, sur tous ces points, quelle différence il y a entre ces sociétés et les sociétés ordinaires.

I. Comment fonctionnent ces sociétés. Pour figurer dans un contrat, acquérir ou transmettre un droit, en un mot, vivre de la vie juridique, il faut des actes qui supposent un être qui pense et qui veut : or, une personne morale n'est qu'une fiction ; elle peut, d'après la loi qui l'a créée, être le sujet des droits, mais comment peut-elle penser et vouloir ? Il y a là comme en cas d'impuberté, un être capable de droit, mais incapable d'agir pour l'acquérir. Dès lors, il faut ici le même remède que pour le cas d'impuberté : il faut la représentation.

Nous insistons sur cette idée que la société, personne juridique, ne peut agir que par le secours de la représentation. Il serait faux de croire qu'un acte émanant de tous les associés serait l'acte de la société elle-même, et que la représentation n'a été imaginée qu'à cause de l'impossibilité d'obtenir toujours l'unanimité des associés. La société constitue un être idéal parfaitement distinct de la totalité des associés. Cette idée était admise en droit romain. Nous en trouvons l'application dans les textes.

Quand finira l'usufruit qui repose sur la tête de la société? Si l'opinion que nous combattons était exacte, il faudrait dire que l'usufruit durerait tant que les associés seraient en vie. Cependant on décidait qu'il serait éteint par la dissolution de la personne juridique ou bien par un laps de cent ans. (L. 21, *Quib. mod. us.*, 7, 4).

Le § 5, t. 22, des fragments d'Ulpien n'est-il pas aussi l'application des mêmes idées? D'après ce texte, dans le principe, les municipes, et nous dirons *a fortiori* les autres personnes juridiques, ne pouvaient pas être instituées héritiers : *Quoniam*, dit Ulpien, *incertum corpus est, neque cernere universi, neque pro herede gerere possunt.* Plusieurs auteurs traduisent ainsi : « Parce que c'est une personne incertaine, et qu'il y a impossibilité de faire concourir tous les citoyens à cette adition; mais cette traduction, qui parait, au premier abord, littérale, n'est pas satisfaisante, car, en quoi une personne morale est-elle incertaine? et l'impossibilité du concours de tous les membres du *corpus* peut ne pas toujours exister. Donnons donc à ces mots un autre sens qui se rapporte à la théorie de la représentation. Pour faire adition, il est de principe qu'il faut agir soi-même; c'est un des actes éminemment civils, pour lesquels la représentation n'est pas admise (L. 65, § 3, *ad. sc. Treb.*, 36, 1; L. 5, Cod. *De j. delib.* 6, 30). Or, une ville, ou, dans notre espèce, une société, ne peuvent agir par elle-même directement, parce qu'elles n'ont qu'une existence fictive. C'est ce que veulent dire ces mots : *Quoniam incertum corpus est*, et que, dès lors, comme unités juridiques, elles ne peuvent faire adition (*et neque cernere universi, neque pro herede gerere possunt*). Au contraire, en cas de *bonorum possessio*, comme la représentation est admise, il n'y aura plus de difficultés. (L. 1, § 1, *De lib. univ.* 38, 3). Nous donnons une explication analogue de la loi 1, § 22, *De adq. vel. am. poss.*, 41, 2. Les personnes juridiques ne peuvent posséder *quia uni* (ou *universi*), *consentire non possunt*, c'est-à-dire, parce que l'universalité juridique ne peut avoir l'*animus possidendi*.

Il fallait donc créer une représentation pour faire fonctionner la société. Alors même qu'il n'y avait aucune convention particulière entre les associés, si la société avait un esclave, celui-ci pouvait, en plusieurs cas, agir pour elle. Dans la rigueur des vieux principes, l'esclave ne représentait son maître que quand il s'agissait d'acquérir des droits et non quand il s'agissait d'agir en justice, d'aliéner ou de s'obliger; sauf les modifications introduites par le droit prétorien, au moyen des actions *adjectitiæ qualitatis*.

Toutefois, cette représentation n'était pas suffisante, les conventions des associés y suppléaient. Nous trouvons épars çà et là, dans les auteurs latins, quelques passages où l'on voit apparaître quelle était l'organisation des sociétés *vectigalium*. Parmi les associés, il y avait plusieurs catégories; les uns se rendaient adjudicataires de la ferme, c'étaient les *mancipes*, directement obligés envers l'État; d'autres intervenaient comme cautions, *prædes*; d'autres, enfin, sortes de croupiers, entraient dans la société comme associés participants. (Cic., *Ad. Attic.* I, 19, 20, II, 1). Quelquefois, l'administration était divisée entre les associés (L. 9, § 4, *De public.*, 39, 4.), mais le plus souvent on nommait un ou plusieurs gérants, appelés *magistri*. Ils avaient leur siége à Rome, représentaient la société, qu'ils pouvaient obliger, dirigeaient les affaires, correspondaient avec les employés, tenaient les livres et convoquaient les assemblées des associés quand il s'agissait de prendre des décisions importantes(Cic., *Pro Plancio*. c. 13, *In Verr.* ii, 71, 74, 75; iii, 71 ; L. 14, *De Pactis*, 2, 14). Dans les provinces, la société était quelquefois représentée par des *promagistri*, dont l'influence politique était très-considérable (Cic., *Ad. Att.* 11, 10, *In Verr.*, iii, 41).

Si l'administration n'avait pas été confiée à des gérants, elle serait réglée par la majorité des associés. Le principe général est posé par la loi 160, § 1, *De reg. j.*, 50, 17 : *Refertur ad universos quod publice fit per majorem partem* (1).

Si la majorité pouvait régler l'administration de la société, je ne crois pas qu'elle pût changer les conventions primitives du contrat. L'unanimité des associés seule avait cette puissance.

Dans les sociétés qui ne constituaient pas des personnes morales, les décisions devaient toujours être prises à l'unanimité ; nous avons vu, en effet, quelle puissance avait le *veto* d'un seul associé.

Si la société personne juridique avait à comparaître en

---

(1) La majorité des membres présents suffit-elle? Faut-il qu'il y ait un certain nombre de votants? Sur tous ces points, les textes gardent le silence. Sans doute il y a des règles précises édictées pour les municipes ; mais ne serait-ce pas bien hardi d'étendre au cas de société ces diverses décisions?

justice, elle était représentée par un *actor* ou un *syndicus*. L'*actor* est le mandataire constitué pour une affaire spéciale, le *syndicus* est constitué pour toutes les affaires en général. L'un et l'autre peuvent être nommés par la majorité (LL. 1, § 1, 3, 4, 6, § 1 et 3, *quod cuj. univ.*, 3, 4).

II. Nous venons de voir comment pouvaient agir les sociétés personnes morales. Voyons maintenant quelles sont les conséquences juridiques de leurs actes, quels sont leurs droits et leurs obligations.

A. *Propriété.* — La société personne juridique peut avoir la propriété (L. 1, § 1, *Quod. cuj. un.*, 3, 4); mais le droit appartient à l'être fictif considéré comme une personne, et non aux membres de la société considérés individuellement : *universitatis sunt, non singulorum* (L. 6. § 1, *De div. rer.*, 1, 8). C'est la différence capitale avec la société ordinaire, où la propriété repose pour une part indivise sur la tête de chaque associé. Quelques exemples montreront l'importance pratique de ce principe.

1° Supposons une société possédant des esclaves. Elle veut les affranchir, cela est possible ; Varron nous parle d'affranchissements faits par un municipe et une société (*De Lingua Latina*, 8, 41). La législation, sur cette matière, a varié suivant les époques. Dans l'origine, les affranchis d'une personne juridique ne pouvaient avoir qu'une liberté de fait, dans laquelle ils étaient maintenus *tuitione prætoris*. La loi *Junia Norbana* régularisa leur situation et en fit des Latins Juniens; ils ne pouvaient pas être affranchis par les modes solennels, *testamento, censu, vindicta*. On conçoit facilement que pour les personnes juridiques il n'y eût pas à parler de testament ni de cens. L'affranchissement, *vindicta*, n'était pas plus admissible. Il y avait là en effet une action de la loi qui ne permettait aucune représentation. Or, la personne juridique ne peut agir sans le secours de la représentation. Ces règles rigoureuses furent peu à peu modifiées. Trajan permit aux villes d'Italie, Adrien aux villes de province, d'affranchir leurs esclaves et d'en faire des citoyens romains (L. 3, Cod. *De serv. reip.*, 7, 9). Marc-Aurèle étendit cette innovation à toutes les personnes juridiques (L. 1 et 2, *De manum. quæ servis*, 40, 3).

Toutes ces difficultés ne se soulevaient pas en cas de société ordinaire, où il y avait seulement un esclave appartenant en commun à plusieurs maîtres.

L'affranchissement pouvait se faire en cas de société *vectigalium* par la majorité des associés ; en cas de société ordinaire, il fallait l'unanimité ; sinon, on appliquait la règle du *jus accrescendi*.

2° L'affranchi d'une société constituant une personne morale n'était pas l'affranchi de chaque associé ; aussi, il ne leur devait pas la soumission et le respect qu'il devait à son patron (L. 10, § 4, *De in jus voc.*, 2, 4). Il en était différemment des affranchis d'une société ordinaire.

3° L'esclave d'une société ordinaire ne pouvait pas être mis à la torture pour déposer contre l'un des associés. Cela était possible au contraire quand il s'agissait d'une société *vectigalium*, car l'esclave n'appartenait pas à chaque associé, mais à l'être juridique (L. 1, § 7, *De quæst.* 48, 18).

B. *Démembrements de propriété.* — Tous les modes

d'acquisition d'usufruit et de servitudes prédiales ne peuvent pas être employés par les sociétés personnes morales. La *mancipatio* est possible, car elle peut être faite par l'entremise d'un esclave de la société ; mais elle ne s'applique qu'aux choses *mancipi*, c'est-à-dire seulement aux servitudes rurales (Gaïus, II, 29 ; Ulp., XIX, 1 ; L. 12, *De serv.*, 8, 1). L'*injure cessio*, au contraire, est impossible, car il y a là une action de la loi qui ne peut s'accomplir par mandataire, et où ne peut figurer un esclave. Or, l'*injure cessio* est le moyen principal d'acquérir par *translatio* l'usufruit et les servitudes urbaines: il ne reste donc à nos sociétés d'autre moyen d'acquérir ces droits que le legs *per vindicationem*, et parmi les modes de translation entre-vifs, que ceux du droit prétorien, la quasi-tradition et la quasi-possession (L. 3, *Si ususf.* 7, 6 ; L. 56, *De usuf.* 7, 1). L'*injure cessio* est, au contraire, possible quand il s'agit d'une société ordinaire.

Nous pouvons indiquer une autre différence entre les deux sortes de sociétés. L'associé *vectigalium* peut faire constituer au profit d'un fonds à lui appartenant une servitude sur un fonds social ; ce dernier fonds, en effet, ne lui appartient pas, tandis qu'en supposant une société ordinaire, la règle *nemini res sua servit* ne nous permet pas de donner une semblable décision (1).

---

(1) Dans ce dernier cas, il est donc impossible de constituer une servitude entre deux fonds, dont l'un vous appartient exclusivement, l'autre pour une part indivise. Mais, si à l'origine vous n'aviez aucun droit sur l'un des fonds et que vous en fussiez devenu propriétaire par indivis, lorsque la servitude existait déjà, cette servitude subsistait ; car, si elle ne peut être acquise, elle peut être retenue *per partes* (L. 8, 1, *De servit.*, 8, 1).

L'*usus* ne peut appartenir aux sociétés constituant des personnes juridiques, car il consiste dans l'usage propre et personnel du titulaire.

C. *Possession.* — A l'origine, les sociétés constituant des personnes morales ne pouvaient acquérir la possession (L. 1, § 22, *De adq. vel am. poss.*, 41, 2). Il faut, en effet, que l'*animus possidendi* existe chez la personne à laquelle la possession doit être acquise; or, l'être juridique lui-même ne peut l'avoir. Cependant ces sociétés ne pourraient-elles pas acquérir la possession par l'intermédiaire de leurs esclaves possédant *peculiari nomine?* Il y avait controverse : Nerva l'admettait. En effet, dans ce cas, la condition de l'*animus possidendi* est remplacée par la permission que le maître a donnée d'avance à l'esclave d'administrer le pécule et de faire pour lui toutes les acquisitions possibles; mais d'autres jurisconsultes n'admettaient pas cette opinion; ils ne croyaient pas que les sociétés pussent ainsi acquérir la possession, *quoniam ipsos servos non possiderent* (L. 1, § 22, *De adq. vel. am. poss.* 41, 2).

Du temps de Justinien, on admettait que les personnes morales pouvaient usucaper ou posséder non-seulement par un esclave, mais encore par une personne libre (L. 2, *De adq. vel. am. poss.*, 41, 2).

L'*animus* et le *corpus* doivent être réunis dans la personne du représentant; il y a donc là dérogation aux principes, puisque la personne juridique possède sans en avoir conscience.

D. *Obligations.* — Les créances résultant des contrats passés par l'esclave social sont acquises à la société *ipso jure* (L. 11, § 1, *De Usuris*, 22, 1). Celles qui résultent du contrat passé par un tiers *communi nomine* sont acquises à la société *utilitatis causa :* on les fera valoir par une action utile (L. 5, § 7 et 9, *Constit. pec.* 13, 5); celles qui résultent de délits commis au préjudice de la société sont acquises *ipso jure*.

Dans nos sociétés *vectigalium*, la créance appartient, non pas aux associés considérés *ut singuli*, mais à l'être juridique (L. 7, § 1. *Quod cuj. un.*, 3, 4). Aussi, quand le représentant de la société poursuivra le débiteur, celui-ci ne pourra opposer en compensation ce que lui doit l'un des associés; en cas de société ordinaire, il pourrait opposer cette compensation pour la part de créance qui appartient à l'associé son débiteur.

Quant aux dettes provenant d'un contrat fait par l'esclave ou tout autre mandataire, nous appliquerons les mêmes principes qu'en cas de sociétés ordinaires ; seulement, ce sera l'être moral qui sera débiteur, et non pas chaque associé pour sa part. Cette différence produira pour la compensation des conséquences analogues à celles que nous venons de signaler en parlant des créances. — De plus, les créanciers de la société auront pour gage exclusif le patrimoine social, tandis que les créanciers des sociétés ordinaires seront obligés de subir sur les biens sociaux le concours des créanciers personnels de chaque associé.

Les dettes et créances naissant *quasi ex contractu*, et principalement celles qui sont sanctionnées par les actions *finium regundorum, communi dividundo, familiæ erciscundæ*, peuvent exister à la charge et au profit

des sociétés constituant des personnes morales. (L. 9,
Cuj. un., 3, 4). Il y a sur ce point une différence importante entre les sociétés ordinaires et celles dont nous
nous occupons. Supposons une société ordinaire : lun
des associés est propriétaire d'un fonds voisin du fonds
social, pourra-t-il agir par l'action *finium regundorum?*
Non ; lui et ses associés ne peuvent être adversaires dans
cette action, car *unius loco habentur;* on ne lui donnera
pas d'action utile car il peut se tirer d'affaire autrement,
en vendant soit sa part dans le fonds social, soit le fonds
dont il est propriétaire exclusif (1). (L. 4, § 7, *Fin.
reg.*, 10, 1.)

L'associé *vectigalium* peut au contraire agir contre la
société par l'action *finium regundorum.*

E. *Successions à titre universel,* — Les sociétés personnes morales ne pouvaient recueillir d'autres heré-

----

(1) Mais voici une décision qui ne semble pas d'accord avec celle-ci. L'associé prétend qu'une servitude existe ou n'existe pas entre le fonds dont il est
propriétaire exclusif et le fonds social ; il semblerait que, par les raisons que
nous venons d'exposer, l'action devrait être impossible. Cependant on permettait dans ce cas une action soit négatoire, soit confessoire (L. 14, § 1, *Si
serv. vind.*, 8, 5). Comment concilier ces décisions? En cas de servitude, on a
admis ces actions *benigna interpretatione*, parce qu'il y avait danger que la
servitude ne se perdît par le non usage, ou ne s'acquît par l'usage ; au contraire, en cas de réglementation de limites, aucun danger n'est à craindre; car,
quelque long que soit le temps pendant lequel les bornes seront confondues,
les droits des diverses parties ne seront pas compromis. En ces matières, ni
l'usucapion ni la prescription ne sont possibles (Cic., *Leg.*, 1, L. 5, Cod., *Fin.
reg.*, 3, 39). Ce fut sous Justinien seulement qu'on admit dans cette action la
prescription de trente ans.

dités *ab intestat* que celles de leurs affranchis ; et encore ce droit ne leur appartint qu'à l'époque où ils purent faire de leurs esclaves des affranchis citoyens romains.

Quant aux hérédités testamentaires et fidéicommissaires, les personnes morales ne pouvaient les recueillir ; nous avons vu le motif de cette décision (Ulp. *Reg.*, 22, 5).

Des exceptions furent introduites en faveur des municipes (Ulp. *Reg.*, 22, 5 ; L. 1, § 1 *De lib. univ.* 38, 3. L. 12, Code, *De hered. inst.*, 6, 24) ; mais l'incapacité subsista pour les sociétés et les autres personnes juridiques, à moins qu'il n'y eût des priviléges spécialement concédés (L. 8, Cod. *De hered. inst.*, 6, 24).

Que décider pour les *bonorum possessiones?* Dans ce cas, la représentation est admise (L. 65, § 3, *Ad sc. Treb.*, 36, 1 ; L. 1, § 1, *De lib. univ.*, 38, 3). Il semble donc que les personnes juridiques doivent pouvoir acquérir les hérédités par la *bonorum possessio;* et cette décision paraît même confirmée par la loi 3, § 4, *De bon. poss.*, 37, 1. Cependant, M. de Savigny croit que l'incapacité s'appliquant aux hérédités civiles doit s'étendre aux possessions de biens ; le texte d'Ulpien (*Reg.* 22, 5) lui paraît trop absolu, *heredes institui non possunt*, pour permettre aux personnes morales d'éluder cette prohibition au moyen de la succession prétorienne. La loi 3, § 4, selon lui, suppose donc un cas où il y avait déjà vocation à l'hérédité civile (cf. De Sav., II, 303 ; arg. de la L. 1, § 1, *De lib. univ*, 38, 3). Cette opinion me paraît difficile à concilier avec le texte de la loi 3, § 4, *De bon. poss.* Est-ce donc la seule matière où le droit prétorien donnait le moyen d'éluder les règles rigoureuses du droit civil?

F. *Successions à titre particulier*. — A l'origine, les personnes morales ne peuvent recevoir ni legs ni fidéicommis. On fit d'abord exception à cette incapacité en faveur de certains municipes (cf. Ulp., *Reg.* 24, § 28); mais Marc-Aurèle étendit cette exception à toutes les personnes juridiques (L. 20, *De reb. dub.*, 34-6).

G. *Droit criminel*. — Au point de vue du droit criminel, une personne juridique ne peut commettre de délits ni encourir une peine. C'est en effet un être abstrait, qui ne peut agir ni avoir de volonté que par représentation; or celle-ci ne produit ses effets que dans le droit civil. La capacité fictive des êtres juridiques n'excède pas l'objet de leur institution, qui est la participation au droit des biens et non au droit criminel. Ce dernier droit, au contraire, ne considère que l'homme naturel, libre, intelligent. Ce principe, contesté à tort par certains jurisconsultes, est clairement établi par une constitution de Majorien (Hugo, *Jus civile ante Just.*, p. 1386, § 11).

Les crimes et délits qu'on pourrait être tenté d'imputer à la personne juridique sont commis par les associés ou par les gérants; c'est à eux seuls qu'ils sont imputables, quand même l'intérêt de la société aurait servi de motif.

Cependant si la société avait profité du délit, elle pouvait être tenue jusqu'à concurrence du profit. Sa position est analogue à celle des héritiers du délinquant (L. 15, § 1, *De dolo*, 4, 3; loi 4, *De vi*, 43, 16).

CHAPITRE III.

FIN DU CONTRAT DE SOCIÉTÉ.

Nous avons vu naître et vivre la société, voyons-la mourir. Deux questions principales doivent être posées : Quand prendra fin la société, et, ensuite, comment régler les intérêts pécuniaires des associés, que faire des objets composant le fonds social? Nous diviserons notre chapitre en trois sections : 1° Causes de dissolution de la société; 2° Liquidation; 3° Répartition entre les associés.

SECTION Ire.

Causes de dissolution de la société.

Ces causes sont nombreuses; nous les classerons d'après les textes en quatre catégories : *Societas dissolvitur ex personis, ex rebus, ex voluntate, ex actione* (L. 63, § 10, *n. t.*).

§ 1er. — Causes de dissolution *ex personis.*

La société, nous l'avons vu, est contractée *intuitu personarum.* Le choix des associés a une très-grande importance, car il faut qu'il y ait entre les parties une sorte de fraternité. De là découle naturellement ce principe, que la société sera dissoute quand les personnes avec qui le contrat aura été fait périront ou subiront des altérations considérables.

Nous allons trouver diverses applications de ce principe. Nous traiterons successivement de la mort naturelle, — de la *capitis deminutio*, — de la déconfiture, — de l'aliénation de l'esclave associé ; nous ferons ensuite une observation commune à tous ces cas.

I. Mort naturelle.

La société se dissout par la mort naturelle de l'un des associés (L. 4, § 1, *n. t.*). De là deux conséquences.

A. L'héritier de l'associé mort n'est pas associé (L. 65, § 9, *n. t.*) ; on ne peut pas même convenir du contraire par une clause du contrat de société (LL. 35 et 59, *n. t.*).

Pourquoi cette prohibition, qui, au premier abord, peut paraître rigoureuse ? De deux choses l'une : ou bien, en contractant on n'avait pas nominativement désigné l'héritier qu'on admettait comme associé, et alors c'était s'engager à être en société avec une personne incertaine, ce qui répugne à la nature du contrat ; *qui societatem contrahit certam personam sibi eligit* (Gaïus III, 152 ; § 5, *Inst.* III, 25) ; ou bien l'héritier était désigné : il n'y avait plus de personne incertaine. Mais, d'un côté on portait atteinte à la liberté de tester, en désignant un successeur que les obligations sociales forçaient de maintenir ; et de l'autre, cette désignation était sans valeur, puisque les institutions d'héritier ne pouvaient se faire que par testament (L. 52, § 9, *n. t.*).

B. La société ne subsiste même pas entre les survivants (L. 65, § 9, *n. t.*). Celui qui est mort avait peut-être une aptitude spéciale, sans laquelle la société n'aurait pas été contractée. Mais on peut déroger à cette règle par une clause particulière (L. 65, § 9, *n. t.*). Les associés montrent par là qu'ils ne regardaient pas le concours du prémourant comme nécessaire à la société. L'héritier de l'associé, avons-nous dit, n'est pas associé; mais, en vertu des principes généraux, il succède aux droits et obligations de son auteur; il participe aux bénéfices et aux pertes provenant de causes antérieures à la dissolution de la société; il est responsable de la faute ou du vol commis par son auteur, car, comme dit Favre, *finitur quidem societas, sed non obligatio societatis* (LL. 36 et 65, § 9, *n. t.*; Favre, *Ration. ad leg.*, 65, § 9, *n. t.*).

Quant aux fruits et autres émoluments que la chose sociale a produits depuis la dissolution de la société, l'héritier doit les rapporter à la masse (L. 65, § 9, *n. t.*); il en serait autrement si les choses n'avaient été apportées que pour la jouissance seulement.

L'héritier, bien qu'il ne soit pas associé, sera obligé par l'action *pro socio* de faire tout ce qu'exige la bonne foi (L. 35, *n. t.*). Aussi, la loi 40, *n. t.*, dit-elle que l'héritier devra terminer les affaires sociales commencées par le défunt; et il répondra non-seulement de son dol, mais aussi de sa faute. Si l'héritier est un mineur ou une femme, il ne sera pas obligé de continuer les affaires commencées (Arg. de la loi 1, *De fidej. nom.*, 27, 7; Favre, *Ration. ad leg.* 65, § 10, *n. t.*).

La dissolution de la société laisse subsister l'état d'indivision (L. 65, § 13, *n. t.*).

La société est dissoute; mais si les associés, ignorant le

décès de l'un d'eux, continuaient les opérations sociales, il faudrait considérer la société comme existant encore, et les opérations seraient présumées faites pour le compte de tous les associés. C'est une décision analogue à celle que nous donnons quand le mandataire a traité dans l'ignorance de la mort du mandant (L. 65, § 10, *n. t.*).

De même, les tiers qui auraient contracté de bonne foi avec les anciens gérants, dans l'ignorance de la dissolution, auraient action contre les associés survivants et les héritiers du prédécédé ; ce n'est qu'une application des principes du mandat.

L'associé gérant peut donc, dans le cas prévu par la loi 65, §10, considérer, s'il le veut, la société comme existante ; mais peut-il, si les opérations ont été avantageuses, s'en approprier tout le bénéfice, ou les héritiers du défunt peuvent-ils exiger que ce bénéfice leur soit communiqué ? Il y a controverse.

Exposons d'abord les principes en cas de mandat : le mandataire agissant dans l'ignorance de la mort du mandant peut considérer le mandat comme subsistant ; on ne veut pas que le bon office qu'il rend puisse lui causer un préjudice ; mais l'héritier du mandant ne peut le forcer d'user de cette faculté, s'il préfère conserver pour lui l'affaire qu'il a faite ; l'action *mandati contraria* seule subsiste. On fait durer l'action pour que le mandataire ne fasse pas de pertes, et non pour que le mandant fasse un profit (arg. de la loi 26, *Mand.*, 17-1 ; cf. Favre, *ad. h. l.*).

Notre loi 65, § 10, *n. t.*, semble renvoyer aux principes du mandat. Aussi, plusieurs jurisconsultes en concluent que les héritiers de l'associé ne pourront pas exiger que le bénéfice de l'affaire leur soit communiqué (Alex. Const., lib. 7 cap. 60, n° 2; Félicius c. 32, n° 60).

Mais cette décision est-elle conforme au texte de la lo 65? Elle ne dit pas seulement comme la loi 26, *Mand.*, que l'action survit *utilitatis causa;* elle s'explique d'une façon beaucoup plus catégorique : *valeat societas;* ce n'est donc pas seulement l'une des actions qui subsiste, c'est le contrat lui-même qui dure encore ; si le texte renvoie aux principes du mandat, c'est qu'il y a ici, comme dans la loi 26, *Mand.*, une application de ce principe, que l'ignorance et la bonne foi peuvent valider un acte nul. Mais notre texte ne dit pas du tout que les conséquences de la validation doivent être les mêmes. Cette différence entre les deux contrats n'a-t-elle pas du reste sa raison d'être? Entre associés doit régner l'égalité la plus parfaite : or, ne serait-il pas contraire à cette égalité de donner à l'associé survivant le droit de considérer à son gré la société comme existante ou comme dissoute (Pierre de Ubaldi, *De duob. frat.*, part. 11, n° 8; Voet., n° 23, *pro soc.*)?

Nous avons vu quel était en droit commun l'effet de la mort de l'un des associés. Il y avait exception à ces diverses règles en cas de société *vectigalium.*

1° La société demeurait de plein droit entre les survivants, à moins que le défunt n'eût des talents particuliers qui avaient été la principale cause de la formation de la société.

2° Les associés pouvaient, en contractant la société, convenir qu'elle continuerait après la mort de l'associé avec son héritier, à moins cependant que cet héritier ne fût incapable.

3° Supposons enfin qu'il n'y ait eu aucune convention à cet égard. Au moment de la mort de l'associé, son héritier pourrait être agréé par les autres parties et devenir alors véritablement associé; jusque-là il n'y a pas de dérogation au droit commun. Mais, même en admettant que l'héritier ne fût pas agréé, il ne serait sans doute pas associé. Cependant, il n'y aurait pas de liquidation entre lui et les associés survivants; il conserverait tout ce que possédait son auteur, participerait activement et passivement aux bénéfices des opérations, sans pouvoir prendre part à l'administration. Il serait donc en quelque sorte un simple bailleur de fonds; et je crois bien que les textes ne s'expliquent pas sur ce point, qu'il ne serait pas responsable des engagements de la société sur tous ses biens, mais seulement sur le patrimoine qui lui provient de son auteur, car, quant à lui, il n'est pas associé. (1)

II. De la capitis deminutio.

Si l'un des associés est frappé d'une capitis deminutio,

---

(1) Nous trouvons ces décisions dans les lois 59, pp. et 63, § 8, *n. t.* La loi 59, pp. prévoit le cas où l'on convient, en constituant la société, que l'héritier sera associé. C'est à cette convention, faite au moment où le contrat se forme, et non pas à une convention faite au jour de la mort de l'associé, que font allusion ces mots : *Pars defuncti ad personam heredis ejus adscripta sit.* La suite du texte le prouve, en ajoutant que la convention ne s'exécuterait pas si l'associé mort était celui dont on avait eu principalement en vue l'industrie en contractant la société. Y aurait-il lieu de faire cette restriction, s'il s'agissait d'une convention faite à la mort de l'associé (Voet, I, p. 611-612). Au contraire, dans la loi 63, § 8, Ulpien fait allusion à une con-

sa personne juridique subit une altération. Cette altération suffit-elle pour entraîner la dissolution du contrat ? Il faut distinguer.

La *minima capitis deminutio* de l'associé, par exemple son émancipation ou son adrogation, ne suffisent pas (L. 58, § 2 ; L. 65, § 11. *n. t.*).

Cette altération de la personne juridique n'est pas, cependant, sans influence sur les rapports entre associés, sur les créances ou les dettes sanctionnées par l'action *pro socio*.

Supposons d'abord qu'un associé, fils de famille, soit émancipé ; les créances acquises par lui avant l'émancipation continuent d'appartenir au père ; celles acquises après appartiennent au fils (L. 58, § 2, *n. t.*). Quant aux dettes de l'associé, il nous faut également distinguer ; celles contractées depuis l'émancipation seront à la charge du fils seul (loi 58, § 2, *n. t.*). Mais que deviendront celles contractées auparavant ? La *minima capitis deminutio*, en principe, anéantit les obligations, ou, du moins, ne laisse subsister qu'une obligation naturelle. Mais le préteur protège le créancier en le restituant contre cette an-

---

vention faite à la mort de l'associé ; il distingue si, à cette époque, l'héritier est *adscitus*, c'est-à-dire agréé ou non par les autres parties ; s'il est agréé, il est vraiment associé ; sinon, il n'est, ainsi que nous venons de le dire, qu'une sorte de bailleur de fonds. C'est alors que le jurisconsulte dit : *Quod non similiter in voluntaria societate observatur.* On a beaucoup discuté sur le sens de ces mots ; voici, selon nous, la meilleure explication. A quoi oppose-t-on *voluntaria societas* ? Quelle est la société qui n'est pas volontaire ? C'est cette sorte de société forcée qui existe entre l'héritier non agréé et les associés survivants. La société volontaire est celle qui unit l'héritier agréé aux autres associés ; elle n'est pas régie par les règles de la société involontaire.

nulation, et en lui donnant une action fictice contre le débiteur, comme si la *capitis deminutio* n'avait pas eu lieu (Gaïus, III §84; IV, § 38; L. 2, § 1, cap. *min.* 4, 5). Nous appliquons ces principes dans notre cas : l'associé émancipé sera tenu envers ses coassociés par cette action; c'est à cela que fait allusion la loi 58, § 2, *n. t.* Cette même loi dit qu'il y aura aussi action contre le père ; il s'agit de l'action *pro socio* donnée *quod jussu, de peculio,* ou *de in rem verso* (L. 1. pp., et § 1, *Quando de pecul.,* 15-2).

Supposons maintenant que l'associé *sui juris* se donne en adrogation. En pur droit civil, les dettes antérieures étaient éteintes, mais le préteur restitue contre les effets de la *capitis deminutio*; il donne une action contre l'adrogé, et si l'adrogeant ne vient pas le défendre, le créancier peut faire vendre tous les biens qui auraient constitué le patrimoine de l'adrogé, s'il fût resté *sui juris* (G., III, 84). — Mais, pour ces mêmes dettes, les créanciers pourront-ils poursuivre directement l'adrogeant par l'action *de peculio?* C'était une question controversée. Les Sabiniens ne l'admettaient pas. Ulpien adopte l'opinion contraire (L. 42, *De pecul.,* 15, 1).

Quant aux dettes postérieures, l'adrogé sera tenu personnellement; l'adrogeant n'est pas associé, et il ne peut être poursuivi que par les actions *adjectitiæ qualitatis* (L. 65, § 11, *n. t.*).

Les créances antérieures à l'adrogation passent à l'adrogeant avec tous les biens; c'est lui qui pourra agir ; quant aux postérieures, elles sont immédiatement acquises à l'adrogeant.

A la différence de la *minima,* la *media* et la *maxima*

capitis deminutio de l'un des associés dissolvent la société comme le ferait la mort naturelle (L. 63, § 10, *n. t.*; G. III, 153).

III. Pauvreté.

La société est dissoute *ob egestatem*, dit Modestin (L. 4, § 1, *n. t.*), c'est-à-dire quand l'état pécuniaire de l'associé est profondément altéré. C'est toujours par le même motif ; les altérations produites dans la personne pécuniaire, si je puis m'exprimer ainsi, ont le même effet que celles produites dans la personne juridique ou physique.

L'*emptio bonorum* dont était frappé l'un des associés dissolvait la société (L 65, § 1, *n. t.*). Il y avait, dans ce cas, une sorte de mort du débiteur, dont la succession était transférée au *bonorum emptor*. Plus tard, l'*emptio bonorum* fut remplacé par la *distractio*, qui ne produisit plus cette sorte de mort civile. Cependant, par application du principe que nous avons posé, l'état de déconfiture de l'un des associés continuait d'entraîner la dissolution de la société (§ 8, Inst., III, 25).

C'est à ce mode de dissolution *ob egestatem*, qu'il faut rattacher la loi 65, § 12, *n. t.* Elle dit que la confiscation subie par l'un des associés entraine la dissolution de la société (cf. Gaius III, 154). Il y a là une sorte de mort ; le fisc succède au confisqué et est tenu de l'exécution de ses obligations envers la société.

Remarquons, du reste, que le plus souvent la *publicatio* sera attachée à une condamnation qui aura déjà eu pour conséquence la *media* ou *maxima capitis demi-*

nutio. Dans ce cas, la confiscation n'est pas en elle-même la cause de l'extinction de la société, déjà dissoute, par suite de l'altération de la personne juridique. Ce n'est pas là le cas auquel fait allusion notre loi 65, § 12, car, si elle prévoyait ce cas, exigerait-elle ce qu'elle fait, que la confiscation portât sur tous les biens? Elle suppose que la confiscation est attachée à une peine n'emportant pas *media* ou *maxima capitis deminutio,* par exemple, à la rélégation (Cf. Favre, *ad.* L. 65, § 12, *n. t.*)

IV. Aliénation de l'esclave associé.

Si un esclave associé est aliéné par son maître, la société sera dissoute ; en effet, l'esclave n'a pas de capacité qui lui soit propre, et ne peut être associé que *ex persona domini.* Or, la personne du maître est changée: la société primitive ne peut subsister (L. 58, § 3, *n. t.*). Il n'en serait pas de même si un fils de famille associé était donné en adoption, car le fils de famille a une capacité propre; il est lui-même l'associé. Si nous supposons la société ainsi dissoute, la loi 58, § 3, *n. t.*, dit qu'il y a action tant contre l'ancien que contre le nouveau maître. Comment expliquer cette décision? Il s'agit de l'action *de peculio.* Elle existera contre l'ancien maître, si l'esclave a été vendu sans son pécule, qui est resté entre les mains du vendeur, ou si un prix particulier a été expressément stipulé pour le pécule ; car alors ce prix représente dans le patrimoine du vendeur le pécule qui en est sorti (L. 33 et 34, *De pec.*, 15, 1). Dans ces deux cas, l'action ne peut être exercée que pendant une année utile, à partir de l'aliénation (L. 1, *Quando pec.*, 15, 3). Il y aura action contre le nouveau maître, si l'esclave a été vendu *cum peculio*, pour un prix unique ; dans ce cas, le pécule est considéré comme étant chez l'acheteur, qui peut être poursuivi pendant un temps indéfini (L. 32, § 2, *De pec.*, 15, 1).

V. Observation commune.

Dans tous ces cas de dissolution, la société peut se renouveler immédiatement entre les associés, en vertu d'une nouvelle convention, soit expresse, soit tacite. Cette convention peut avoir lieu, même avec celui dont les biens ont été confisqués ; s'il ne peut plus faire un apport en argent, il peut du moins faire un apport d'industrie (Gaïus, III, §§ 153, 154 ; L. 37 et L. 58, § 3, *n. t.*). Dans ces divers cas, c'est une société nouvelle qui recommence, et non une société ancienne qui continue (Gaius, III, 153 ; L. 58, § 3, *n. t.*).

§ 2. — Causes de dissolution *ex rebus*.

Ces causes sont diverses.

III. Il y a dissolution en cas de perte totale du fonds social, ou même d'une partie du fonds, s'il s'agit d'une partie tellement considérable, que le reste ne suffit plus pour remplir le but que la société s'est proposé. Nous entendons par perte du fonds social sa destruction, son changement de condition, sa mise hors de commerce (L. 63, § 10, *n. t.*).

II. La perte de l'apport de l'un des associés, avant qu'il

soit aux risques de la société, entraine aussi la dissolution du contrat ; ce principe n'est pas posé nettement par les textes, mais c'est une conséquence logique des règles fondamentales de la société. En effet, il est de son essence que chaque partie fasse un apport.

L'apport consistant en corps certain, dont on a promis la propriété ou l'usufruit, est aux risques de la société dès le jour du contrat. Sa perte n'emporte donc pas dissolution de la société, à moins cependant que cet objet ne soit d'une telle importance que le but de la société ne puisse plus être atteint ; mais alors nous rentrons dans le premier cas de dissolution *ex rebus*. Si l'apport est soumis à une condition, alors la perte totale n'est plus à la charge de la société : si donc l'objet périt avant l'événement de la condition, la société est dissoute. Nous trouvons une application de cette dernière décision dans la loi 58, pp. que nous avons déjà expliquée.

Quant aux apports de genre, il faut qu'ils soient réalisés pour être aux risques de la société ; et jusque-là, il ne peut être question de perte, puisque *genera non pereunt*. Cependant, s'il est évident que la réalisation de ces apports ne peut avoir lieu, il faut tenir la société pour dissoute.

Supposons qu'un associé ait promis son industrie ; il la fournit pendant quelque temps, puis une maladie, ou toute autre circonstance, l'empêche de continuer : la société sera dissoute, car l'associé n'a pas complété son apport, qui était, ainsi que nous l'avons vu, un apport successif. Nous en dirons autant du cas où l'associé aurait promis de faire jouir la société d'un certain objet.

Y a-t-il donc là une sorte de pacte commissoire, de résolution pour inexécution des conditions ? Je ne le crois pas. En droit romain, le pacte commissoire doit être exprès ; cette dissolution est donc fondée, non pas seulement sur cette idée que l'obligation, cause de l'obligation correspondante, n'étant pas exécutée, l'autre ne doit pas l'être non plus, mais sur ce principe qu'il est de l'essence de la société qu'il y ait un apport fait par chaque partie : c'est donc parce qu'une condition essentielle vient à faire défaut que le contrat est dissous.

III. Il y a dissolution quand l'opération pour laquelle la société avait été contractée est terminée (L. 65, § 10, *n. t.*).

§ 3. — Causes de dissolution *ex voluntate*.

Distinguons le mutuel dissentiment et la renonciation.

La dissolution par mutuel dissentiment n'est qu'une application des principes généraux des contrats consensuels (§ 4, Inst. 3, 29 ; L. 63, § 3, *n. t.*).

Ce mutuel dissentiment peut être tacite. Par exemple, tous les associés agissent séparément et font des affaires pour leur compte particulier (L. 64, *n. t.*).

Nous n'en pouvons dire autant de la renonciation. Cette dissolution par la volonté d'un seul des contractants est une conséquence des principes spéciaux de la société. La loi veut qu'il y ait confiance entre les associés ; du moment que l'un d'eux ne veut plus rester en société, cette confiance n'existe plus, et le contrat ne peut pas durer.

Chaque associé peut-il donc arbitrairement détruire la société ? Quelles limitations sont apportées à son droit ?

Elles varient selon que la société est d'une durée illimitée ou à terme fixe.

A. *Société d'une durée illimitée.* — La renonciation, pour être valable, doit n'être ni de mauvaise foi ni intempestive.

Elle est de mauvaise foi quand, par exemple, un associé de tous biens renonce au moment où une hérédité va s'ouvrir à son profit, afin d'en frustrer ses associés ; ou quand une partie renonce à une société ayant pour objet un achat en commun, afin de faire l'achat pour elle seule (L. 65, §§ 3 et 4, *n. t.*).

Elle sera intempestive dans l'espèce suivante : Supposons une société *de venalicii*. L'un des associés demande la dissolution à une époque où les esclaves se vendent mal : c'est par cela même provoquer le partage des esclaves dont la société est propriétaire ; or, le partage d'esclaves spécialement désignés, qui peuvent avoir une valeur différente, ne peut se faire *numero*, comme s'il s'agissait de deniers ; chaque associé est propriétaire, non pas d'un certain nombre d'esclaves, mais d'une part indivise de chacun (L. 54, pp. *De verb. ob.*, 45, 1 ; L. 29, *De sol.* 46, 3). Dès lors, le partage aboutit à une licitation à laquelle on appelle peut-être les étrangers (L. 3, Code, *Com. divid.* 3, 38.) Ceux-ci se rendent adjudicataires ; il y a là une vente, et les associés souffrent du bas prix des esclaves (L. 65, § 5, *n. t.*).

Pour voir si la renonciation est opportune ou non, il faut considérer l'intérêt de la société elle-même : il ne suffit pas qu'elle soit utile ou nuisible à tel ou tel des associés (L. 65, § 5, *n. t.*).

La renonciation de mauvaise foi ou intempestive ne

sera pas sans effet : elle vaudra contre le renonçant, mais non pour lui. Les associés pourront l'invoquer contre lui si les opérations ont été mauvaises; ils pourront la tenir comme non avenue si elles ont été avantageuses. *Socius socium a se, non se a socio liberat* (L. 65, §§ 3 et 5, *n. t.*).

Remarquons, du reste, que cette faculté n'appartient aux autres associés que pour les opérations dont le renonçant voulait les frustrer; quant aux autres opérations, la dissolution produit son effet complet (arg. de la L. 65, § 3, *in fine, n. t.;* Gaius, III, 151).

Les associés peuvent convenir que, pendant un certain temps, ils ne pourront pas renoncer à la société. Dans ce cas, nous appliquerons les décisions que nous allons donner pour le cas d'une société à terme fixe; malgré cette clause, l'associé pourra renoncer quand il aura une juste cause de le faire (cf. L. 14, *n. t.*).

Mais une clause du contrat peut-elle interdire absolument toute renonciation? Les textes ne résolvent pas explicitement cette question. Paul, dans la loi 70, en nous disant : *nulla societatis in æternum coitio est,* semble proscrire une semblable clause; d'un autre côté, le même auteur, après avoir exposé les règles sur la renonciation. à une société d'une durée illimitée, ajoute : *hæc ita si nihil de hoc in coeunda societate convenit;* Favre, *Ration. ad. leg.,* 14, *n. t.,* ne croit pas la clause valable : *Quia nulla societatis aut alterius conventionis in æternum coitio est, propter discordias quas materia communionis excitare solet.*

Cette opinion n'est-elle pas trop rigoureuse? La loi 70, *n. t.,* veut dire simplement que la société ne pourra pas durer plus que la vie des associés. Or, notre clause n'empêchera pas que la société ne soit dissoute par la mort de l'une des parties. C'est ce que semblent oublier nos adversaires, quand ils parlent de société éternelle, et des dangers de l'indivision. D'ailleurs, ne pourrait-on pas éluder facilement la prohibition qu'ils veulent établir, en convenant que les associés ne pourraient pas renoncer pendant un délai de cent ans? De quel droit invaliderait-on cette convention?

B. *Société à terme fixe.* — Dans ce cas, l'associé ne peut renoncer avant le terme, que pour des motifs très-graves, et s'il y a une sorte de nécessité de le faire; par exemple, si l'un des associés se conduit mal; si la jouissance de l'objet de la société est impossible; si l'on est obligé de s'absenter pour le service de l'État, et qu'on ne puisse trouver de remplaçant convenable (LL. 14, 15, 16, pp., 65, § 6, *n. t.*). Autrement, pour toutes les opérations qui seraient faites jusqu'à l'arrivée du terme fixé, la renonciation serait considérée comme intempestive, et nous appliquerions les règles exposées plus haut (L. 65, § 6, *n. t.*). La clause par laquelle les associés, outre la stipulation du terme, conviendraient qu'on ne peut renoncer à la société avant le terme fixé, aurait-elle quelque utilité? En aucune façon; que cette dernière clause existe ou non, l'associé pourra toujours renoncer s'il y a un juste motif de le faire, et ne le pourra que dans ce cas (L. 14, *n. t.*).

Il faut considérer comme une société à terme fixe la société *vectigalium;* car elle est par elle-même limitée à la durée du bail des impôts (Matthæus, *De auction.*, lib. 2, c. 8, n. 9).

C. *Comment doit être faite la renonciation?* — Elle peut être expresse ou tacite.

Elle doit être notifiée aux associés; jusque là, elle vaut contre le renonçant et non pour lui : il est à la merci des autres associés qui peuvent, selon leur intérêt, tenir la société pour existante ou pour dissoute (arg. de la L. 17, § 1, *n. t.*).

Cette loi 17, § 1, suppose que l'un des associés est absent, et donne la décision que nous venons d'exposer pour les opérations faites jusqu'au moment où l'associé a eu connaissance de la renonciation (1).

Mais ne faut-il pas que la renonciation ait acquis une certaine publicité pour être opposée aux tiers qui ont contracté, postérieurement à cette renonciation, avec un associé traitant au nom de la société? Il faut une *proscriptio*, ou tout au moins une *denuntiatio* (arg. de la L. 11, § 2 et 4, *De inst. act.*, 14, 3). Autrement, les tiers qui ont traité dans l'ignorance de la renonciation (mais ceux-là seulement), peuvent méconnaître la dissolution (arg. du § 10, *Inst.*, *De Mand.*, III, 26; Voet. 1, p. 613).

La renonciation peut être faite par mandataire; le

---

(1) Supposons que la renonciation n'a été notifiée qu'à une partie des associés, ceux-ci peuvent-ils se prévaloir de ce que d'autres n'ont pas reçu la notification, pour considérer la société comme existante? Nous le croyons; car sans cela ils seraient à la merci des associés, qui n'ont pas reçu la notification, et qui pourraient, à leur gré, continuer ou dissoudre la société; nous donnons ce droit d'option vis-à-vis du renonçant qui est coupable. Mais pourquoi le donner contre des associés à qui on ne peut faire aucun reproche? Concluons donc que les associés qui n'ont pas reçu de notification ne pourront tenir la société pour valablement dissoute qu'avec l'assentiment des associés qui ont reçu la notification.

mandat général d'administrer comprend le pouvoir de faire cette renonciation (L. 65, § 7, *n. t.*).

Si elle est notifiée au mandataire général de l'associé : elle vaut de suite contre celui qui l'a faite, mais il ne pourra l'invoquer contre l'autre associé que du jour où celui-ci l'aura ratifiée. C'est une décision analogue à celle donnée en cas de renonciation intempestive, de mauvaise foi ou non notifiée. Seulement, dans notre cas à la différence des autres, la ratification aura un effet rétroactif au jour de la renonciation (Cujas v, p. 448 ; arg. de la L. 16, § 1, *De pignor.*, 20, 1.

§ 4. — Causes de dissolution ex actione.

Actione distrahitur, cum stipulatione aut judicio mutata sit causa societatis (L. 65, pp. *n. t.*). Cela veut dire que la société est dissoute quand l'action qui en découle est éteinte, ce qui a lieu surtout par la novation ordinaire, et par la *litis contestatio*, appelée improprement novation judiciaire.

I. *Novation ordinaire.* — Notre loi suppose une stipulation non-seulement faite *ex post facto*, mais faite *novandi animo ;* cette novation alors détruit l'obligation née de la société, et l'action qui la sanctionne, pour y substituer l'obligation née de la stipulation et l'action *ex stipulatu* (1).

---

(1) La loi 71, pp., *n. t.* applique ces principes et nous donne deux exemples de stipulations faites entre associés ; il faudrait voir dans l'une une novation; dans l'autre, simplement une clause pénale ajoutée aux garanties des associés.

II. *Litis contestatio.* — Il s'agit ici de l'action *pro socio generalis*. Quand cette action est intentée, et qu'il y a eu *litis contestatio*, les obligations nées de la société, et l'action qui en découle, sont éteintes pour faire place à l'obligation et à l'action naissant de la *litis contestatio*. (Gaïus III, 180). — Cet effet de la *litis contestatio* est appelé à cause de cela par beaucoup d'interprètes *novation judiciaire;* mais ce langage n'était pas celui des jurisconsultes romains, qui considéraient ce mode d'extinction comme distinct de la novation (L. 11, § 1, *De novat.*, 46, 2).

L'exercice de l'action *pro socio generalis* indique suffisamment du reste de la part de l'associé la volonté de renoncer (cf. L. 65, pp., *n. t.* Toutefois, ce mode de dissolution se distingue de la renonciation ordinaire en ce que dans le dernier cas les obligations sociales et l'action *pro socio* subsistent, tandis que dans l'autre elles sont détruites par une sorte de novation.

SECTION II.

Liquidation de la société.

Avant de procéder au partage, il importe de former la masse sociale qui devra être répartie entre les divers associés : c'est l'objet de la liquidation. Ce n'est pas encore le partage, ce n'en sont que les mesures préparatoires. Cette liquidation se poursuivra par l'action *pro socio generalis*, qui est intentée soit pour dissoudre la société, soit après sa dissolution, et qui a pour objet le règlement général des comptes.

On pourra d'abord par cette action exiger la reddition des comptes de l'associé chargé de la gérance. Si nous supposons que plusieurs ont géré la société en divisant l'administration par régions ou par magasins, chacun d'entre eux ne pourra demander à un autre de rendre ses comptes qu'en offrant de rendre les siens. (arg. de la L. 13, § 8 *De act. empti*, 19, 1; Vœt., 1, 606; Félicius, cap. 37, nᵒˢ 11, 15, 16).

On peut, une fois la société finie, remettre au gérant l'obligation de rendre ses comptes (arg. LL. 28, § 3 et 4, et *ult.*, § 2, *De liber. leg.*, 34, 3). Si par une clause du contrat on avait ainsi déchargé le gérant, celui-ci serait cependant responsable de son dol (arg. de la L. 5, § 7 *De adm. et per. tut.* 26, 7).

Par cette action on réglait aussi les comptes entre associés. Nous avons déjà vu dans quels cas l'associé était créancier ou débiteur de la société; une compensation s'opérera entre les créances et les dettes, et on arrêtera le reliquat qui pourra être une dette, soit de l'associé, soit de la société.

Si l'associé reste débiteur envers la société, ou bien il versera immédiatement ce qu'il doit dans la caisse sociale, ou bien il ne fera qu'un versement fictif : on comptera dans la masse ce qu'il doit. Seulement, au moment du partage, on l'imputera sur sa part. Si c'est la société qui est débitrice, l'associé prélèvera avant le partage ce qui lui est dû.

Il se peut aussi que l'associé ait des prélèvements à faire autres que ceux ayant pour cause des créances proprement dites contre la société. Nous avons déjà vu dans quels cas pouvait être prélevée la dot de la femme de l'associé.

Il est un autre cas de prélèvement dont nous n'avons pas encore parlé : l'associé qui a apporté la jouissance d'un corps certain, le prélève à la dissolution de la société. Il le reprend tel qu'il est, s'il n'y a pas eu faute de la part des autres associés ; si l'objet a péri par cas fortuit, l'associé n'a rien à réclamer.

L'apport en jouissance peut au contraire ne porter que sur des choses fongibles. La société est devenue par l'effet du quasi-usufruit propriétaire des choses apportées, et, à la dissolution du contrat, l'associé a le droit de prélever des choses de même valeur et de même qualit .

Il n'y a pas dans ce cas une revendication d'objets déterminés comme en cas d'apport *quoad usum* d'un corps certain; il ne peut être non plus question de partage, comme en cas d'apport fait *quoad sortem*; mais l'associé est créancier d'un genre : dès lors la société ne peut se prétendre libérée à son égard en invoquant la perte des mises; *genera non pereunt;* et il n'y a pas à tenir compte de la proportion dans laquelle l'actif social doit se partager.

Des exemples feront comprendre l'importance des principes que nous venons de poser. Il importe de préciser les solutions, car sur tous ces points beaucoup d'interprètes m'ont semblé n'avoir pas des vues bien nettes.

Primus et Secundus apportent *quoad usum*, l'un 10,000 fr., l'autre 20,000 fr.; ils conviennent que leurs parts dans les bénéfices ou dans les pertes seront égales.

Par suite d'un cas fortuit, avant qu'on ait rien fait, mais après que les apports ont été réalisés, les 20,000 fr. de Secundus, qui étaient encore distincts, périssent. Les associés font avec les 10,000 fr. de Primus, qui restent dans la société, un bénéfice de 30,000 fr.; cela fait pour la société un actif de 40,000 fr. : avant de parler du partage des bénéfices, il faut que chaque associé reprenne sa mise. Secundus prendra 20,000 fr., car il ne doit pas souffrir de la perte arrivée après qu'il avait réalisé son apport; Primus prendra 10,000 fr.; alors seulement on pourra parler de partage, et chacun des associés aura droit à 5,000 fr. Si, dans la même espèce, l'actif social n'était à l'époque de la dissolution que de 30,000 fr., Secundus prendrait 20,000 fr., Primus 10,000 fr.; il n'y aurait pas de partage de bénéfices.

Nous avons supposé jusqu'à présent que l'actif de la caisse sociale, à la dissolution de la société, était suffisant pour rembourser à chaque associé le montant de sa mise. S'il est insuffisant, le déficit constitue un passif social qui doit être supporté par chaque associé dans la proportion où ils devaient partager le passif.

Conservons toujours la même hypothèse que tout à l'heure; seulement, l'actif social, à la dissolution, n'est plus que de 20,000 fr. : or, la société est débitrice envers les deux associés de 30,000 fr.; reste donc un passif de 10,000 fr. à partager entre les associés; ils doivent le supporter, dans l'espèce, chacun pour moitié. Dès lors, Primus est, d'un côté, créancier de 10,000 fr.; de l'autre, débiteur de 5,000 fr.; reste à son profit une créance de 5,000 fr. Secundus, créancier de 20,000 fr., débiteur de 5,000 fr., demeure créancier de 15,000 fr. sur les

20,000 fr. restant dans la société. Primus prendra donc 5,000 fr. et Secundus 15,000 fr.

Supposons que l'actif social ne soit que de 10,000 fr., la perte sera alors de 20,000 fr. ; chaque associé devra y contribuer pour 10,000 fr. Primus, créancier et débiteur de 10,000 fr., ne pourra rien réclamer. Les 10,000 fr. iront donc tout entiers à Secundus.

Nous le voyons, en cas d'apport fait *quoad usum*, il y a lieu pour chaque associé au prélèvement de sa mise entière, quelle que soit sa part dans les bénéfices, et non à un partage. Il en est autrement en cas d'apport fait *quoad sortem;* alors l'argent apporté tombe dans l'actif social; et, à la dissolution, tout ce qui se trouve dans la société se partage dans la proportion fixée par la loi ou la convention, sans distinguer entre les mises et les bénéfices. Supposons toujours la même espèce; seulement, l'apport s'est fait *quoad sortem;* si l'actif social est de 30,000 fr., chaque associé aura droit à 15,000 fr.; tandis qu'en cas d'apport *quoad usum* Primus aurait pris 10,000 fr. et Secundus 20,000 fr.

Nous avons dit que, dans le cas d'apports de choses fongibles faits *quoad usum*, la perte était supportée par la société et non pas seulement par l'associé auteur de l'apport qui a péri, et nous avons vu l'application de ce principe dans les exemples précités. Faudra-t-il donner la même décision si l'un des associés n'a fait qu'un apport en industrie? Certains auteurs ne le croient pas; selon eux, celui qui a fait l'apport en argent doit seul supporter la perte; ils invoquent l'adage *res perit domino;* cette opinion ne me paraît pas soutenable. Cet adage n'était pas admis en droit romain, et, s'il fallait l'appli-

quer, nous mettrions la perte à la charge de la société
propriétaire de l'argent par l'effet du quasi-usufruit, et
non à la charge de l'associé, qui n'est que créancier.
D'ailleurs, que disent les vrais principes? La société est
débitrice d'un genre. Or les genres ne périssent pas; elle
doit donc supporter toutes les pertes, et l'associé industriel doit supporter comme les autres sa part des pertes
de la société.

Ainsi : Primus apporte *quoad usum* 10,000 fr.; Secundus apporte son industrie; les bénéfices et les pertes doivent se partager par parties égales. La société éprouve
une perte de 4,000 fr. avant de commencer les opérations; puis, avec les 6,000 fr. restants, elle fait 6,000 fr.
de bénéfices. Dans l'autre opinion, sur les 12,000 fr. qui
sont dans la société, Primus ne pourrait prélever que
6,000 fr., et les 6,000 autres se partageraient par moitié.
Dans notre opinion, Primus prélèvera 10,000 fr., et le
partage ne portera que sur les 2,000 fr. restant.

Si, avec les 6,000 fr., on n'a gagné que 4,000 fr., alors
Primus prélèvera le tout. Si on a gagné seulement
2,000 fr., l'actif ne s'élève qu'à 8,000 fr., et pourtant la
société doit à Primus 10,000 fr. : il y a donc un passif
de 2,000 fr.; il doit être supporté pour moitié par chaque
associé. Secundus devra, pour cette cause, verser 1,000 fr.
dans le fonds social. Quant à Primus, créancier de
10,000 fr., débiteur de 1,000 fr., il prendra, toute compensation faite, les 9,000 fr. qui se trouvent dans la
caisse sociale.

Tout ce que nous venons de dire montre combien il
importe de distinguer si l'apport a été fait *quoad usum*

ou *quoad sortem*, alors même qu'il s'agit de mises de sommes d'argent.

Si les parties se sont exprimées sur ce point dans la convention, ou si leur volonté ressort clairement des circonstances, pas de difficulté. Ajoutons qu'en cas de société de tous biens, l'apport sera toujours fait *quoad sortem*, et, en cas de société universelle de gains, *quoad usum*.

Que décider, pour les sociétés particulières, quand aucun indice ne révèle l'intention des parties? Les uns disent : « Il faut présumer l'apport *quoad sortem;* dans les contrats, l'énonciation qui est faite d'une chose implique naturellement, s'il n'y a pas de limitation, le domaine entier de cette chose. »

Les autres disent au contraire : « Présumons que l'apport est fait *quoad usum;* il n'est pas nécessaire, pour que la société soit constituée, que la pleine propriété soit apportée; dès lors ne faut-il pas appliquer cette règle de droit et de bon sens, qu'il faut toujours présumer ce qui est le moins grand changement (cf. L. 34, *De reg. j.*, 50, 17). »

Il me paraît difficile, dans le silence des textes, d'opter pour l'un des deux systèmes. Presque toujours l'intention des parties se manifestera par diverses circonstances; c'est, avant tout, une question de fait. Toutefois, s'il faut absolument trancher la question en droit; les principes en matière de preuve me feraient pencher pour le premier système. Comment, en effet, la question se présentera-t-elle? L'un des associés agit pour exercer le prélèvement, en prétendant que l'apport n'est fait que *quoad usum*. C'est à lui, le demandeur, à faire sa preuve.

Les autres associés, au contraire, sont défendeurs : ils ont pour eux la possession. Si donc on ne prouve pas que l'apport est fait *quoad usum*, il sera présumé *quoad sortem.*

Nous donnons la même décision au cas où l'un des associés n'aurait fait qu'un apport d'industrie ; mais souvent, dans ce cas, les circonstances ou l'usage indiquent une intention contraire de la part des contractants : c'est ce qui arrivera spécialement dans les cas prévus par les LL. 52, § 2, *n. t.*, et 13, § 1, *De præsc. verb.*, 19, 5. Il apparaîtra également que l'apport n'a été fait que *quoad usum*, si la valeur des objets apportés est beaucoup plus considérable que celle de l'industrie.

La liquidation se poursuit, avons-nous dit, par l'action *pro socio generalis.* Le rôle du juge dans cette action ne se borne pas à tenir compte des dettes et des créances existant actuellement entre associés : il doit, par des *cautiones*, pourvoir aux pertes non encore éprouvées et aux gains non encore réalisés (L. 38, *n. t.*).

Il faut compter encore parmi les opérations de la liquidation l'extinction du passif de la société si, du moins, cette extinction est possible. Il sera le plus souvent utile de payer ces dettes avant le partage : ce sera le véritable moyen d'éviter des recours qui pourraient être une source d'embarras. Cette marche, toutefois, n'a rien d'obligatoire. Les associés peuvent retarder le payement des dettes, et laisser à la charge de chacun d'eux la portion qui lui incombe ; telle ou telle dette peut être remise à la charge de tel ou tel associé. Toutefois, ces divers arrangements ne peuvent être opposés aux créanciers dont les droits continuent de subsister contre chacun des associés selon les règles posées plus haut.

Telles sont les principales opérations de la liquidation. On peut alors aboutir à deux résultats : ou bien, après la déduction des dettes et la diminution par suite des pertes, il reste encore un actif social à répartir entre les associés; ou bien le passif absorbe tout l'actif et même le dépasse, de sorte qu'il ne reste à répartir entre les associés qu'un passif.

SECTION III.

Répartition entre les associés.

Il résulte de la liquidation soit un passif, soit un actif, qu'il faut répartir entre les associés.

Deux questions se présentent à nous : Par quel moyen juridique se fera cette répartition ? dans quelle proportion se fera-t-elle ?

I. *Par quel moyen se fera cette répartition ?* — Il faut distinguer : s'il s'agit d'un passif, il n'y aura pas lieu à partage. En cas de sociétés ordinaires, les dettes sociales, dès leur naissance, sont divisées de plein droit, sinon pour la poursuite, au moins pour la contribution, entre les divers associés, proportionnellement à leur droit social. S'il s'agit de sociétés personnes morales, les dettes jusqu'alors résidant sur la tête de l'être juridique passent aux associés et se divisent entre eux de plein droit.

Supposons qu'il y ait un actif à répartir, c'est alors qu'il faut recourir au *partage*. Nous appliquerons ici les règles ordinaires ; le partage judiciaire se poursuivra par l'action *communi dividundo,* qui aboutit à l'adjudication.

Les créances ne sont pas comprises dans cette action, elles se divisent de plein droit (L. 6, Code, *Fam. erc.,* 3, 36). Cependant le juge pourra, dans l'opération du partage, assigner à l'un des associés telle ou telle créance, telle ou telle dette. Cet associé ne deviendra pas personnellement créancier ou débiteur pour le tout, mais il pourra poursuivre ou être poursuivi en qualité de *procurator in rem suam.* Dans ce cas, les parties se font entre elles des stipulations pour se garantir l'exécution de ces conditions (LL. 2, § 5 ; 3 ; 20, § 3, *Fam. erc.,* 10, 2)

L'action *communi dividundo* n'est pas nécessaire pour le partage des deniers sociaux. Quand il s'agit de partager entre plusieurs personnes divers objets, on peut considérer ces objets comme genres, comme choses fongibles se prenant indifféremment l'une pour l'autre ; il suffit alors que chacun des associés en ait la même quantité, s'ils ont tous des droits égaux : ce but sera atteint par l'action *pro socio generalis.* Si les objets sont considérés comme espèces, ce n'est plus seulement une division par quantités : il faut tenir compte, dans le partage, du droit qu'a chaque associé à une part indivise de tous les objets ; pour cette seconde opération, il faut l'action *communi dividundo* et l'adjudication (arg. de la L. 65, § 14, *n. t.* ; cf. loi 54, pp., *De verb. obl.* 45, 1 ; L. 29 *De sol.* 46, 3) (1).

---

(1) Cujas (V. 492) expose très-clairement cette distinction : « Actio pro socio
« partitur, actio communi dividundo dividit ; non est idem partitio et divisio ;

II. *Dans quelle proportion se fait, entre associés, la répartition du passif ou de l'actif déterminé par la liquidation?* — Distinguons suivant qu'il y a ou non une convention réglant cette répartition.

A. — Il n'y a pas de convention. L'actif ou le passif se répartiront entre associés par parts égales : *si non fuerint partes societati adjectæ, æquas eas esse constat* (L. 29, pp. *n. t.;* Gaïus, III, 150). Le sens de cette loi est bien clair ; cette règle ne parut pas équitable à la plupart des interprètes, qui cherchèrent à trouver dans les textes une autre solution.

Selon les uns, la loi 29 ne parle pas d'une égalité absolue, mais d'une égalité proportionnelle à la prise de chacun (Noodt, Pand., *pro socio*; Godefroid, sur la L. 29, *n. t.;* Balde sur la L. 1, *n. t.;* Doneau, III, p. 919, 16).

D'autres distinguent : si la société est particulière, l'équité exige que l'égalité soit proportionnelle ; si c'est une société de tous biens, le partage doit être fait par portions égales, parce que l'inégalité actuelle des mises peut être compensée par les chances de l'avenir (Felicius, cap. 15, n°° 1, 2, 7; Vinnius, ad. Inst., *De societ.*, § 1, n° 2).

Pothier fait une autre distinction : si la valeur des apports est apparente, si, par exemple, ils consistent en argent, les parts doivent être proportionnelles ; si au contraire cette valeur est incertaine, l'égalité doit prévaloir (*De la soc.*, n° 73).

Cependant quelques-uns des anciens interprètes com-

« partitio fit numero, et venit in actionem pro socio. Divisio fit specie veluti...;
« quæ res omnis desiderat arbitrum, nec sine arbitro expediri potest qui fa-
« ciat adjudicationes æquas. »

battirent ces systèmes inexacts, et maintinrent le véritable sens des lois romaines (Conanus, *n. t.*, 7, c. 13; Uldenus, *Com. des Inst. de societ.*, cap. 5; Domat. 1, 8, 1, 4.; Warnkœnig, *Elem. jur. Rom.*, n° 434; Schrader, *Instit.*, p. 550, *n. t.*). Nous aurons peu de peine à réfuter les systèmes intermédiaires ; leurs distinctions sont complétement divinatoires, aucun texte ne peut leur fournir d'argument.

Je ne crois pas le premier système plus sérieux ; la loi 29 pp. n'est-elle pas aussi formelle que possible? Nos adversaires donnent au mot *æquas* un sens qu'il n'a jamais eu (cf. L. 8, *De rei vindic.*, 6, 1; L. 7, § 2, *De reb. dub.*, 34, 5; L. 23, *ad. Sc. Treb.*, 36, 1; L, 15, § 18 et 40, § 4, *De damn. inf.*, 30; 2; L. 5, § 2, *De solut. et liber.*, 46, 3; L. 9, § 12, *De hered. inst.*, 20, 5. Plusieurs textes, dans notre propre titre, opposent clairement le cas où les associés ont des parts inégales, mais proportionnelles aux apports, avec celui où ces parts sont égales (cf. LL. 6, 29, 80, *n. t.*). Mais, dit-on, les lois 6 et 80 obligent les arbitres à faire entre les associés une répartition proportionnelle. C'est donc que l'équité exige la proportionnalité. Nous répondons que les parties, en nommant les arbitres, repoussent l'égalité absolue que leur offrait la loi, et manifestent par cela même l'intention qu'il y ait une répartition proportionnelle. Si au contraire les parties ne disent rien, c'est qu'elles s'en tiennent à la répartition légale.

Cette décision des lois romaines est-elle donc contraire au bon sens et à l'équité? On peut la justifier: si les parties n'ont pas fixé les parts, c'est que les mises étaient égales: en apparence peut-être elles semblent inégales ; mais celui qui paraît apporter moins d'argent apporte peut-être une industrie d'une beaucoup plus grande valeur. Ajoutons que la question de savoir dans quelle proportion doit se faire la répartition se présente au moment du partage; or, à cette époque, le plus souvent il serait difficile de fixer quelle avait été la valeur des apports; cela aurait donné lieu à de nombreux procès, surtout à Rome où l'on n'avait pas autant qu'aujourd'hui l'habitude de consigner les conventions dans des actes écrits. Et puis comment aurait-on estimé les apports consistant en industrie?

Pour que les bénéfices se répartissent également, il faut que les apports aient été complétement effectués. Supposons que l'un des associés apporte une somme en pleine propriété, tandis que l'autre apporte son industrie, ou promet de faire jouir la société d'un certain fonds; la durée du contrat est fixée à six ans. Au bout de trois ans le second associé cesse de pouvoir fournir son industrie ou de pouvoir faire jouir la société; cela entraîne la dissolution du contrat. L'associé qui devait un apport successif n'a pas complété sa mise, il n'en a fourni que la moitié, tandis que l'autre a effectué tout son apport; dès lors il n'a droit qu'à la moitié de ce qu'il aurait pris dans le fonds social s'il avait fourni son industrie pendant les six ans. Il en serait de même dans le cas où pour une raison quelconque la société serait dissoute avant le terme fixé.

Si nous supposons une société d'une durée illimitée, l'associé qui doit son apport industriel, et qui cesse de pouvoir le fournir, ne doit subir une réduction dans sa part des bénéfices, que s'il fait dissoudre ainsi la société à un moment inopportun ; car autrement pourquoi devrait-il subir une réduction? N'avait-il pas le droit de renoncer à la société?

B. — Il y a une convention réglant la répartition. Deux cas peuvent se présenter ; les associés ont pu soit fixer eux-mêmes dans quelle proportion se fera le partage, soit nommer un arbitre chargé de faire cette fixation.

a. — Les associés ont fixé dans quelle proportion se fera la répartition? Ces conventions sont très-usitées. Les associés peuvent convenir que l'un d'eux aura deux parts, tandis que l'autre n'en aura qu'une (L. 20, *n. t.* ; Gaïus, III, § 149).

Mais la loi 29 ajoute une restriction: *Si modo aliquid plus contulit societati vel pecuniæ, vel operæ, vel cujuscumque alterius rei causa.* Certains auteurs ne veulent pas tenir compte de cette restriction, sous prétexte qu'elle n'est pas conservée dans le texte des Instituts. Cette opinion ne peut être admise en présence du texte formel de la loi 29, confirmé par celui des Basiliques.

Les conventions réglant la répartition ne doivent donc pas être maintenues quand elles entraînent une lésion considérable pour l'une des parties ; c'est l'application de la décision que nous avons donnée à propos de la loi 3, § 3. Du reste, si les parties, en faisant ce règlement, avaient voulu faire une libéralité, elle serait valable ; car les contrats n'étaient pas annulés parce qu'ils contenaient une libéralité partielle (arg. de la L. 38, *De contr. empt.*, 18-1).

Les parties cependant ne sont pas absolument libres de régler la répartition comme elles l'entendent. Elles ne peuvent pas convenir que l'un des associés sera exclu du partage des bénéfices ; le contrat tout entier serait nul comme constituant une société *léonine*. N'est-ce pas en effet contraire à l'une des conditions essentielles de la société? (L. 29, § 2, *n. t.*) Les associés peuvent-ils convenir que la proportion d'après laquelle les pertes doivent être réparties sera différente de celle suivant laquelle devra s'opérer la répartition des bénéfices? il s'agit ici de la proportion dans laquelle se fera cette répartition des pertes ou des gains après la liquidation de la société. On convient par exemple que les opérations de la liquidation terminées, si la société possède un actif déduction faite de tout le passif, cet actif se partagera par moitié entre les deux associés ; mais que si tout se résout en passif, alors l'un des associés supportera les deux tiers de ce passif, l'autre seulement un tiers. Il y eut autrefois controverse sur ce point, mais on finit par admettre la validité de cette convention. Cela s'explique, parce que l'apport de l'un des associés peut être plus considérable que celui de l'autre : son industrie peut être extrêmement précieuse, et il est nécessaire de lui faire des conditions plus avantageuses qu'aux autres (§ 2, *Inst.* III, 25).

On est allé plus loin encore ; on a permis de convenir que l'un des associés ne supportera aucune part dans le passif de la société, si après avoir dans la liquidation employé tout l'actif social à payer les dettes, il y a encore un reliquat de passif (L, 29, § 1, *n. t.*); il n'est donc pas permis de convenir que l'un des associés sera exclu des bénéfices, mais on peut convenir qu'il ne supportera aucune part des pertes.

Nous expliquons la validité de cette convention toujours par les considérations indiquées plus haut. L'apport de l'un des associés peut être assez considérable et assez utile à la société pour mériter la faveur qui lui est accordée. Mais, remarquons-le, il ne serait pas permis de convenir que l'un des associés aurait dans chaque bénéfice particulier telle ou telle part, et ne supporterait dans chaque perte particulière qu'une part moindre, ou même aucune part. Les clauses dont nous venons de parler ne peuvent porter que sur la masse sociale, telle qu'elle a été fixée après les opérations de la liquidation.

b. — Les associés conviennent que la répartition sera faite par un arbitre qu'ils désignent dans le contrat. Ils pourront attaquer la décision de l'arbitre s'il y a iniquité manifeste; car il s'agit là, à la différence de ce qui se passe en cas de compromis, d'un *arbitrium boni viri* (LL. 76 à 80, *n. t.*). Cet arbitre peut être l'un des associés (L. 6, *n. t.*). Si l'arbitre désigné ne peut ou ne veut faire la répartition, par exemple, s'il meurt avant la dissolution de la société, la société est nulle comme ayant été faite sous une condition qui a défailli (L. 75, *n. t.*); mais, dans ce cas, il a pu y avoir une société de fait; comment se fera la répartition? Cette question est délicate; dirons-nous qu'il faut en revenir au partage de droit commun, au partage par parts égales? mais les parties, en insérant la clause frappée de nullité, ont montré justement qu'elles voulaient écarter ce partage, qui serait inique, vu l'inégalité des apports. La société est nulle; mais alors chaque associé, en effectuant son apport, a fait un payement sans cause; il peut donc le reprendre. Quant aux bénéfices proprement dits, acquis depuis l'existence de la société, en l'absence des textes il me semble qu'il faudrait les répartir entre les parties, proportionnellement à leurs mises ; n'est-ce pas la décision la plus équitable ? J'en dirais autant pour la répartition des pertes.

Nous avons donc vu comment, selon nous, devaient se faire la liquidation et la répartition. On voit d'abord si l'actif social dépasse le passif, ou *vice versa*, et le reliquat se répartit ainsi que nous venons de dire.

L'actif social comprend et les mises faites *quoad sortem*, et les bénéfices faits pendant la société. Selon certains interprètes, toutes les règles que nous venons d'étudier sur la répartition, ne s'appliquent qu'aux bénéfices proprement dits, c'est-à-dire à ce qui, déduction faite du passif, dépasse-les apports, le fonds social primitif ; mais alors, ce fonds social primitif, comment le répartir ? Les textes gardent le silence. On en conclut que le partage ne se fera pas par parts égales, mais bien dans la proportion de la valeur des apports, abstraction faite de l'origine des biens composant le fonds social.

Je ne puis admettre cette opinion. N'est-elle pas tout d'abord bien invraisemblable ? Cette distinction que l'on veut faire entre les mises et les bénéfices, où se trouve-t-elle indiquée ? Comment les jurisconsultes romains ne se seraient-ils pas expliqués sur la répartition des mises ? Où voit-on, du reste, que les règles de répartition portées par les textes ne s'appliquent qu'aux bénéfices, et non aux mises ? Que dit, par exemple, la loi 29, pp. *n. t.* : *Si non fuerint partes societati adjectœ œquas esse constat;* n'est-ce pas parler de tout l'actif social ?

Sans doute les Instituts (§ 1, III, 25), et Gaius (III, 150), parlent de *partes lucri ;* mais, pourquoi restreindre

ainsi le sens du mot *lucrum?* Il veut dire actif, par opposition à *damnum*, qui signifie *passif.*

Du moment où un objet tombe pour la pleine propriété
dans le fonds social, l'associé en est dépouillé complément; il prend à la place un droit dans les bénéfices de
la société, et il faut entendre par bénéfice tout l'actif,
toute la masse sociale, déduction faite du passif. Il ne
faut donc distinguer les mises de bénéfice que quand
l'apport a été fait seulement *quoad usum.* Dans ce cas,
nous l'avons vu, l'associé prélève son apport avant tout
partage.

DROIT FRANÇAIS.

EXPLICATION DE LA LOI DU 17 JUILLET 1856

SUR LES COMMANDITES PAR ACTIONS.

INTRODUCTION.

Deux principes dominent la législation des sociétés :
l'un est un principe de droit commun ; quand on est
obligé, on l'est sur tous ses biens : l'associé est donc
personnellement responsable des obligations sociales.
L'autre est un principe spécial à la société : le contrat
est fait *intuitu personæ*; les rapports qu'il produit ne
peuvent exister qu'entre les mêmes personnes: de là, la
dissolution de la société en cas de décès, de faillite ou
d'interdiction de l'un des associés; de là, l'impossibilité
pour l'associé de se substituer un tiers; l'intérêt, c'est-à-
dire le droit de l'associé à une part des bénéfices et à
une portion du fonds social, est, sinon de son essence,
du moins de sa nature, incessible.

La législation commerciale, suivant les enseignements de l'ancienne pratique, a admis d'importantes excepceptions à ces deux principes.

Elle a admis que, dans certains cas, l'associé ne serait responsable des engagements sociaux que dans la limite de sa mise. Sans doute le principe de la responsabilité personnelle s'applique dans la société en nom collectif, et même on a augmenté la rigueur du principe; la solidarité existe entre associés. Mais il n'en sera pas de même dans les deux autres sortes de sociétés. Dans la société anonyme, tous les associés ne sont tenus que dans la limite de leur mise. Dans la commandite, les commandités ou gérants sont personnellement et solidairement responsables; les bailleurs de fonds ou commanditaires ne sont, au contraire obligés que dans la mesure de leurs apports, et sont exclus de l'administration, qui appartient aux seuls commandités.

Souvent aussi, la société commerciale ne sera plus une société de personnes, mais une société de capitaux. Peu importent alors les changements qui s'opèrent dans la personne des associés; le trait principal et caractérisque de ces sociétés est que l'intérêt devient cessible et s'appelle *action*. La cessibilité est donc le caractère distinctif de l'action. Je dis la *cessibilité*, et non pas la *négociabilité*. Il n'est pas nécessaire, en effet, que l'action soit transmissible par les voies commerciales, le transfert sur les livres de la société, l'endossement ou la simple tradition du titre (arg. de de l'art. 3, L. du 17 juill. 1856, et de l'art. 25, L. du 5 juin 1850).

La société en nom collectif est une société de personnes;

la société anonyme est une société de capitaux : son capital est divisé en actions.

La commandite est tantôt l'une, tantôt l'autre. La
commandite par intérêts est une société de personnes
non-seulement pour les commandités, mais aussi pour
les commanditaires : la mort de l'un de ces derniers dissout le contrat, leurs intérêts ne peuvent être cédés.

La commandite par actions est au contraire une société de capitaux. Ce n'est pas seulement la part fournie
par les commanditaires, mais aussi la mise des gérants
qui peut être divisée par actions. Le gérant peut donc céder sa part dans la société ; du reste, il demeure toujours
responsable personnellement des dettes sociales en cas
d'insuffisance du capital social.

De ce qui précède, il résulte que toutes les sociétés de
capitaux n'entraînent pas nécessairement la responsabilité limitée de tous les associés, témoin la société en
commandite par actions, où les gérants sont obligés sur
tous leurs biens ; et que toutes les sociétés de personnes
n'ont pas pour conséquence la responsabilité personnelle
de tous les associés, témoin la commandite par intérêts,
où les commanditaires ne sont obligés que dans la limite
de leur mise. Tous les auteurs n'ont pas exposé ces principes avec toute la précision nécessaire, parce qu'ils ont
vu entre la personnalité de la société et la responsabilité
personnelle des associés, la réalité du contrat et la responsabilité limitée, une solidarité nécessaire qui n'existe
pas.

La commandite par actions, permise plutôt que réglée
par le Code de commerce a fait l'objet de la loi du
17 juillet 1856. C'est cette loi dont nous voulons donner

l'explication; mais auparavant, il importe de jeter un regard rapide sur le passé et d'étudier l'origine et le développement de cette société. Nous diviserons cette introduction historique en deux périodes : nous traiterons, dans la première, de la législation avant 1789; la seconde nous conduira de 1789 à 1856.

1ʳᵉ PÉRIODE. — *Avant* 1789.

Ce qu'il importe spécialement de rechercher, c'est l'origine de cette combinaison particulière qu'on appelle commandite par actions. Toutefois, il ne sera pas sans utilité de commencer par rappeler brièvement l'histoire des deux éléments qui composent cette société, la commandite et la division par actions.

Comme nom et comme institution, la commandite a pour origine le contrat de *commande*. Certains auteurs n'ont pas craint de remonter ainsi jusqu'à la commande des bestiaux, c'est-à-dire jusqu'au bail à cheptel, qui, nous l'avons vu, était connu en droit romain. On trouve là les deux caractères principaux de la commandite : au cheptelier appartient l'administration du troupeau ; le propriétaire n'est pas tenu au delà de son apport des dettes contractées par le preneur pour la gestion.

Du reste, cette commande civile n'eut jamais le développement que prit la commande commerciale. Supposons à la place du capital consistant en bestiaux, un capital en marchandises, et nous aurons le contrat de pacotille, qui eut une grande importance au moyen âge. On confiait des marchandises à un négociant qui se rendait aux foires, ou bien à un marin qui allait naviguer au loin, pour qu'ils les vendissent avec avantage. Le commanditaire n'aventurait jamais que son fonds de marchandises.

Faisons un pas de plus; à la place d'un capital en nature, supposons un capital en argent; nous nous rapprocherons davantage de notre société en commandite.

La commandite était très-fréquente au moyen âge, et elle alimentait toutes les foires importantes, s'employait surtout dans le commerce maritime. La limitation de la responsabilité attirait les capitaux : c'était un moyen d'employer l'argent resté oisif par suite de la prohibition du prêt à intérêt; et les nobles pouvaient, sans déroger, participer secrètement aux bénéfices produits par le commerce.

On a discuté pour savoir si la commandite avait pris naissance en France ou en Italie. Nous n'entrerons pas dans le détail de cette controverse; voici notre opinion : les premiers documents qui mentionnent la commandite sont les Statuts de Pise et de Florence du XIIe siècle; les monuments français les plus anciens sur cette matière ne datent que du XIIIe siècle : ce sont les statuts de Marseille et de Montpellier (cf. Pardessus, *Lois maritimes* II, p. 186; IV, p. 255, 266, 571).

Il nous faut ajouter que si la commande était connue dans le midi de la France, c'était cependant en Italie qu'elle avait reçu le développement le plus considérable : c'étaient les usages des villes italiennes, la jurisprudence de leurs tribunaux, la doctrine de leurs jurisconsultes qui avaient fixé les règles de ce contrat. Les Lombards, ces riches banquiers florentins, auxquels empruntaient tous les rois de la chrétienté, étaient commandités par toute la ville de Florence, on pourrait même dire par l'Italie tout entière. Tous étaient intéressés à leur prospérité : tous ressentaient le contrecoup de leur ruine.

Dans cette matière comme dans beaucoup d'autres parties de la législation commerciale, l'Italie a répandu par toute l'Europe les coutumes de ses habiles marchands. Ainsi s'est établie au moyen âge cette unité de la législation commerciale, malheureusement détruite aux xv⁰ et xvi⁰ siècles.

En vain, l'érudition patriotique de certains jurisconsultes a voulu contester ce rôle initiateur du commerce italien ; les faits sont constants ; et d'ailleurs quoi de plus naturel ? dès les x⁰ et xi⁰ siècles l'Italie faisait le commerce du monde entier par ses banquiers, ses commerçants et ses marins. Si, au contraire, nous nous reportons vers la France, nous y trouvons sans doute un puissant esprit d'association ; nous voyons s'établir les sociétés serviles imaginées par les serfs pour échapper aux rigueurs de la mainmorte, et acceptée par les seigneurs pour assurer la bonne culture de leurs domaines ; dans les campagnes, les hommes libres forment entre eux par la vie commune pendant l'an et jour des sociétés tacites ; partout, dans l'ordre politique et religieux, nous voyons les intérêts chercher à se défendre et à se satisfaire au moyen de l'association. Mais cette force n'est presque jamais mise au service du commerce, parce que celui-ci n'a pris aucun développement. La confiance et la sécurité font défaut. Et malgré les efforts et les réformes de saint Louis, ce n'est qu'au xv⁰ siècle, à la nouvelle de la découverte du nouveau monde, que le

commerce prend un essor assez considérable pour rechercher la forme de l'association.

Du reste, ce contrat de commande n'était pas regardé
par les auteurs italiens antérieurs au XVIIe siècle comme
une société formelle et normale. Le nom de société en
commandite n'était pas connu. Sans doute, dans les statuts le contrat était presque toujours mis sur le même
rang que la société ; mais enfin on y voyait moins une société qu'une sorte de participation ignorée du public et
n'existant qu'entre les commanditaires et le gérant appelé *complimentaire*. Ce dernier seul était connu et
agissait en son propre nom (cf. Pardessus, *Lois marit.*,
IV, p. 255, p. 266, p. 527 ; Casaregis. *Disc.* 29, n° 24 ;
Deluca, *De credit.*, *Disc.* 89, n° 7 ; *de loc.*, *Disc.* 27).

En France, le commerce maritime se relève au milieu
du XVe siècle ; des compagnies se forment pour explorer
et exploiter les pays nouvellement découverts. Ce mouvement, interrompu pendant les guerres de religion, reprend sous Henri IV, dont la protection éclairée assure
le développement du commerce intérieur et extérieur ;
La main puissante de Richelieu, la sage activité de Col-
bert encouragent ces progrès. Enfin, Louis XIV juge
nécessaire de régler le commerce de terre et de mer par
les deux célèbres ordonnances de 1673 et de 1681.

La commandite trouve une place spéciale dans cette
dernière ordonnance (cf. art. 1 et 8). Elle devient une
vraie société et s'appelle *société en commandite*. C'est
une innovation importante sur la doctrine des auteurs
italiens. Au contraire, la société en participation, alors
appelée *société anonyme*, n'est pas nommée par le législateur de 1673.

L'ordonnance indique nettement le caractère spécial des sociétés en commandite, la responsabilité dans la limite de la mise (art. 8) ; mais elle ne définit pas cette société. Si l'on considère les exemples de sociétés en commandite donnés par les interprètes de l'ordonnance, on se trouve quelquefois bien loin de la commandite moderne et de la commande des jurisconsultes italiens. Les auteurs ne semblent pas avoir eu sur ce point des idées très-précises, et l'on est obligé de reconnaître qu'ils appelaient sociétés en commandite toutes les sociétés qui n'étaient pas en nom collectif (cf. Savary, *Parf. nég.*, I, 301, 307, II, p. 447, Bornier, II, p. 476).

Nous venons de voir l'histoire de la commandite, voyons maintenant à quel moment on commença à diviser le capital social en actions. M. Troplong donne aux actions une très-ancienne origine : il rapporte qu'au XII° siècle le prieur de la Daurade concéda le moulin du Basacle, près de Toulouse, à une société dont les membres étaient appelés *pairiers*. La valeur totale fut divisée en un certain nombre de parts nommées *uchaux*, qui furent distribuées entre tous les associés, selon le montant de leur intérêt ; ces uchaux étaient cessibles ; selon M. Troplong, c'étaient de véritables actions.

En tous cas, il ne faut voir là qu'un fait isolé plus curieux que concluant : c'était une société civile où les parts étaient cessibles, mais ce n'était pas encore l'action facilement négociable, se transmettant comme une monnaie courante ; car il paraît que l'uchau ne pouvait se transmettre que par acte notarié.

Plus tard, au XVI° siècle, nous voyons encore en Italie une société où les parts sont cessibles, mais ce n'est pas encore l'action monnaie courante; c'est un droit se transmettant dans les formes ordinaires (Straccha, *Dec. rot. gen.*, 14, n° 5).

La véritable action avec les caractères que nous lui connaissons n'apparaît qu'au commencement du xvii° siècle.

Presque toutes les grandes compagnies qui se fondent à cette époque, soit pour la colonisation, soit pour les travaux de desséchement, soit pour fabriquer les produits industriels, soit pour assurer contre les risques maritimes; presque toutes ces compagnies divisent leur capital en actions. L'action faite au porteur pouvait être négociée de la main à la main (Melon, *Essais politiques sur le commerce*, p .77). C'était à Amsterdam que se faisait le commerce d'actions le plus important.

Au xviii° siècle, fut constituée la fameuse banque de Law. Inutile de rappeler l'engouement du public, la frénésie du jeu, les immenses désastres qui en furent la conséquence. Il se passa alors ce qui est souvent arrivé depuis: la catastrophe amena une réaction; le commerce des actions, condamné par d'Aguesseau, fut regardé avec défaveur en France, pendant que le jeu faisait de nouvelles victimes en Hollande et en Angleterre. Toutefois, le principe subsista pour certaines entreprises, comme les mines, les canaux, les manufactures d'armes, les fabriques de glaces, les armements de navires, etc. On trouve ces exemples dans les recueils d'arrêts de la' fin du xviii° siècle.

Il paraît que, dans toutes ces sociétés, il n'y avait que des actionnaires, et qu'il n'y avait pas d'associés person-

nellement responsables. C'était donc quelque chose d'a-
nalogue à nos sociétés anonymes.

Remarquons aussi que le gouvernement intervenait
presque toujours dans la constitution de ces sociétés:
elles étaient plutôt l'œuvre de la puissance publique que
de la volonté privée des parties.

Chacune de ces sociétés était instituée par un acte du
gouvernement, qui en réglait les conditions. C'est là ce
qui explique pourquoi l'ordonnance de 1673 n'en parlait
pas; il y avait, pour ainsi dire, une loi spéciale pour chaque
société.

Cette intervention du gouvernement, qui, en fait, existait presque toujours, était-elle nécessaire pour que le
capital social pût être divisé en actions? Beaucoup d'auteurs semblent le croire. Cependant, aucun texte de loi
ne confirme cette opinion, et nous voyons dans Merlin
l'exemple d'une société, fondée vers la fin du XVIII⁰ siècle, où le capital social a été divisé en actions, sans qu'il
apparaisse que le gouvernement ait réglé lui-même cette
société (cf. Merlin, *Quest. de droit*, v⁰ *actionnaire*, § 1).
Les rédacteurs du Code de commerce ont dit formellement qu'en exigeant l'autorisation du gouvernement
pour les sociétés anonymes, ils faisaient une innovation
(Locré, XVII, p. 191).

Nous avons vu, jusqu'en 1789, l'histoire des deux principaux éléments de notre société, la commandite et l'action; mais la combinaison de ces deux éléments était-
elle connue à cette époque? La société en commandite
par actions était-elle pratiquée dans l'ancien droit? Je
n'en ai pas vu d'exemple. Sans doute les auteurs appellent souvent commandite par actions les sociétés que

nous appelons aujourd'hui sociétés anonymes; mais je m'attache au fond des choses et non aux mots. On a voulu voir un exemple de commandite par actions dans l'espèce citée par Merlin (v° *actionnaire*, § 1). Sans doute, dans ce cas, l'administration est réservée exclusivement à quelques-uns des associés; mais il n'apparaît pas que ces associés fussent personnellement responsables, sur tous leurs biens, des engagements sociaux.

Devons-nous dire, toutefois, comme font certains auteurs, qui veulent voir dans l'art. 38 du Code de commerce une innovation qui répugnerait à tout le passé de notre législation commerciale; devons-nous dire que la société en commandite par actions était interdite par les principes du droit ancien? Nous ne le croyons pas; car nous avons vu que l'intervention du gouvernement n'était pas une condition essentielle du partage par actions; c'était le fait et non pas le droit. La commandite par actions n'était pas pratiquée, mais elle n'était pas interdite.

2° PÉRIODE. — 1789-1856.

Les révolutions politiques arrêtent toujours le mouvement commercial ; la révolution de 1789 produisit cet effet. La Convention étendit aux sociétés de commerce son œuvre destructive; divers décrets, du 24 août 1793, du 17 vendémiaire, du 1er pluviôse, du 26 germinal an II, supprimèrent toutes les sociétés par actions, et généralement toutes les compagnies financières. Cette législation révolutionnaire fut abrogée le 30 brumaire an IV.

Le Consulat rétablit l'ordre, le commerce prit un rapide essor ; de nombreuses compagnies se fondèrent. Beaucoup divisèrent leur capital en actions (*Analyse des observ. des trib. de com..* II, p. 19 et 442). Aussi le Code civil jugea-t-il nécessaire de s'occuper des actions et de les classer parmi les meubles.

Nous avons vu ce qu'il fallait penser de la commandite par actions avant 1789. De 1789 à 1807, il paraît que cette forme de société fut employée; car nous lisons dans les observations des tribunaux, recueillies à l'occasion de la rédaction du Code de commerce : « Les entreprises maritimes pour les voyages de long cours se font souvent par associations en commandite divisées par actions : elles sont régies par des associés solidaires et sous un nom social. » (*Analyse raisonnée des observ., II*, p. 19.) Dans la discussion du Code de commerce, au conseil d'État, M. Louis s'exprima ainsi : « Il n'y a pas réellement de sociétés anonymes, et quant aux sociétés en commandite, elles se forment ordinairement par actions. » (Locré, XVII, p. 197.) Toutefois, remarquons que cette dernière citation est moins concluante qu'elle ne peut le paraître au premier abord; M. Louis semble parler, en effet, le langage des commentateurs de l'ordonnance, qui donnaient le nom de commandite à toutes les associations qui n'étaient pas en nom collectif.

D'ailleurs, avant le Code de commerce, pourquoi aurait-on distingué les commandites par actions des autres sociétés par actions, puisque toutes pouvaient se constituer sans autorisation du gouvernement. Ce ne fut qu'après que l'on eut exigé cette autorisation pour les sociétés appelées par le Code *anonymes*, qu'il devint important de traiter spécialement des commandites par actions; car ces dernières purent se constituer sans intervention de la puissance publique. En résumé, avant 1807, cette forme de société, en droit, était possible comme toute autre division par actions, et, en fait, elle était employée. Il ne paraît pas, du reste, qu'elle ait pris un développement assez grand pour faire soupçonner ce qu'elle deviendrait plus tard.

La commission, nommée en 1801, et chargée de rédiger le projet de Code de commerce, distinguait les sociétés en nom collectif, en participation et par actions (art. 13 du projet). Pour toutes les sociétés par actions, il fallait l'autorisation du gouvernement (Locré, XVII, p. 36). C'est à ce propos que les tribunaux consultés firent l'observation rapportée plus haut : ils demandèrent si les sociétés en commandite par actions devraient être soumises à l'autorisation comme les autres sociétés par actions ; on fit droit à leurs réclamations ; on permit de constituer ces sortes de commandites sans intervention de la puissance publique (art. 38) ; et pour éviter toute équivoque, on appela les sociétés pour lesquelles on exigeait l'autorisation préalable, *sociétés anonymes*, et non plus sociétés par actions.

Cependant, tout prouve que le législateur n'a pas prévu l'extension que devait prendre un jour ce genre de sociétés. L'art. 38 a été admis sans aucun débat sérieux, après une simple observation de l'archichancelier ; aucune règle n'a été portée pour obvier aux abus possibles ; et même souvent, dans la discussion, les rédacteurs du Code se sont exprimés comme si les sociétés anonymes avaient été les seules sociétés par actions : c'était un vestige des idées qui avaient prévalu dans le projet primitif (cf. les paroles de l'archichàncelier et de M. De-fermon, Locré, XVII, p. 192, 193, et l'*Exposé des motifs, id.*, p. 350, 351). Toutefois, dans deux articles du Code, le législateur a fait allusion à la faculté établie dans l'art. 38. Je veux parler des art. 43 et 44, qui, traitant d'actions et d'actionnaires, font allusion à la commandite par actions et non à la société anonyme; la publication de cette dernière est réglée par l'art. 45.

La commandite par actions n'a pas été employée aussitôta près le Code de 1807. Le blocus continental, la guerre avec l'Angleterre, les revers de la fin de l'empire avaient arrêté presque entièrement tout le mouvement commercial.

a paix revint avec la Restauration. Le commerce reprit un essor plus hardi encore que par le passé; bientôt les chances ordinaires ne suffirent plus à cette ardeur fébrile; la spéculation apparut avec ses succès immoraux et ses terribles désastres. On joua sur les fonds publics; on spécula sur les achats d'immeubles; les plus grands noms se compromirent dans des opérations suspectes. L'agiotage est une maladie qui frappe les nations à certains jours. La France n'avait pas connu ce mal depuis la grande crise de la banque de Law.

Ce fut à cette époque, vers 1826, que l'on pensa à user de la faculté donnée par l'art. 38 (C. com.), et à créer des sociétés en commandite par actions. Dès 1826, le capital engagé dans ces associations était de 56 millions. En 1829, il s'élevait à 82 millions. Ce mouvement, ralenti quelque peu par la Révolution de 1830, reprit bientôt, plus rapide encore. Le capital de ces sociétés fut, en 1836, de 156 millions; en 1837, de 336 millions.

On comprend ce merveilleux développement ; la commandite par actions offrait de grands avantages sur la commandite par intérêts.

Cette dernière, nous l'avons vu, était une société de personnes. De là, deux conséquences : 1° un changement opéré dans la personne de l'un des associés entraînait sa dissolution ; elle n'avait qu'une existence précaire ; 2° l'associé était obligé de rester dans la société jusqu'à son extinction ; l'intérêt n'était pas cessible. Au contraire la commandite par actions, société de capitaux, n'était pas affectée par les changements de personnes. De plus, l'action était cessible ; elle convenait aux capitalistes qui voulaient se réserver la possibilité de retrouver, pour un besoin imprévu, les fonds qu'ils mettaient en société.

Remarquons aussi que si l'intérêt et l'action étaient tous deux susceptibles d'un mouvement de hausse et de baisse, seule l'action pouvait en profiter, parceque seule elle pouvait être cédée au moment favorable. C'était un attrait considérable pour le financier, qui pouvait ainsi, non-seulement faire mouvoir ses fonds et les retrouver quand il en avait besoin, mais aussi bénéficier sur la hausse des actions, en les vendant plus cher qu'il ne les avait achetées.

La commandite par intérêts continuait a être employée pour les petites affaires ; la commandite par actions réunissait beaucoup de capitaux et avait pour objet des entreprises plus hardies et plus considérables.

Mais alors cette société n'avait-elle pas le même objet que la société anonyme ? Et comment cette dernière forme de société était-elle à cette époque beaucoup moins fréquemment employée?

La raison capitale était que la société anonyme exigeait l'autorisation du gouvernement. A tort ou à raison, le commerce voulait être libre. Souvent il fallait, dans les opérations commerciales, une rapidité qui ne pouvait se concilier avec les lenteurs et les formalités de la filière administrative.

D'autres motifs faisaient encore préférer la commandite par actions. Dans ces sociétés, le gérant responsable était omnipotent ; de là une promptitude d'exécution, une liberté de mouvement et une unité de direction que l'on ne rencontrait pas dans la société anonyme. Celle-ci, en effet, était dirigée par une administration élective et temporaire, dépendante de majorités plus ou moins éclairées, obligée à suivre une marche lente et embarrassée.

Enfin, la société en commandite présentait cet avantage pour les tiers, que les gérants étaient personnellement et solidairement responsables de tous les engagements sociaux.

Ces deux sortes de sociétés avaient, du reste, un domaine distinct. Quand il s'agissait de ces entreprises colossales pour lesquelles il fallait un capital immense, recueilli par toute la France, et même à l'étranger, alors on ne trouvait aucun gérant qui osât affronter une semblable responsabilité ; c'était le cas de recourir à l'anonymat, s'il s'agissait d'opérations et de constructions qui ne demandaient pas une promptitude extraordinaire d'exploitation, où tout pouvait être prévu d'avance.

C'était, au contraire, le cas de la commandite par

actions, si le capital était moins considérable, et si l'entreprise demandait une initiative continuelle pour conjurer les obstacles, triompher de la concurrence et décider la marche à suivre.

Mais à quelles règles était soumise cette société ? Nous avons vu en effet que le Code se contentait de l'autoriser sans l'organiser.

Elle était donc soumise aux mêmes règles que la commandite ordinaire ; il fallait un acte écrit et la publication de l'extrait de cet acte (cf. art. 39, 42, 43 et 44 C. de com.)

Vers 1828, on commença à employer les actions au porteur dans la commandite ; c'était un avantage de plus pour l'actionnaire, qui n'était pas obligé de faire connaître son nom et qui pouvait transmettre son droit sans plus de formalité. Par ce moyen, la société trouvait plus facilement encore des capitaux. D'un autre côté, cette forme facilitait l'agiotage. Ce fut l'occasion d'un grand débat judiciaire : les actions au porteur étaient-elles possibles ? Tous les jurisconsultes célèbres de l'époque prirent part à cette controverse ; mais la jurisprudence décida, avec raison, selon nous, que la forme au porteur était licite (cf. Paris, 7 fév. 1832.).

La liberté presqu'absolue dont jouissait la commandite par actions n'était pas sans danger ; les règles du Code étaient insuffisantes : elles avaient été faites par la commandite simple.

Comment, en effet, les choses se passaient-elles ? Il importe d'étudier les fraudes en usage ; cela nous fera mieux comprendre les remèdes que les législateurs ont voulu y apporter. Un homme hardi et peu scrupuleux

voulait fonder une société en commandite par actions;
il se rendait seul chez un notaire et faisait dresser un
acte de société, dont seul il fixait les termes et les conditions: il s'attribuait, comme gérant, tous les pouvoirs
qu'il voulait. L'un des abus dont on avait été le plus
frappé était l'exagération dans l'évaluation des apports
le plus souvent les fondateurs mettaient dans la société
des choses dont l'exacte appréciation était difficile; par
exemple, une clientèle, une industrie, une manufacture,
un secret d'art et de métier, ou même des mines ou tout
autre immeuble. Le fondateur, agissant sans contrôle,
donnait à son apport une valeur fabuleuse. Ce serait une
histoire triste et curieuse que celle de toutes les fraudes
de ce genre qui furent commises : l'un prétendait posséder un procédé industriel auquel il donnait une dénomination bizarre pour séduire les esprits simples et
crédules; l'autre apportait des mines épuisées, l'autre
des brevets d'inventions connues depuis des siècles. Pour
tous ces apports imaginaires, le fondateur s'attribuait
un nombre considérable d'actions de capital.

L'acte de société rédigé, il s'agissait d'attirer les souscripteurs, de *lancer l'affaire*; c'était alors que l'on faisait
ces merveilleux prospectus qu'une presse complaisante
et vénale répandait partout. Vraiment, on ne sait de quoi
l'on doit le plus s'étonner de la hardiesse des fripons ou
de la crédulité des dupes. Le prospectus d'une société
fondée peu de temps avant 1838 faisait les promesses
suivantes : L'action émise à 1,000 fr. vaudra 60,000 fr.
le mois suivant, et rapportera 3,000 fr. Pour faciliter les
souscriptions, on abaissait à des sommes très-minimes
le capital nominal des actions; on exploitait ainsi ceux

qui, par leur position sociale, étaient le moins capables d'apprécier les chances auxquelles ils s'exposaient; et la spéculation détournait du chemin de la Caisse d'épargnes les économies du domestique et de l'ouvrier. On donnait des termes pour le payement du capital souscrit; souvent même on permettait au souscripteur de se libérer à un taux inférieur à celui de l'émission. On annonçait pompeusement des listes de souscripteurs imaginaires; le gérant promettait de souscrire un nombre considérable d'actions, sauf, plus tard, à ne pas exécuter sa promesse. Enfin figurait dans le prospectus un conseil de surveillance composé des personnages les plus connus et les plus honorables. Trop souvent, des hommes haut placés, par une complaisance blâmable, et quelquefois même par une faiblesse intéressée, laissaient mettre sous leur patronage les entreprises les plus suspectes.

Le public, attiré par ces nombreuses amorces, accourait et souscrivait. De la part des souscripteurs, c'était une adhésion à l'acte de société, une reconnaissance de tous les avantages que s'était réservés le gérant .Pourtant, en fait, à peine ces personnes prenaient-elles connaissance des statuts ; et, d'ailleurs, comment leur simplicité crédule, sans débat contradictoire, aurait-elle pu déjouer les fraudes le plus souvent habilement masquées? En réalité donc, il n'y avait pas de consentement donné en connaissance de cause. Les choses ne se passaient pas ainsi dans la commandite ordinaire : les bailleurs de fonds, en petit nombre, concouraient à la formation de la société; la part considérable et permanente qu'ils devaient y prendre les stimulait à débattre soigneusement toutes les clauses du contrat. Dans ce cas, suivant une expression heureuse, on faisait appel à des capitaux intelligents, et non aux petits capitaux, imprévoyants de leur nature, qui alimentaient les commandites par actions.

Quels étaient les souscripteurs? C'étaient d'abord les financiers, séduits par la prime qui leur était offerte, et et qui aidaient à *lancer* l'affaire.

C'étaient les spéculateurs, souscripteurs peu sérieux, qui n'entraient dans la société que pour en sortir au plus vite. En échange de leur souscription et d'un versement partiel, ils se faisaient donner des promesses d'actions, le plus souvent dans la forme au porteur; car alors la négociation était plus facile, et le nom des joueurs n'était pas connu et attaché aux affaires véreuses dont ils savaient tirer profit. Peu leur importait ce qu'était au fond l'affaire, ce qu'étaient les statuts; ils n'avaient qu'un souci : le gérant était-il à même de donner aux fonds une bonne attitude sur le marché? Pouvait-on espérer vendre ses titres à la faveur de la hausse factice produite par le gérant, et prélever un bénéfice sur les actionnaires de seconde main ? On attendait tout de la prime des actions, rien de la société; l'émission et la négociation des titres étaient devenues elles-mêmes l'objet du commerce.

Enfin, voici les souscripteurs sérieux, ceux qui se laissaient tromper par les prospectus et qui entraient dans la société pour réaliser les bénéfices promis : c'étaient eux qui devaient payer tous les profits illégitimes recueillis, par les habiles. Aussi, après les jours de crédulité et d'illusion, venait l'heure du désastre. L'expérience a révélé que presque toutes ces ruines scandaleuses frappaient des petits propriétaires, des employés, des domestiques, des ouvriers; les grands procès financiers nous fournissent sur ce point des témoignages navrants et instructifs. A ces époques fatales, où la spéculation s'est emparée de la société, toutes les classes semblent enivrées de la passion de s'enrichir. Le spectacle corrupteur de la fortune acquise sans travail exerce partout sa pernicieuse influence; et celui qui gagne péniblement sa vie, révolté contre la dureté de son sort, risque l'épargne qu'il devait réserver pour ses vieux jours; il veut, lui aussi, s'enrichir et jouir sans travailler. Mal bien profond et que les lois civiles seront à elles seules impuissantes à guérir! Aussi, au jour de la catastrophe, que de désespoirs menaçants et que de malédictions jalouses et haineuses s'amassent contre les heureux possesseurs de la richesse!

Quelquefois, les souscripteurs n'arrivaient pas en nombre suffisant; le gérant cependant déclarait la société constituée provisoirement; il commençait les opérations, s'allouait des appointements, des frais de bureau, le tout aux dépens des actionnaires; et puis, si les souscriptions nese complétaient pas, et que la société fût dans l'impossibilité de marcher, il se bornait à déclarer cette impossibilité, et les fonds qu'il avait touchés étaient perdus pour ceux qui les avaient fournis (Bravard, p. 20).

Une autre fraude était possible encore. On recourait, pour compléter la souscription, à des signatures de complaisance émanées de personnes sans solvabilité, et on n'exigeait le versement que des souscripteurs de bonne foi.

Voilà la société constituée. Le gérant cherchait à lui donner une sorte de prospérité factice : il y arrivait par des manœuvres de bourse, par des ventes et des achats faits à propos.

Enfin, pour tromper plus complétement encore le public, alors même que l'affaire n'avait produit aucun bénéfice, il distribuait de merveilleux dividendes, pris sur le capital même de la société. Sans doute, c'était faire payer la main droite par la main gauche, c'était compromettre tout l'avenir; mais qu'importait au gérant? son but était atteint : le cours des actions s'était élevé à un prix exagéré; il en profitait pour écouler peu à peu les actions de capital qu'il s'était attribuées dans l'acte de société, et celles qu'il avait souscrites ou qu'il avait achetées pour soutenir le cours. Dès lors, désintéressé dans la société, il la laissait tomber; sans doute, il était toujours personnellement responsable vis-à-vis des tiers, mais ce n'était qu'une responsabilité subsidiaire, en cas d'insuffisance du capital social, et il avait toujours soin de faire liquider la société avant que sa responsabilité personnelle fût engagée.

D'ailleurs, souvent les fondateurs, pour éviter cette responsabilité, établissaient gérant un homme sans solvabilité, n'ayant rien à perdre; ils s'abritaient derrière lui, réalisaient leurs bénéfices et abandonnaient ensuite l'affaire, sans avoir même à redouter une responsabilité personnelle subsidiaire.

Les actionnaires n'avaient-ils donc aucun moyen de se défendre contre le gérant? L'ancienne législation n'interdisait pas aux commanditaires toute immixtion dans l'administration de la société (Delangle, I, p. 346 et sq.; Savary, I, p. 397; cf. cependant, arrêts du 16 germinal an XI et du 27 floréal an XIII, et Casarégis, *Disc.* 29, n° 28). Ceux-ci plaçaient alors comme gérants des hommes de paille sans solvabilité ; ils dirigeaient eux-mêmes l'opération, soit par l'entremise du gérant, soit en qualité de mandataires de ce dernier. Ils agissaient avec d'autant plus de hardiesse qu'ils n'encouraient qu'une responsabilité limitée, et qu'en cas de faillite, leur réputation était à l'abri ; enfin, au jour du désastre, ils abandonnaient leurs mises, et laissaient les tiers déçus aux prises avec des gérants insolvables.

Les rédacteurs du Code de 1807 ne voulurent pas qu'on pût ainsi éluder le principe capital de la commandite, la responsabilité personnelle du gérant : ils se préoccupèrent surtout de l'intérêt des tiers. Aussi, malgré les réclamations énergiques de presque tous les tribunaux des villes commerçantes, ils défendirent à tout commanditaire de faire aucun acte de gestion, ou d'être employé pour les affaires de la société, même en vertu d'une simple procuration, sous peine d'être réputé associé en nom collectif.

Les rédacteurs étaient d'autant moins portés à s'inquiéter de la position des commanditaires, qu'ils avaient presque toujours en vue, ainsi que nous l'avons dit, la commandite par intérêts. Dans cette sorte de société, les commanditaires n'entraient qu'à bon escient et ne remettaient leurs capitaux qu'à celui qui leur inspirait toute confiance. En fait, les associés se protégeaient bien eux-mêmes.

Mais il n'en était pas ainsi dans la commandite par actions, et alors l'omnipotence du gérant n'était-elle pas dangereuse pour les actionnaires, qui souvent ne connaissaient ni celui à qui ils confiaient leurs capitaux, ni la société à laquelle ils adhéraient ? La plupart des abus que nous venons de signaler ne venaient-ils pas de cette omnipotence du gérant?

Sans doute, les commanditaires avaient conservé le droit de surveiller, et on avait pris l'habitude, dans les commandites par actions, de constituer un conseil de surveillance; mais la distinction entre les actes de surveillance et d'immixtion était difficile. La jurisprudence, à l'origine surtout, était incertaine et hésitante, et les membres des conseils, toujours sous la crainte de devenir personnellement responsables, n'exerçaient aucun contrôle efficace.

Ajoutons que, le plus souvent, ces conseils n'étaient pas sérieux : nommés par le gérant, ils étaient composés d'hommes étrangers à l'affaire, ou de complaisants intéressés. Leur patronage apparent n'était qu'une fraude de plus pour attirer les actionnaires.

Voilà donc, non pas ce qu'étaient toujours, mais ce qu'étaient souvent les sociétés en commandite par actions. De 1828 à 1837 des désastres scandaleux succédèrent à de scandaleux succès; l'opinion publique s'émut; la satire et la comédie flagellèrent les fripons, et créèrent des types qui devaient longtemps subsister. De tristes et honteux procès se déroulèrent devant la justice.

Comme toujours, on s'en prit aux institutions de ce qui venait surtout de la faute des hommes, et, en 1838, le gouvernement, obéissant au sentiment public, rassembla une commission composée d'hommes éminents dans l'administration, le barreau, le commerce et la magistrature, à l'effet de trouver un remède aux maux dont on se plaignait. Cette commission reconnut qu'il y avait à choisir entre trois partis : 1° Maintenir la libre forma-

tion des commandites par actions, mais en les soumettant
à des conditions déterminées par la loi ; 2° Soumettre
ces sociétés à l'autorisation préalable du gouvernement ;
3° Les supprimer et ne laisser subsister que les sociétés
anonymes. Le premier parti lui parut présenter de trop
grandes difficultés : dans son opinion, des remèdes peu
énergiques seraient impuissants ; des conditions rigoureuses équivaudraient à une suppression. Elle repoussa
aussi le second parti : du moment où il fallait recourir
à l'autorisation du gouvernement, il n'y avait plus d'intérêt à conserver la forme de la commandite par actions ;
aussi adopta-t-elle le troisième système. Elle ne vit pas
d'autre moyen d'arrêter les scandales ; elle voulut frap-
per le commerce des actions au profit du commerce véritable.

Il y avait là une fàcheuse exagération. C'était méconnaître le service que la spéculation honnête peut rendre
au commerce et à l'industrie en lui procurant des capitaux.

Nous avons vu plus haut que la société anonyme ne
remplissait pas le même but que la commandite par actions. Elle ne pouvait donc la remplacer.

La responsabilité indéfinie des gérants devait servir
de garantie : il fallait peut-être ajouter quelques dispositions préventives et répressives ; mais recourir à l'autorisation préalable était bien mal comprendre les intérêts du gouvernement et du commerce.

Le gouvernement aurait-il pu suffire aux demandes
qui lui auraient été faites. C'eût été lui imposer une
tàche lourde, longue et difficile. Il n'aurait pas pu prévenir le mal, il n'aurait fait qu'en assumer la responsa-

bilité. Ah! le pouvoir n'avait-il pas déja assez de semblables responsabilités? Si, toutes les fois que nous courons quelque danger, nous remettons à l'État le soin de nous défendre, nous arriverons à ce point qu'aucun citoyen ne pourra éprouver un dommage, de quelque part qu'il vienne, sans qu'il ne s'en prenne au gouvernement.

C'était de plus entraver le mouvement commercial : nous l'avons dit, le commerce a besoin de liberté, de rapidité, toutes choses incompatibles avec le régime de l'autorisation préalable. Faut-il arrêter le progrès pour échapper à ses dangers?

Le projet du gouvernement ajoutait à l'article qui supprimait la commandite par actions quelques dispositions sur la société anonyme, sur le cas où les actions pourraient être au porteur, sur les répartitions de dividendes, sur la manière dont les actionnaires pourraient plaider, et sur la suppression de l'arbitrage forcé.

La commission de la Chambre des députés repoussa le remède radical proposé par le gouvernement; elle y substitua un projet en 36 articles, où elle s'efforçait de remédier aux diverses fraudes qui s'étaient révélées dans les commandites par actions. A côté de bonnes dispositions, ce projet en contenait plusieurs beaucoup trop rigoureuses : par exemple, il supprimait complétement les actions au porteur et les promesses d'actions; les apports immatériels ne pouvaient pas être représentés par des actions de moins de 5,000 fr.; le gérant devait posséder 1/10 du fonds social et ce 1/10 ne devait pas être inférieur au 1/4 de l'apport fait à la société en autres valeurs que du numéraire, etc... Enfin, le projet péchait par une minutie et une complication extrêmes.

Ces deux propositions n'eurent pas de suite : elles ne furent pas même discutées. Le projet du gouvernement avait été vivement attaqué. On peut citer notamment les remarquables articles de M. Wolowski, publiés par la revue de Législation. Cet écrivain repoussait énergiquement le système de l'autorisation préalable, et il proposait diverses mesures plus simples et plus sages que le projet de la commission.

Voici quelles étaient ses idées principales :

1° Les actionnaires, tout en ne devant jamais se mettre en rapport avec les tiers, peuvent, par leurs délibérations, régler la marche du gérant. Il faut veiller toutefois à ce que l'unité d'action ne soit pas détruite et à ce que le pouvoir de l'associé responsable ne soit pas trop diminué.

2° Après la souscription de tout le capital social, une assemblée générale est réunie : elle s'occupe de la révision des statuts, de la fixation des avantages concédés au gérant et de l'évaluation des apports.

3° Les actions attribuées au gérant comme valeur d'un apport immatériel ne peuvent donner lieu qu'au partage des bénéfices nets, et non à une part du fonds social. Elles ne sont négociables que quand la société a produit des bénéfices pendant deux années de suite.

M. Persil voulait que la mise des gérants ne pût pas être divisée en actions. M. Paillard de Villeneuve demandait qu'il y eût un rapport nécessaire entre la mise des gérants et la mise des commanditaires.

De tous ces projets officiels et privés ne sortit aucune loi. La commandite resta libre comme par le passé.

Les tribunaux correctionnels avaient prononcé quelques condamnations sévères qui avaient donné satisfaction à l'opinion ; les projets de réforme avaient paru plus nuisibles qu'utiles. M. Troplong avait, quelques années après 1838, revendiqué hautement la liberté des commandites, et sa voix avait été plus écoutée que celle de M. Delangle, qui, en 1843, demandait l'autorisation du gouvernement.

Ajoutons aussi que le public, éclairé par les scandales et les discussions, avait montré plus de défiance pour les fondateurs de commandites. L'agiotage dévoilé avait quitté cette forme de société et s'était porté du côté des chemins de fer.

En 1851, M. Mortimer Ternaux, croyant qu'il fallait profiter du moment où la spéculation ne passionnait pas les esprits pour parer à ses dangers, proposa à l'assemblée législative un projet en quelques articles pour remédier aux abus les plus graves des commandites par actions. La commission d'initiative, sans approuver toutes les mesures du projet, en proposa la prise en considération et le renvoi à une commission spéciale. Les événements interrompirent les travaux de cette commission.

En 1852, les esprits se portèrent avec une incroyable ardeur vers les opérations financières. L'immense développement donné aux travaux publics, favorisa ce mouvement. L'État, les villes, les communes, empruntèrent et inondèrent le marché de valeurs nouvelles ; de grandes choses furent faites, mais il y eut exagération. On voulait un développement de l'esprit d'entreprise, on excita l'esprit d'aventure ; on voulait un crédit soutenu par une sage spéculation, on vit paraître l'agiotage. Les capitaux détournés de leurs fonctions naturelles et nécessaires, se précipitèrent dans des entreprises stériles; la commandite par actions donna surtout lieu à de grands scandales. On vit se renouveler sur une échelle plus vaste encore toutes les fraudes dont autrefois l'opinion s'était émue. Le public actionnaire montra la même avidité et la même crédulité: les fripons n'eurent pas moins de hardiesse. Un homme qui s'appelait Christophe Colomb, formait une société au capital de cinquante millions pour marier l'Afrique avec l'Amérique, et fondre les races; la presse, vendue aux financiers, n'exerçait pas le contrôle qu'on était en droit d'attendre d'elle. La statistique fournit sur le développement de ces sociétés des chiffres effrayants. De juillet 1854 à juillet 1856, le capital des commandites par actions nouvellement créées s'élevait à 968 millions; de 1855 à 1856, il s'élevait à près de deux milliards. Pendant toute la crise de 1826 à 1838, le capital de toutes les commandites par actions ne s'était pas élevé à plus d'un milliard.

Il serait injuste, cependant, de regarder le mouvement de 1852 à 1856 comme complétement infécond. Au milieu de fautes, d'imprudences et de fraudes nombreuses, l'association avait produit d'immenses résultats; elle s'était véritablement nationalisée en France; or, rien de grand ne peut se faire dans l'industrie et le commerce sans l'association; cela est vrai surtout dans un siècle démocratique, où toutes les fortunes sont divisées.

En 1856 comme en 1838 l'opinion s'émut et le gouvernement présenta le projet qui devint, après quelques modifications, la loi du 17 juillet 1856.

Le législateur n'a pas voulu supprimer la commandite

par actions ni la soumettre à l'autorisatiou du gouvernement; il a protesté de son respect pour la liberté du commerce; il n'a pas voulu non plus modifier les principes de la commandite; il a laissé entière la prohibition faite aux actionnaires de s'immiscer dans la gestion. Son but a été plus modeste : il a recherché quelles étaient les fraudes usuelles que le droit commun ne pouvait empêcher, et il a édicté contre elles des mesures civiles ou pénales, préventives ou répressives.

Il ne faut donc pas chercher dans cette loi des principes nouveaux, de grandes vues d'ensemble; c'est une loi d'expédients et de circonstances.

Nous diviserons ainsi notre sujet : 1° constitution de la société; 2° du conseil de surveillance; 3° dispositions sur les actions; 4° sanction des dispositions précédentes; 5° autres dispositions pénales; 6° des actions judiciaires; 7° sociétés auxquelles s'applique la loi de 1856.

CHAPITRE Ier.

CONSTITUTION DE LA SOCIÉTÉ.

La loi de 1856 a soumis la constitution des sociétés à quatre conditions. Chacune de ces conditions a pour objet de prévenir un des abus qui s'étaient autrefois manifestés. Ce sont : 1° la souscription de tout le fonds social; 2° le versement du quart de chaque action souscrite; 3° une déclaration notariée du gérant; 4° l'appréciation des apports en nature et des avantages stipulés au profit des associés par l'assemblée générale.

Après avoir traité successivement de ces quatre conditions, nous nous demanderons, dans un dernier para-
graphe, quel est l'état de la société avant sa constitution
définitive.

§ 1er. *Souscription de tout le fonds social.*

La société ne peut être constituée avant la souscription
de la totalité du capital social (art. 1, 2°). Autrefois, le
gérant pouvait commencer les opérations et s'attribuer
des appointements avant la souscription complète. Nous
avons vu quels étaient les inconvénients de cette faculté.

Cette condition n'existait pas dans le projet primitif ;
la commission du Corps législatif réclama et obtint du
conseil d'Etat cette utile innovation.

Avant la loi de 1856, souvent on inscrivait dans les
statuts de la société la clause suivante : le capital social
est fixé à 1 million divisé en 2,000 actions de 500 fr.;
mais on n'en émettra d'abord que pour 500,000 fr., et
plus tard, au fur et à mesure des besoins de la société,
on émettra successivement de nouvelles séries d'actions.

Cette convention est-elle possible aujourd'hui? — La
commission, voulant empêcher les abus, avait proposé
de décider que cette nouvelle émission serait subordonnée à de certaines conditions. Le conseil d'Etat repoussa
cet amendement (*Rapport* de M. Langlais, Dall. 1856, iv
p. 108, n° 34.) Etait-ce qu'il considérait la clause comme
illicite? Rien ne révèle sa pensée ; mais nous croyons que
le texte de notre article 1, 2° ne permet pas de valider

cette clause ; car, dans l'espèce, tout le capital social n'est pas souscrit.

Peut-on convenir que le capital social est de 500,000 fr., mais qu'il sera fait de nouvelles émissions d'actions, dans le cas où les nécessités de l'entreprise l'exigeraient ? Le projet de la commission, en 1838, prévoyait le cas et exigeait que cette nouvelle émission fût autorisée en assemblée générale d'actionnaires, comprenant au moins les trois quarts du fonds social. La loi de 1856 garde le silence sur cette clause comme sur la précédente, mais elle me semble ne pas la prohiber ; car dans ce cas, le capital est souscrit en entier. Interdire cette clause, ce serait mettre souvent les associés dans l'alternative, ou de faire un emprunt, ou de dissoudre la société.

Mais il faudra, dans cette nouvelle émission, observer les règles prescrites par la loi de 1856 — et par exemple, supposons que le capital primitif était de moins de 200,000 fr., de telle sorte qu'on pouvait valablement émettre des actions de 100 fr., comme nous le verrons en expliquant l'art. 1, 1°. Si plus tard l'addition d'un nouveau capital donne un chiffre supérieur à 200,000 fr., les actions nouvellement émises ne pourront être que de 500 fr., et les anciennes seront converties en actions de 500 fr.

Si les statuts ne contenaient aucune clause sur la faculté de faire de nouvelles émissions d'actions, la majorité de l'assemblée générale n'aurait pas le droit d'imposer cette mesure à la minorité ; son pouvoir ne va pas jusqu'à changer les conditions essentielles du contrat primitif.

§ 2. — *Versement du quart du montant de chaque action.*

Telle est la seconde condition exigée pour la constitution de la société (art. 1, 2°.). On veut éloigner ainsi les souscripteurs de complaisance, sans solvabilité, au moyen desquels le gérant trompait les souscripteurs sérieux et de bonne foi.

Le projet se contentait du versement du quart du capital social; la commission exigea avec raison le versement du quart du montant de chaque action.

Il n'est pas nécessaire que la souscription et le versement soient simultanés, rien dans la loi ne l'exige; il suffit que les conditions soient remplies avant que la société ne se constitue définitivement et ne commence ses opérations. Du reste, pour éviter les retards et les poursuites, le gérant fera bien le plus souvent d'exiger que le versement soit fait en même temps que la souscription.

Comment doit être fait ce premier versement?

Il doit être sérieux, et non pas être un simple jeu d'écritures. Aussi la cour d'Aix, par arrêt du 16 mai 1860, n'a-t-elle vu qu'un versement fictif, dans le cas où le gérant a, sur les livres de la société, crédité l'actionnaire d'un versement, et l'en a débité ensuite comme s'il était retiré à titre de payement anticipé pour travail et fournitures (D., 1860, 2,118).

J'irais même plus loin : le versement, à mon avis, ne peut se faire en marchandises, en valeurs commerciales d'un recouvrement plus ou moins incertain. Le gérant ne peut pas accepter ces versements, même sous sa responsabilité : ce serait un moyen trop facile d'éluder l'article 4 de la loi de 1856, qui exige des garanties spéciales au cas d'apports faits en nature. La jurisprudence donnait même cette solution avant la loi de 1856 (cf. Dalloz, v°, *Soc.*, n° 1179).

Mais cette décision ne doit pas être exagérée. Je crois que le payement pourrait être fait en valeurs de portefeuille d'un recouvrement assuré, et qui sont une sorte de monnaie fictive, comme des billets de banque ou des coupons de rente. Ce serait évidemment forcer le sens de l'art. 4, que de l'appliquer à de semblables apports. En matière commerciale, les choses ne doivent pas être traitées avec cette rigueur; l'art. 4 n'entend par apports *ne consistant pas en numéraire* que ceux dont la valeur est incertaine et variable : ceux-là seulement doivent être préalablement soumis à la vérification et à l'appréciation de l'assemblée générale. C'est ce que décide la cour d'Agen (6 déc. 1860, D., 61, 2, 60).

Supposons un apport fait en nature, approuvé et vérifié selon les prescriptions de l'art. 4. Le versement du quart sera-t-il exigé? Sans aucun doute; notre article ne fait pas de distinction.

Le plus souvent, du reste, le versement sera fait en totalité : ce sera même nécessaire si l'apport ne consiste pas en choses divisibles.

Mais, par la force des choses, notre article ne l'applique pas aux actions dont la valeur est fournie par un apport d'industrie.

§ 3. — *Déclaration du gérant par acte notarié.*

« Cette souscription et les versements sont constatés

par une déclaration du gérant dans un acte notarié. A cette déclaration sont annexés : la liste des souscripteurs, l'état des versements faits par eux, et l'acte de société. » (Art. 1, 3° et 4°.)

Pourquoi cette déclaration? La solennité de l'acte, les conséquences graves qu'entraînerait une fraude, sont des garanties de la sincérité de la déclaration.

Les tiers intéressés pourront, en consultant cet acte authentique, s'assurer que les conditions nécessaires à l'existence de la société ont été remplies.

Cet acte a date certaine ; on peut s'assurer que ces conditions ont été accomplies avant la constitution de la société.

Toutefois, si l'on s'était contenté de cette déclaration, les fraudes auraient encore été possibles, car on aurait pu donner aux souscriptions ou aux versements faits après la déclaration une date antérieure ; c'est pour cela qu'on exige que la liste des souscripteurs et l'état des versements soient annexés à la déclaration. L'énumération des souscripteurs a encore un autre avantage : c'est un document important en cas de poursuite des premiers souscripteurs pour défaut de payement des actions.

Pourquoi annexe-t-on aussi l'acte de société? Le Code de commerce se contentait, pour la commandite, d'un acte sous seing privé et de la publication par extrait de cet acte. Cette publication suffit pour les tiers qui doivent traiter avec la société ; elle leur apprend tout ce qu'ils ont intérêt à savoir ; mais, dans la commandite par actions, il y a une autre classe d'intéressés : ce sont les cessionnaires futurs d'actions ; ils ont donc intérêt à connaître non-seulement les énonciations de l'extrait,

mais aussi toutes les clauses et conditions de l'acte
de société. On atteint ce but par l'authenticité de l'acte.
Il peut ainsi être consulté par tous les intéressés, et il
est à l'abri de toutes les modifications frauduleuses
qu'on pourrait lui faire subir. Toutefois, on n'exige pas
que l'acte soit authenthique dès l'origine; on ne sait pas
si la société pourra être définitivement constituée ; dès
lors, pourquoi faire des frais qui seront peut-être inutiles ?

Le projet du conseil d'État exigeait que la *réalisation*
des conditions fût constatée par acte notarié. Cette rédaction tendait à faire croire que le notaire serait obligé,
sous sa propre responsabilité, de rechercher si les conditions avaient été réellement remplies. Ces recherches
auraient été le plus souvent très-difficiles; aussi la commission a-t-elle proposé la rédaction définitive, qui ne
donne au notaire que la mission de constater la déclaration du gérant.

Certains auteurs semblent croire que la déclaration
notariée serait inutile, si l'acte de société avait été, dès
l'origine, rédigé sous la forme authentique. C'est une
erreur; nous avons vu plus haut quel était le but de
cette déclaration : il n'est pas atteint par l'authenticité
de l'acte de société. Cependant, je crois que dans ce cas
il serait inutile d'annexer à la déclaration l'acte de société (1).

---

(1) Dalloz (V° *Soc.*, n° 1186) me semble avoir prêté à M. Bravard (l. du
1856, p. 22) une opinion qui n'est pas la sienne.

§ 4. — *Appréciation des apports en nature et approbation des avantages.*

Nous avons vu quels abus s'étaient introduits dans les commandites par actions, à propos des apports en nature faits par les fondateurs, et des avantages qu'ils stipulaient en leur faveur. Le législateur voulait remédier à ce mal ; comment obtenir ce résultat ?

Le projet du gouvernement ne s'occupait que des apports, et non des avantages particuliers stipulés au profit des fondateurs : il accordait à tout intéressé, dans le cas où un apport serait d'une valeur réelle, inférieure de plus de moitié à celle pour laquelle il avait été mis dans la société, le droit de demander pendant deux ans la réparation du dommage causé par cette exagération.

La commission du Corps législatif repoussa ce système ; l'absence de consentement des parties, fût-elle admise, donnerait lieu à une action en rescision, et non pas à une action en dommages et intérêts. La commission ajoutait que l'action en rescision pour lésion était dans notre droit tout à fait exceptionnelle, et que jamais elle n'avait été appliquée aux meubles, parce que l'estimation en était trop difficile. Comment, longtemps après la formation de la société, les juges pourraient-ils apprécier la valeur d'un apport consistant dans un brevet, une idée nouvelle ? Ne serait-ce pas donner naissance à des procès nombreux et difficiles, et permettre à un associé de mauvaise foi d'entraver la marche des sociétés les plus régulières ?

La commission, après avoir repoussé diverses propositions faites par des députés, proposa au Conseil d'État un système tout différent : Elle substituait une mesure préventive à une mesure répressive, et étendait les précautions prises au cas où il s'agissait d'avantages particuliers stipulés au profit des associés. Voici le texte de l'article 4 de notre loi : « Lorsqu'un associé fait, dans une société en commandite par actions, un apport qui ne consiste pas en numéraire, ou stipule à son profit des avantages particuliers, l'assemblée générale des actionnaires en fait vérifier et apprécier la valeur. La société n'est définitivement constituée qu'après approbation dans une réunion ultérieure de l'assemblée générale ; les délibérations sont prises par la majorité des actionnaires présents. Cette majorité doit comprendre le quart des actionnaires, et représenter le quart du capital social en numéraire. Les associés qui ont fait l'apport ou stipulé les avantages soumis à l'appréciation de l'assemblée, n'ont pas voix délibérative. »

Le premier projet de la commission fixait la manière dont l'appréciation et l'approbation seraient faites. La première assemblée devrait nommer une commission de contrôle, etc.... Mais le Conseil d'État repoussa cette proposition et n'admit, sur les vives instances de la commission, que la rédaction définitive de l'article 4 (cf. Dall., *loc. cit.*, *Expos. des motifs*, n° 13 ; *Rapport*, n° 39).

Voici donc une quatrième condition exigée pour la constitution de la société.

Remarquons que notre art. 4 prévoit tous les apports qui ne consistent pas en numéraire. Nous avons vu comment la jurisprudence entendait ces mots (cf. Agen, 6 décembre 1860, p. 209).

Cet article s'applique aux apports en nature faits par un associé quelconque, fondateur ou non. L'article parle aussi de tous les avantages stipulés au profit de l'un des associés, quelles que soient la nature et la forme de ces avantages.

Comment faut-il procéder? Le gérant convoque l'assemblée générale.

Celle-ci ne vérifie pas par elle-même, mais, selon les termes de la loi, *fait* vérifier et apprécier. Par quels moyens? C'est laissé à la volonté des actionnaires qui, suivant les circonstances, emploient tel ou tel mode de contrôle. Par exemple, l'assemblée nomme une commission, ou charge des hommes spéciaux de lui faire un rapport.

Après cette première assemblée, il en faut une seconde pour statuer définitivement; aussi l'article 4 parle-t-il de *réunion ultérieure.*

Il faut nécessairement deux assemblées; la loi est formelle; c'est d'ailleurs une garantie que le contrôle sera exercé en connaissance de cause.

Dans le silence de la loi, le gérant convoque les associés par le mode qu'il préfère : le plus souvent il fait faire des insertions dans les journaux; mais tous les associés doivent être convoqués : autrement, ce ne serait pas, comme l'art. 4 le veut, une assemblée générale des actionnaires, et la société serait nulle.

Dans ces assemblées, la délibération est soumise à des règles toutes spéciales : c'est la majorité des associés présents qui décide; mais elle doit comprendre le quart des actionnaires et représenter le quart du capital social en numéraire. On veut ainsi tout concilier; le nombre ne doit pas l'emporter sur l'intérêt, ni l'intérêt sur le nombre. On veut aussi éviter que la majorité des associés, d'accord avec le gérant, ne profite de l'éloignement ou de la négligence des autres associés pour approuver des évaluations ou des avantages exagérés. L'unanimité des membres présents ne suffit donc pas, si elle ne comprend pas le quart des associés et le quart du capital social. Sont exclues du vote les parties intéressées, c'est-à-dire les actionnaires qui ont fait l'apport, ou pour lesquels ont été stipulés les avantages.

La loi dit la majorité des actionnaires *présents*, cela signifie que l'on n'exige pas la majorité de tous les actionnaires présents et absents; mais dire, comme le faisait M. Bravard (L. de 1856, p. 35), que ce mot *présents* s'oppose à ce que les associés soient représentés par des mandataires, c'est aller au delà de la pensée du législateur. Dans la discussion au Corps législatif, on a dit sans soulever de contradiction que les fondés de pouvoir seraient admis dans cette assemblée.

Nous verrons plus loin qu'avant la constitution de la société, l'action est cessible par les voies du droit civil; mais alors peut se présenter une fraude que M. de Chausseloup-Laubat avait signalée dans la discussion. Un souscripteur important, pour avoir plus de voix à sa disposition, distribuera ses actions par de nombreuses cessions, à des personnes dévouées. Le rapporteur éluda la question posée par M. de Chasseloup, et se contenta de répondre que la négociation commerciale des actions n'était pas possible, et que la transmission ne pouvait se faire que par les voies lentes du droit civil. M. Duvergier (1856, p. 340) croit cependant que le danger signalé par M. de Chasseloup n'est pas à craindre. Il n'admet pas la validité de la transmission civile (nous réfuterons plus tard cette opinion), et il ajoute subsidiairement que la transmission, fût-elle valable, ne donne pas une voix délibérative à chaque actionnaire ; car, dit-il, le droit de tout souscripteur ne peut être cédé que tel qu'il est, c'est-à-dire ne donnant qu'une seule voix. Le sys,ème ne me paraît pas admissible : il ne me semble pas d'accord avec la réponse faite par le rapporteur à M. de Chasseloup. La loi donne le droit de voter, non à tout souscripteur, mais à tout actionnaire, sans distinguer s'il est actionnaire de première ou de seconde main.

Les règles spéciales établies par l'art. 4 pour la détermination de la majorité ne s'appliquent qu'aux cas spécialement prévus par cet article ; cela a été reconnu dans la discussion. Pour les autres assemblées générales, on suit les règles fixées par les statuts ; et, à défaut de clauses spéciales, on applique le droit commun, c'està-dire on exige la majorité en nombre des actionnaires présents.

Mais notre art. 4 s'applique alors même que le contrat de société a posé d'autres règles pour les délibérations des assemblées générales ; autrement, le but de la loi ne serait pas atteint. L'art. 4 est fondé sur ce que les adhésions isolées et successives à l'acte de société ne constituent pas un consentement sérieux et réel ; pour éviter ce danger, il édicte certaines garanties ; et l'associé, par ces adhésions isolées pourrait renoncer à ces garanties elles-mêmes ! D'ailleurs, le contrat de société ne peut produire son effet que quand la société est constituée. Elle ne l'est pas dans notre cas.

Que peut faire l'assemblée ? Elle peut approuver les évaluations d'apport et les avantages stipulés.

Mais, s'ils sont exagérés, la majorité de l'assemblée peut-elle consentir la diminution proposée par le gérant? Le texte de l'art. 4 ne prévoit pas le cas, et il semble ne donner à la majorité que le droit d'approuver ou de rejeter. Aussi MM. Vavasseur (n° 24) et Dalloz (n° 1191) croient-ils que la majorité ne peut imposer à la minorité le maintien de la société avec une diminution dans l'évaluation des apports, ou dans les avantages stipulés : il y aurait là une modification des conditions primitives du contrat. Or, pour opérer une semblable modification, il faudrait l'unanimité des associés. M. Vavasseur invoque à l'appui de son opinion le texte primitif de l'amendement proposé par la commission, qui contenait les mots: « l'assemblée *approuve* ou *rejette* l'apport...» Ce système, bizarre dans ses conséquences, ne me semble pas découler nécessairement du texte de l'art. 4. La majorité a le droit d'approuver une évaluation exagérée ; comment n'aurait-elle pas celui d'imposer à la minorité une évaluation plus sage et plus modérée? N'est-ce pas une suite naturelle de son droit d'appréciation?

D'après les principes, dit-on, la majorité n'a pas ce pouvoir. Je ne le nie pas ; mais l'art. 4 n'est-il pas une exception à ces principes? La majorité ne pourrait pas plus en droit commun repousser l'évaluation que la diminuer ; toute la question est de savoir si le droit de diminuer l'évaluation est une conséquence logique, raisonnable, des droits établis par l'art. 4.

Si l'assemblée repousse absolument l'évaluation ou les avantages stipulés, et que le gérant ne veuille pas consentir à une diminution, la société ne peut se constituer: on doit rendre aux souscripteurs leur signature et le montant des versements qu'ils ont faits.

Si, par la négligence ou l'abstention des actionnaires, l'assemblée ne se complète pas de façon que la majorité comprenne le quart des associés et du capital en numéraire, il peut y avoir lieu à une nouvelle convocation. Si elle ne réussit pas, la société ne peut pas se constituer, et les associés reprennent leurs signatures et leurs versements.

L'approbation donnée par l'assemblée générale n'empêchera pas les actionnaires d'attaquer la clause du contrat de société s'il y a eu dol, violence, ou erreur, donnant lieu, d'après le droit commun, à une action en nullité.

A qui incombe l'obligation de faire exécuter l'art. 4 ? En premier lieu au gérant; mais les actionnaires qui ont fait les apports en nature, ou au profit desquels les avantages ont été stipulés, pourront être, dans certains cas, regardés comme complices du gérant. Le tribunal de commerce de Marseille dans son jugement du 6 juillet 1860, et la Cour d'Aix dans son arrêt du 13 août 1860, ont fait application de ce principe, et décidé que les actionnaires qui avaient stipulé dans leur bulletin de souscription qu'ils ne payeraient qu'en nature, mais qui ont négligé de faire vérifier leur apport, seront, sur la poursuite des créanciers de la société, obligés de verser en espèces le montant de leur souscription (1). (cf. Dalloz, 1860, 2, 223).

---

(1) La cour d'Aix disait : « ... Considérant que si la vérification et l'approbation des apports en nature... doivent être faits par l'assemblée générale, il

Le système de l'art. 4 est fondé sur une idée juste ; l'adhésion isolée, irréfléchie que donne chaque souscripteur par le fait même de la souscription, aux apports en nature évalués dans l'acte de société et aux avantages particuliers que les fondateurs ont stipulés, ne constitue pas un consentement sérieux et éclairé : il faut donc que ce consentement soit en quelque sorte revisé en assemblée générale ; qu'un débat contradictoire et un contrôle réel éclairent les esprits. Mais le système, bon en théorie, présente des inconvénients pratiques : il est difficile de convoquer les associés et de les réunir en nombre suffisant. La nécessité d'une double assemblée entraine des lenteurs préjudiciables et décourageantes. Enfin, le gérant qui apporte dans la société un secret d'art ou de métier, une découverte nouvelle, se voit obligé de la divulguer. Qui lui assure que les actionnaires ne briseront pas la société pour abuser de la confidence qui leur a été faite ?

§ 5. — *État de la société avant sa constitution définitive.*

Voici donc les quatre conditions exigées pour la constitution d'une société. Jusque-là, il n'y a qu'un état provisoire.

Dans cet état, les actions ne sont pas négociables par la voie commerciale ; car le versement des deux cin-

---

ressort de l'ensemble et de l'esprit de la loi, qu'elles doivent être proposées par le gérant, surveillées, provoquées même au besoin par les souscripteurs en nature... ; considérant que la non vérification des apports a contribué aux pertes de la société... ; qu'elle a nui aux droits des tiers qui avaient foi au capital social annoncé... »

quièmes n'a pas été opéré (art. 3, 2°). Mais peuvent-elles être transmises par la voie civile? M. Duvergier (1856, p. 340) ne le croit pas, parce qu'il n'y a pas vraiment de société. Cette doctrine n'est pas exacte; on peut céder un droit conditionnel. D'ailleurs, dans la discussion, le rapporteur, répondant à une observation de M. de Chasseloup dont j'ai parlé plus haut, a reconnu formellement que la cession par les voies du droit civil était possible.

Aux termes de l'art. 42 (C. com.) les sociétés en commandite doivent être publiées, et à cet effet un extrait de l'acte doit être remis, *dans la quinzaine de sa date*, au greffe du tribunal de commerce; dans la même quinzaine, l'extrait doit être inséré dans un ou plusieurs journaux; enfin, un exemplaire du journal qui contient l'insertion doit être enregistré dans les trois mois de sa date.

Qu'entendre par ces mots: *date de l'acte de société*, depuis la loi de 1856? Est-ce la date de l'écrit ; est-ce celle de la constitution de la société; c'est-à-dire la publication doit-elle être faite dans la quinzaine après la seconde assemblée générale?

Là cour d'Agen (arrêt du 10 mars 1858; D., 58, 2, 116) a décidé que le délai courrait de la date de l'écrit : son principal argument est que la loi 1856 ne s'occupant pas de la publicité, n'a pas pu déroger à l'art. 42 (C. com.).

Je ne crois pas ce système exact ; l'art. 42 est toujours en vigueur. Mais que dit-il? Le point de départ du délai de quinzaine est-il l'écrit matériel fixant les conditions de la société ? Non; dans la pensée du législateur, c'est le moment où la société commence, où elle prend naissance. Car quel est le but principal de la publication? C'est d'annoncer aux tiers l'existence de la société. Comment le faire, si cette société n'est pas encore née? Donc si elle ne commence que quelque temps après l'écrit, non-seulement le délai de quinzaine ne court que du jour où la société existe, mais la publication faite antérieurement ne serait pas valable, car elle ne remplirait pas le but de la loi. Cette interprétation de l'art. 42 a été consacrée par un arrêt de cassation du 4 août 1847 (D., 47, 1, 309).

Faisons l'application de ces principes à notre hypothèse. N'est-il pas évident que jusqu'à sa constitution définitive la société n'existe pas? Jusque-là il n'y a qu'un appel de fonds, un projet, des obligations contractées sous la condition que la société sera constituée. Cette idée n'est-elle pas confirmée par l'arrêt de cassation du 8 février 1861, dont nous aurons plus tard l'occasion de reparler (Dev., 61; 1, 668). Dès lors, le délai ne court que du jour de la constitution; et même, allant plus loin que M. Demangeat, je serais disposé à regarder comme inefficace toute publication faite auparavant (cf. Brav. et Dem., I, p. 291).

Avant la constitution de la société, le gérant ne peut donc pas commencer les opérations : il ne peut pas émettre les actions; nous verrons la sanction pénale dans l'art. 11.

La société, une fois constituée, n'a pas pour cela toute sa liberté d'allure. Nous verrons d'abord qu'elle ne peut commencer ses opérations avant d'avoir établi un conseil de surveillance.

Nous verrons aussi que les actions ne sont négociables qu'après le versement des deux cinquièmes du capital et qu'elles ne pourront être au porteur que quand elles seront complétement libérées.

CHAPITRE II.

DU CONSEIL DE SURVEILLANCE.

Nous avons vu dans notre Introduction que presque tous les abus qui s'étaient manifestés dans la commandite par actions avaient pour cause l'omnipotence du gégérant. Le législateur de 1856 n'a pas osé diminuer ce pouvoir, ni donner aux actionnaires, comme le demandaient plusieurs amendements, un droit plus ou moins étendu dans la gestion : il lui semblait que la gérance était la conséquence de la responsabilité, et l'abstention celle de l'irresponsabilité.

Mais, tout en respectant le principe de la commandite, la loi nouvelle a voulu rendre la surveillance plus sérieuse et plus efficace. Sans doute déjà l'usage des conseils de surveillance s'était introduit: mais nous avons dit comment eux-mêmes étaient devenus un instrument de fraude entre les mains du gérant.

Notre loi d'abord transforme en obligation ce qui n'était qu'une habitude: immédiatement après la constitution et avant toute opération sociale, on doit instituer un conseil de surveillance (art. 5, 1°).

Pour échapper aux abus qui existaient avant 1856, 1° la loi a édicté certaines garanties pour la nomination et la composition du conseil de surveillance; 2° elle a rassuré les conseils contre les conséquences d'une immixtion, en précisant ce qu'ils pouvaient et devaient faire ; 3° elle a établi pour les obligations du conseil des sanctions civiles et pénales rigoureuses.

Les parties ne peuvent pas, par des conventions particulières, convenir qu'il n'y aura pas de conseil de surveillance, ou que ce conseil sera soumis à des devoirs ou une responsabilité moins graves (cf. Seine, 18 octob. 1858, D. 59, 3, 23).

Nous diviserons ainsi notre chapitre : § 1, nomination des conseils de surveillance ; § 2, leurs attributions. Quant à la sanction de ces dispositions, nous l'étudierons au chapitre IV.

§ 1.—*Nomination des conseils de surveillance.*

I. Quand sera faite cette nomination ? Immédiatement après la constitution définitive de la société, et avant toute opération sociale (art. 5, 1°). Ce n'est donc pas une condition de la constitution de la société ; mais c'est une condition requise pour qu'elle puisse agir. Cette nomination ne doit se faire qu'une fois la société constituée, afin que les noms des membres du conseil ne servent pas à attirer des souscriptions.

II. Comment se fera cette nomination? Elle sera faite par l'assemblée générale des actionnaires; ou bien, il y aura une troisième réunion après les deux assemblées nécessaires pour la vérification des apports : ou bien, en convoquant la seconde de ces deux assemblées, le gérant avertira les actionnaires qu'immédiatement après la constitution de la société, on nommera les membres du conseil de surveillance. C'est au gérant qu'il appartient de convoquer l'assemblée pour procéder à cette nomination (cf. art. 11); mais, s'il néglige de le faire, les actionnaires pourront-ils demander à la justice l'autorisation de faire cette convocation? Le projet de la commission, en 1838, le permettait expressément. Malgré le silence de la loi de 1856, la doctrine accorde ce droit aux actionnaires (Duvergier, p. 342; Rivière, n° 66).

Les règles spéciales sur la majorité édictées par l'article 4 ne s'appliquent pas ici.

III. Quelle sera la composition du conseil? Tous les membres doivent être actionnaires : leur intérêt dans la société est une garantie de leur diligence. Celui des membres qui, après avoir été nommé, cesse d'être-actionnaire, doit être remplacé. Certains amendements demandaient qu'on fixât le chiffre des actions que chaque membre devrait posséder; ils furent repoussés (cf. Dall., *loc. cit., Rapport*, n° 40).

Si un individu étranger à une société était nommé membre du conseil de surveillance et acceptait cette fonction, ce serait de sa part une souscription tacite pour une action au moins; et si les statuts exigeaient que les membres du conseil de surveillance possédassent un nombre d'actions déterminé, cet individu serait considéré comme souscrivant pour ce nombre d'actions (Paris, 16 avril 1861; Dall. 61, 2, 122; Demangeat, Bravard, I, p. 289).

Le conseil doit comprendre cinq membres. Les amendements qui n'exigeaient que trois membres furent repoussés. Que faire cependant, si la société a moins de cinq actionnaires? M. Rivière (n° 62) en conclut que la société est nulle ; mais non, la loi n'a pas voulu l'impossible ; quelle raison aurait-elle eue de proscrire ces sociétés peu nombreuses ? Dans ce cas, tous les actionnaires seront de droit membres du conseil de surveillance (cf. Marseille, 1er avril 1857, et Aix, 18 nov. 1857; D., 58, 2, 128).

Si dans le cours de la société, par suite de circonstances quelconques, le conseil est réduit à cinq membres, le gérant devra se hâter de convoquer l'assemblée générale pour compléter le conseil. Autrement, la société pourrait être annulée, car les conditions exigées par l'article 5 ne seraient pas remplies ; mais pendant le délai nécessaire pour procéder aux nominations, le gérant devra-t-il suspendre les opérations ? L'art. 5 semble exiger qu'aucune opération ne soit faite en l'absence d'un conseil de surveillance de cinq membres. Cependant les auteurs, en général, ne sont pas si exigeants. M. Bédarride (*App.* n° 80) dit avec raison que s'il fallait suspendre les opérations, le remède serait pire que le mal.

Du reste, pour éviter ces difficultés, les actionnaires feront bien de nommer plus de cinq membres, afin que, malgré la survenance de démissions et de décès, le conseil puisse toujours fonctionner en nombre légal.

IV. Quand se fera la réélection du conseil de surveillance (art. 5, 3°)? Le premier conseil n'est nommé que pour un an: cette disposition qui résulte d'un amendement de la commission se justifie facilement; à l'origine de la société, les actionnaires ne connaissent pas leur mérite réciproque.

Les autres conseils sont nommés pour cinq ans. La réélection des mêmes personnes est possible ; le terme de cinq ans est un maximum, on peut convenir d'un délai plus rapproché.

L'assemblée générale des actionnaires pourra, même avant le délai fixé, destituer les membres du conseil : c'est l'application des principes généraux du mandat. L'esprit de la loi est que le conseil doit toujours avoir la confiance de la majorité ; n'est-ce pas pour ce motif que le premier conseil doit être renouvelé au bout d'un an (cf. Bédar., *App.*, n° 82) ?

§ 2. — *Attributions du conseil de surveillance.*

La loi n'a pas voulu sur ce point innover : elle a voulu simplement fixer ce qui était indécis, établir ce que pouvait faire le conseil de surveillance sans qu'il y eût immixtion, et déterminer quels étaient ses devoirs. Nous verrons plus tard si la loi a limité la responsabilité des conseils aux faits spécialement prévus par la loi.

Les membres du conseil de surveillance peuvent-ils se faire remplacer par un mandataire ? Non. Ce qui a déterminé la nomination de certains actionnaires, c'est leur position et leur capacité personnelles ; il y a là comme une clause tacite excluant pour le mandataire le droit de se substituer un tiers ; cela, du reste, a été dit dans la discussion, et consacré législativement dans la loi du 15 juillet 1845 sur le chemin de fer de Paris à la Belgique.

Enumérons successivement les diverses attributions du conseil, consacrées par la loi de 1856.

I. — Les membres du conseil devront s'assurer que les formalités prescrites pour la constitution de la société ont été remplies (arg. de l'art. 7). Ils doivent avant tout exiger du gérant la justification que sur tous ces points il s'est conformé à la loi.

II. — Ils vérifient les livres, la caisse, le portefeuille et les valeurs de la société (art. 8, 1°). Ils voient s'il y a accord entre les livres et la caisse, et si les valeurs en portefeuille ne sont pas mauvaises et seulement apparentes.

III. — Ils peuvent convoquer l'assemblée générale (art. 9, 1°) dans tous les cas où il y a des mesures à prendre, par exemple, pour la répression des malversations commises par le gérant. Les cas de convocation sont ordinairement prévus par les statuts; mais ils ne lient pas le conseil, qui peut réunir les actionnaires quand il le juge nécessaire.

Il y aura lieu, par exemple, à convoquer l'assemblée quand il s'agira de révoquer le gérant. En principe, les gérants sont irrévocables, car leur nomination est une des conditions du contrat de société. Toutefois, la jurisprudence a admis avec raison, bien que cette décision ait été contestée, que l'on pouvait convenir que les gérants seraient révocables par l'assemblée des actionnaires. Ces derniers, en exécutant cette clause, ne s'immiscent pas dans la gérance (cf. Paris, 11 nov. 1848; D., 49, 2, 242; Paris, 5 juillet 1859; Cass., 9 mai 1860; D., 60, 1 279). Mais la Cour de Paris a été trop loin dans les considérants de son arrêt du 5 juillet 1859 : se fondant sur ce que depuis la loi de 1856 la commandite par actions s'est rapprochée en beaucoup de points de la société anonyme, et que cela est vrai surtout en ce qui concerne la situation du gérant, elle semble décider que le gérant pourra se retirer quand il voudra, et les actionnaires le révoquer à leur gré, alors même que les statuts ne contiendront aucune clause spéciale.

C'est donner à la loi de 1856 une portée qu'elle n'a pas; car il apparaît par tous les travaux préparatoires que le législateur n'a pas voulu toucher au principe fondamental de la commandite, ni soumettre l'élément personnel à l'élément réel.

IV. — Le conseil de surveillance peut provoquer la dissolution de la société (art. 9, 2°); il n'a que le droit de convoquer l'assemblée générale et de lui soumettre la question ; il n'a pas le droit d'introduire en justice, de son propre chef, une action en dissolution. Un tel pouvoir ne serait pas en harmonie avec sa mission, qui est seulement de surveiller et d'avertir.

L'assemblée délibère. Elle n'a pas le droit de dissoudre elle-même la société (1), mais elle nomme, en vertu de l'article 14 de notre loi, des commissaires qui poursuivent en justice la dissolution.

Supposons que la majorité refuse de poursuivre la dissolution ; cette décision doit-elle lier la minorité et l'empêcher de demander aux tribunaux cette dissolution? L'actionnaire, en sa seule qualité d'associé, a-t-il le droit de s'adresser à la justice? L'article 1871, Cod. Nap., semble lui donner ce pouvoir, et nous ne voyons pas qu'aucun texte du Code de commerce y ait fait dérogation. Mais en est-il de même aujourd'hui? L'article 9 n'a-t-il pas modifié l'article 1871? Ne résulte-t-il pas implicitement de

---

(1) Le projet de 1838 donnait à l'assemblée le droit de prononcer elle-même la dissolution.

son texte que désormais tout actionnaire qui voudra demander la dissolution de la société pour un des *justes motifs* de l'article 1871, ne pourra qu'appeler sur ce point l'attention du conseil. Le conseil alors convoquera les associés s'il le juge convenable, et l'assemblée décidera, à la majorité des voix, s'il y a lieu d'agir en justice. S'il en était autrement, on ne comprendrait pas ce droit spécialement accordé au conseil, de provoquer la dissolution.

V. — « Le conseil de surveillance fait chaque année un rapport à l'assemblée générale sur les inventaires et sur les propositions de dividendes faites par le gérant » (art. 8, 2°).

A l'assemblée annuelle, le conseil doit donc faire un rapport dans lequel il consigne tout ce qu'il croit utile de porter à la connaissance des associés; surtout, il y doit apprécier les inventaires et les propositions de dividende. On veut empêcher ces distributions de dividendes fictifs qui avaient autrefois donné lieu à de si grands abus. Le conseil donne son avis après avoir examiné la conduite du gérant. Voilà à quoi se bornent ses pouvoirs. Le projet du gouvernement parlait de *contrôler* les inventaires et de *s'opposer* à la distribution des dividendes fictifs. La commission trouva les termes équivoques : ils semblaient donner au conseil un droit d'intervention active; aussi proposa-t-elle la rédaction actuelle, qui ne peut laisser subsister aucun doute.

Le rapport émane de la majorité; mais la minorité peut, pour dégager sa responsabilité, faire consigner son opinion dans le rapport.

CHAPITRE III.

DISPOSITIONS SUR LES ACTIONS.

On ne peut émettre ou négocier d'actions qu'après la constitution de la société (cf. art. 11).

Quand la société n'est pas constituée, le gérant peut faire un appel de fonds ; il peut donner contre le versement des capitaux un récépissé provisoire. Mais ce n'est pas une action ; ce récépissé n'est pas soumis aux règles que nous allons exposer. Ainsi, il peut être au porteur, alors même que tout le capital n'est pas versé (cf. Cass. 8., févr. 1861 ; Dev., 61, 1, 668).

La loi établit diverses règles sur le taux, la forme des actions, les obligations et les droits des actionnaires. Elle veut empêcher qu'on n'exploite les petites bourses, arrêter la spéculation, et s'assurer que tous les souscripteurs seront sérieux, toujours à l'effet de prévenir les abus qui s'étaient manifestés.

Nous diviserons ainsi notre chapitre : 1° taux des actions ; 2° leur forme ; 3° leur négociabilité ; 4° responsabilité des souscripteurs.

§ 1. — *Taux des actions.*

Nous avons vu comment le gérant, en abaissant le taux des actions, faisait appel aux souscripteurs sans lumière et sans expérience, et détournait vers la spéculation l'épargne des gens sans fortune. Le mal était grave : on avait vu émettre des actions de 5 francs! aussi l'article 1 1°, décide-t-il : « Les sociétés en commandite ne peuvent diviser leur capital en actions ou en coupons d'actions de moins de cent francs, lorsque ce capital n'excède pas deux cent mille francs, et de moins de cinq cents francs lorsqu'il est supérieur. » Quelques personnes croient que la loi est trop restrictive, et qu'elle aurait dû porter plus haut le capital des sociétés pouvant émettre des actions de cent francs (cf. M. Kœnigswarter dans la discussion; M. Bravard, p. 19).

Les actions peuvent être fractionnées en coupons d'actions, pourvu que ceux-ci remplissent les conditions de l'article.

§ 2. — *Forme des actions.*

L'action peut revêtir trois formes distinctes : elle peut être *nominative*; elle fait alors connaître le nom du titulaire et se transmet par une déclaration de transfert inscrite sur les registres de la société et signée du propriétaire ou de son fondé de pouvoir.

Elle peut être *au porteur :* le nom du titulaire est remplacé par ces mots : au porteur; elle est cédée par la simple tradition du titre comme une pièce de monnaie.

Elle peut être à *ordre ;* le nom du titulaire est suivi de ces mots : ou à son ordre; elle se transmet par endossement.

La forme au porteur est la plus usitée ; c'est elle qui attire le plus les capitaux. Elle convient aux personnes qui veulent pouvoir réaliser leurs fonds sans frais, ni lenteur, et à celles qui, tout en se mêlant aux affaires, veulent rester inconnues.

Les avantages mêmes de cette forme constituent ses dangers. Les propriétaires inconnus de ces actions n'ont pas même, pour les empêcher de prendre part à des affaires véreuses, la crainte d'une responsabilité morale. Cette forme appelle dans les sociétés les spéculateurs dangereux, qui n'y entrent que pour en sortir ; elle favorise l'agiotage.

Dès longtemps ces inconvénients avaient été constatés ; nous avons vu que, sous l'empire du Code, on avait voulu contester la légitimité des actions au porteur dans la commandite ; mais la jurisprudence avait repoussé cette prétention. Le projet de 1838 supprimait cette forme d'action. En 1856, quelques députés firent la même proposition ; mais la loi se contenta de décider que les actions seraient nominatives jusqu'à leur entière libération (art. 2). On pensait ainsi assurer à la société des souscripteurs sérieux et ne pas entraver le mouvement commercial ; on évitait ces sociétés stériles où le seul commerce était le commerce des actions. On avait remarqué d'ailleurs que l'agiotage était surtout à craindre au commencement de la société.

Notre disposition était d'ailleurs le corollaire nécessaire de la responsabilité du souscripteur ; celle-ci n'aurait été qu'illusoire sans l'interdiction de la forme au porteur jusqu'à la libération des actions.

Pour que les actions puissent être au porteur, il ne suffît pas que celles auxquelles il s'agit de donner cette forme soient libérées ; il faut que toutes le soient. Le texte de l'art. 2 pourrait être équivoque ; mais c'est la pensée du législateur, telle qu'elle résulte du rapport (Dall., *loc. cit.* n° 35).

Les actions à ordre sont possibles, dès l'origine de la société, car ce sont des actions nominatives.

§ 3. — *Négociabilité des actions.*

On veut détourner les souscripteurs qui n'entrent dans la société que pour spéculer sur le titre et négocier immédiatement la promesse d'action. La loi, pour atteindre ce but, n'a pas craint d'entraver la négociation elle-même. Plusieurs auteurs croient qu'elle est allée trop loin (cf. Brav., Demang., I, p. 294).

La loi décide que les actions ne seront négociables qu'après le versement des deux cinquièmes (art. 3, 2°). Déjà, pour constituer la société, il a fallu verser le quart.

La loi exige le versement des deux cinquièmes de toutes les actions, et non pas seulement de l'action qu'il s'agit de négocier. Cette décision est conforme au sens naturel de notre texte et à l'esprit général de notre loi (cf. la décision analogue que nous avons donnée dans le § 2).

Avant le versement prescrit, les actions ne sont pas négociables, c'est-à-dire cessibles par la forme rapide de la voie commerciale, transfert sur les registres, remise du titre, endossement ; mais elles sont transmissibles par les modes du droit civil, succession, testament, donation, transport signifié ou accepté ; s'il n'était pas transmissible, le titre ne serait pas une action. Sur ce point, du reste, l'exposé des motifs et le rapport sont aussi formels que possible. (cf. Dall., *loc. cit.*, n°s 8 et 36).

La négociation commerciale, faite au mépris de l'article 3, ne vaudrait rien au regard des tiers intéressés, par exemple des créanciers du cédant ; mais elle obligerait, je crois, le cédant et le cessionnaire (Bédarr., n° 54).

Nous verrons, en expliquant l'art. 12, la sanction pénale de notre disposition.

§ 4. — *Responsabilité du souscripteur*.

Tant que le capital souscrit n'a pas été payé en entier, le titre n'est qu'une promesse d'actions ; mais il est négociable, pourvu que les deux cinquièmes aient été versés. Le souscripteur qui a transmis son titre sera-t-il responsable vis-à-vis de la société de la portion de capital qui reste due ?

Qu'aurait-on dû décider, d'après les principes, avant la loi de 1856 ? S'il fallait en croire l'exposé des motifs de cette loi et les paroles de M. de Vuillefroy dans la discussion, le souscripteur était responsable. Cette opinion était en effet soutenue par de graves autorités (cf. Tropl., n° 177 ; Delangle, n° 450 ; Lyon, 9 avr. 1856 ; D., 56, 2, 198). Cependant le système contraire avait aussi de nombreux partisans (cf. Pardessus, 1043, 2° ; Bravard, L. de 1856, p. 23 ; Paris, 22 mai 1852 ; D., 55, 2, 265). Il importe de nous prononcer dans cette controverse : la solution que nous lui donnerons nous guidera dans l'interprétation de la loi de 1856. Je crois que le souscripteur n'était pas responsable. La négociation d'une action n'est pas une cession ordinaire, c'est une substitution d'associé. L'art. 1861, nous dit que cette substitution peut se faire avec le consentement des coassociés ; or, dans notre cas, la division en actions n'emporte-t-elle pas virtuellement le consentement anticipé de la société à toutes les cessions qui seront faites ? Dès lors le cessionnaire prend la place du cédant, succède à ses droits, mais aussi à ses obligations ; il est véritablement un successeur *in universum jus :* au point de vue de la société, il remplace entièrement l'ancien associé.

Mais, remarquons-le, cette solution, conforme aux principes, pouvait présenter quelques inconvénients. Le souscripteur, mis à l'abri de toute poursuite par la négociation, s'inquiétera peu de la position et de la solvabilité de son cessionnaire : il traitera donc avec le premier venu qui pourra lui payer actuellement la prime attachée aux titres cédés.

Le législateur de 1856 a craint ce danger, et toujours préoccupé de l'idée d'empêcher la spéculation à l'origine des sociétés, et de leur assurer des actionnaires sérieux, il décida, dans son article 3, 1° : « Les souscripteurs d'actions, dans les sociétés en commandite, sont, nonobstant toute stipulation contraire, responsables du payement du montant total des actions par eux souscrites. »

Le projet permettait de convenir que le souscripteur ne serait responsable que jusqu'à concurrence de la moitié du capital souscrit ; mais la commission demanda et obtint que toute dérogation au principe posé dans l'article 3 fût absolument interdite.

Cette disposition parut trop rigoureuse à plusieurs députés, qui réclamèrent en vain. Plusieurs auteurs y voient une entrave fâcheuse apportée à la libre négociation des actions (Cf. Brav., Dem., I, 294).

Si, d'après la loi de 1856, le souscripteur est responsable, cependant la société pourra toujours agir contre le titulaire actuel de l'action : c'est même lui qui est le véritable débiteur, c'est lui qui est l'associé, car il a succédé *in universum jus* à l'associé primitif.

Le souscripteur primitif et le titulaire actuel sont responsables ; que décider pour les titulaires intermédiaires, pour ceux entre les mains de qui l'action a passé ? Appliquons les principes que nous avons établis plus haut. Sans doute, ces personnes, au moment où elles ont acquis l'action, sont devenues débitrices de tout le capital envers la société : mais, en cédant le titre, d'après le droit commun, elles cessent d'être débitrices, elles se substituent le cessionnaire. La loi de 1856 a fait une exception à ce principe : mais il faut la restreindre au cas que l'art. 3 prévoit expressément ; elle ne s'applique donc qu'au souscripteur primitif. Remarquons du reste que la plupart des auteurs qui ne voient dans la disposition de la loi de 1856 qu'une application du droit commun, décident cependant comme nous, quoique par d'autres motifs, pour les titulaires intermédiaires.

On peut convenir que le souscripteur, s'il ne paye pas le montant de son action aux différentes époques où doit être fait le versement, sera déchu de son droit et perdra en même temps les à-compte qu'il a déjà payés : c'est une clause pénale parfaitement valable.

Mais peut-on convenir que le souscripteur, en abandonnant ses actions et les sommes qu'il a payées, sera libéré des versements ultérieurs? On discutait avant la la loi de 1856 sur la validité de cette clause et sur les cas où elle avait été tacitement stipulée; toutes ces controverses ne peuvent plus se soulever aujourd'hui; l'article 3, en proclamant la responsabilité du souscripteur, nonobstant toute stipulation contraire, interdit complétement la clause dont il s'agit.

La société est constituée et a commencé ses opérations, mais toutes les actions ne sont pas encore libérées; l'assemblée générale, trouvant que le capital social souscrit est trop considérable, peut-elle réduire ce capital au chiffre des versements déjà faits, déclarer par suite les actions libérées et les convertir en actions au porteur? Il est évident qu'une semblable décision, en admettant qu'elle fût valable, ne pourrait être prise que par l'unanimité des associés, car il y aurait là une modification des statuts primitifs. Mais l'unanimité elle-même peut-elle ainsi, après coup, réduire le capital souscrit? L'article 3 établissant la responsabilité du souscripteur pour le montant total des actions souscrites, nonobstant toute stipulation contraire, me semble s'y opposer. C'est peut-être un vice de la loi, et le législateur n'a probablement pas pensé à cette application de l'art. 3, dont le but principal était de faire survivre l'obligation du souscripteur à la possession de l'action; mais il me semble bien difficile de ne pas donner cette décision en présence du texte formel et absolu de la loi de 1856.

CHAPITRE IV.

SANCTIONS DES DISPOSITIONS PRÉCÉDENTES.

Il fallait une sanction à toutes les dispositions que nous venons d'énumérer. Leur violation compromettait l'intérêt privé, et quelquefois même l'intérêt public: c'est pourquoi la loi a établi à la fois une sanction civile et une sanction pénale.

SECTION I.

Sanction civile.

Deux sortes de sanctions sont employées par le législateur, ce sont: 1° la nullité de la société ; 2° une responsabilité sévère pesant sur les membres du conseil et sur les fondateurs.

§ 1. — Nullité de la société.

L'art. 6 s'exprime ainsi : « Est nulle et de nul effet, à l'égard des intéressés, toute société en commandite par actions constituée contrairement à l'une des prescriptions énoncées dans les articles qui précèdent. Cette nullité ne peut être opposée aux tiers par les associés. »

Il y aura donc nullité quand les conditions de la constitution de la société n'auront pas été remplies; quand on n'aura pas institué le conseil de surveillance tel que le veut la loi; quand les règles exposées plus haut sur le taux et la forme des actions n'auront pas été suivies. Il en sera de même si l'on est convenu dans l'acte de société que les actions seront négociables avant le versement des deux cinquièmes. Mais, si une semblable clause n'existe pas, quelques faits isolés de négociation contraires à la règle de l'art. 3 n'emporteront pas la nullité du contrat. L'art. 6 établit cette sanction non pas pour toute violation des articles précédents, mais seulement pour celle qui porte sur la constitution de la société. Du reste, les négociations irrégulières tomberont sous le coup des dispositions pénales de l'art. 12.

Disons-nous également que la société est nulle si l'on est convenu que le souscripteur ne sera pas responsable du montant total de la souscription? Cela semblerait être la conséquence de l'art. 6; mais ce texte est contredit par l'art. 3. Celui-ci décide, en effet, que le souscripteur est responsable *nonobstant toute stipulation contraire.* N'est-ce pas dire par cela même, que la stipulation contraire n'emporte pas nullité de la société? De ces deux textes, lequel doit l'emporter? L'art. 3, qui pose la règle spéciale doit prévaloir sur l'art. 6, qui pose un principe général.

Quel est le caractère de cette nullité? Elle est absolue. Elle est établie dans un intérêt public; les termes de l'art. 6, *est nul et de nul effet,* ne peuvent laisser aucun doute. De ce caractère de la nullité découlent plusieurs conséquences.

L'associé n'a pas à mettre en cause les autres parties, pour faire prononcer la dissolution : il agit de suite contre le gérant pour reprendre ce à quoi il a droit.

Si une clause pénale était stipulée contre l'actionnaire

qui refuserait d'exécuter le contrat, elle ne serait pas encourue par celui qui invoquerait la nullité de l'art. 6; car le droit de se prévaloir d'une nullité d'ordre public ne peut être l'objet d'une transaction (cf. Cass., 4 janv. 1853; D., 53, 1, 5).

La prescription par dix ans de l'art. 1304, qui n'est établie que pour les nullités relatives, ne s'applique sûrement pas à notre cas (cf. cependant Vavasseur n° 159). M. Bédarride (n° 39) dit que l'action dure trente ans et que l'exception est perpétuelle ; mais les principes généraux veulent qu'on aille plus loin encore. En cas de nullité absolue, l'action en nullité est imprescriptible. Du reste, l'action en répétition à laquelle la nullité donne droit, s'éteindra par la prescription libératoire de trente ans; et la prescription acquisitive pourra faire entrer dans le patrimoine de chaque partie ce que celle-ci a possédé à titre de propriétaire.

L'action en nullité, nous le verrons, produit son effet dans le passé : elle subsiste donc alors même que la société nulle a été dissoute. L'associé peut avoir intérêt à demander cette annulation ; car la société nulle ne devait pas se liquider, d'après les clauses du contrat. C'est une différence qui se comprend facilement avec la nullité de l'art. 42 (C. com.).

Qui peut invoquer cette nullité? quels en sont les effets? Les rédacteurs de l'art. 6 précité ont presque littéralement copié l'art. 42 (Code com.); et il paraît bien, d'après l'exposé des motifs, qu'on a voulu reproduire les dispositions de ce dernier article. Etudions les effets de cette nullité entre associés, puis entre tiers et associés.

A. *Entre associés.* — Les associés font partie de ces

intéressés dont parle l'art. 6. N'est-ce pas dans leur intérêt qu'ont été édictées la plupart des règles dont nous
étudions la sanction ? Les associés pourront donc, en demandant la nullité, faire cesser la société et refuser
l'exécution du contrat.

Mais que décider pour le passé? La société a pu avoir
une existence de fait. La jurisprudence décide que la
nullité de l'art. 42 ne porte pas sur le passé, et que la
société se liquide selon les règles du contrat. En effet, il
ne sagit là que du défaut de publicité, c'est-à-dire de l'absence de formalités extrinsèques. Tous les associés ont
donnné un consentement valable. Dès lors, il serait inique
que la nullité pût causer une perte aux uns, procurer un
bénéfice aux autres.

Faut-il donner la même décision pour la nullité de
l'art. 6? Au premier abord, on pourrait le croire, puisque
le législateur de 1856 a paru vouloir reproduire le système de l'art. 42; mais ce serait inexact. Dans notre cas,
la société est viciée dans son principe même, l'une des
conditions essentielles du contrat fait défaut. Ce que les
principes nous enseignent est, d'ailleurs, confirmé par
le texte de l'art. 6, qui emploie des termes plus absolus,
plus radicaux que l'art. 42 (C. comm.). Ce dernier se contentait de dire que les formalités seront observées *à peine
de nullité;* notre art. 6 dit : « *Est nulle et de nul effet*
toute société..... constituée contrairement à l'une des
prescriptions énoncées dans les articles précédents. »

Mais en fait, la société a pu durer un certain temps;
comment régler les rapports qui ont existé entre les associés? Question difficile, qui, à ma connaissance, ne s'est
pas encore présentée devant les tribunaux.

Faut-il dire : en fait, il y a eu une société ; dès lors il faut la liquider. Et quoi de plus raisonnable, que d'appliquer à cette liquidation les règles que les parties elles-mêmes ont fixées dans le contrat? On pourrait argumenter dans ce sens, des décisions récentes rendues à propos de la liquidation des sociétés d'agents de change (Cass., 15 déc. 1851; Droit, 4 janv. 1852; Paris, 10 mai 1860; D., 60, 2, 89; Trib. de Comm. de la Seine, 10 nov. 1861).

Je ne le crois pas. — La société est nulle ; le contrat n'existe pas : on ne peut donc l'invoquer pour faire la liquidation. D'ailleurs, si l'on décidait ainsi, il n'y aurait pas de différence entre la nullité de l'art. 42 (C. comm.) et celle de notre art. 6.

Certains auteurs disent alors : si le contrat n'est pas valable, cependant, en fait, il a existé une société. — Dès lors il faut une liquidation qui répartisse entre les associés les chances bonnes et mauvaises auxquelles ils se sont soumis. Cette liquidation se fera d'après les principes généraux du droit, et d'après les règles de l'équité. L'équité a une importance toute spéciale en droit commercial ; qu'est-ce que l'usage auquel renvoie l'art. 1873, si non l'équité? (cf. Dalloz, *Soc.*, n° 1264; Brav., Dem., I, p. 299).

Ce système, équitable peut-être, ne me semble pas conforme aux principes rigoureux de l'art. 6. Non-seulement les clauses du contrat sur la liquidation sont non avenues, mais il n'y a pas de société : il ne peut donc pas être question de liquidation (cf. les décisions rendues à propos des sociétés d'agents de change; Paris, 7 mai 1844; Trib. de la Seine, 12 juin 1861, Droit, 17 juin 1861).

Cependant, il y a eu un fait dont on doit tenir compte :

l'actionnaire a remis des fonds au gérant ; nul ne peut s'en-richir sans droit aux dépens d'autrui. L'actionnaire peut donc répéter ce qu'il a versé ; il pourra même réclamer les intérêts du jour du versement, en vertu de l'art. 1378, si le gérant est de mauvaise foi. Or, ce dernier ne devra-t-il pas, le plus souvent, être considéré comme un *accipiens* de mauvaise foi ? Ce droit de l'actionnaire existe, alors même que la société a éprouvé des pertes. Celles-ci res-teront à la charge du gérant. Nous verrons, sur l'art. 7, que le conseil de surveillance pourrait être déclaré soli-dairement responsable.

Mais peut-on opposer à l'actionnaire la maxime ro-maine : *ubi et dantis et accipientis turpitudo versatur, non posse repeti dicimus ?* Et, d'abord, cette maxime est-elle reconnue par notre droit français ? Elle n'est consacrée nulle part. Je vois, au contraire, que les engagements ayant une cause illicite sont absolument nuls, qu'ils ne peuvent avoir d'effet (art. 1131) ; que, dès lors, l'argent payé en vertu de cette convention, doit pouvoir être répété (art. 1376). Je ne vois pas, dans l'art. 1967, qui refuse la répétition, en cas de payement de dette de jeu, une application de la maxime précitée, mais bien une appli-cation de ce principe, que le payement d'une obligation naturelle ne peut donner lieu à une répétition. Le juge, quand la loi a été violée, n'a pas à s'inquiéter de la mo-ralité des parties ; il n'a qu'à faire respecter la loi, qu'à faire cesser la violation. Un semblable système me semble plus raisonnable que la maxime ancienne.

Toutefois, un grand nombre d'auteurs et la jurispru-dence, malgré quelques hésitations et de fréquentes con-tradictions, admettent que le principe romain s'applique encore aujourd'hui (cf. Cass., 1 et 2 août 1859, D., 59, 1, 289).

Pourra-t-on opposer cette maxime à l'actionnaire? Il ne peut y avoir de doute, quand la nullité vient de ce que le gérant n'a pas accompli les conditions exigées par la loi pour la constitution des sociétés. L'actionnaire n'a pas fait son versement dans un but illicite pour violer la loi, mais bien pour exécuter une convention qu'il croyait valable et qui a été annulée par la faute de son adversaire.

Mais supposons, au contraire, que l'acte de société contenait cette clause : les actions seront de moins de 100 francs; ou celle-ci : la négociation pourra se faire avant le versement des deux cinquièmes. L'apport n'a-t-il pas alors une cause illicite? N'est-il pas fait pour exécuter une convention qui viole une loi d'ordre public? Ne faut-il pas refuser la répétition? Je crois cependant que, le plus souvent, les tribunaux devraient hésiter à appliquer cette règle rigoureuse; car l'esprit de la loi est que les associés n'ont pas donné un consentement sérieux et réfléchi aux diverses clauses de l'acte de société. On ne peut donc pas voir, dans leur adhésion, une turpitude qui les empêche de répéter leur versement. Je crois qu'il ne faudrait la reconnaître que chez les associés fondateurs, qui auraient, à bon escient et dans le but de violer la loi, fait insérer ces clauses illicites dans l'acte de société. Nous verrons même que, dans certains cas, les fondateurs pourraient être déclarés solidairement responsables avec les gérants (cf. art. 7).

Nous avons supposé jusqu'à présent ce qui arrivera le plus fréquemment : la société nulle a fait des pertes, mais elle a pu faire des bénéfices.

Faut-il dire : les actionnaires ne sont que des bailleurs de fonds? Ils ne peuvent avoir droit tout au plus qu'aux intérêts; quant aux bénéfices produits par la société, ils sont acquis au gérant, qui est réputé avoir agi en son propre nom avec des fonds qui lui ont été remis. D'ailleurs, pourrait-on ajouter, les actionnaires sont des prêteurs; leur donner une part dans les bénéfices, outre les intérêts, ce serait tomber sous le coup de la loi qui proscrit les intérêts usuraires.

Mais ne serait-ce pas un résultat choquant? Le gérant profiterait de sa faute. D'ailleurs, irait-on jusqu'à prétendre qu'il pourrait demander aux actionnaires les bénéfices qu'antérieurement il leur aurait distribués? Toutes ces décisions seraient iniques; mais nous pouvons y échapper par l'application des principes du droit commun.

Le gérant, le plus souvent, en manquant aux prescriptions de la loi, a commis une faute dont il doit réparation aux actionnaires, ses mandants. Il doit les indemniser non-seulement du préjudice qu'il leur a fait éprouver, mais aussi des gains qu'il les a empêchés de faire. Au premier rang figure leur part des bénéfices de la société; nous donnons donc aux actionnaires un droit sur les bénéfices, non pas en leur qualité d'associés ou de membres d'une communauté d'intérêts, non pas en leur qualité de prêteurs, mais en leur qualité de mandants, agissant contre leur mandataire en faute.

B. *Effets de la nullité entre les tiers et les associés.* — Les tiers intéressés peuvent demander la nullité de la société; ils sont compris dans ce mot de l'art. 6 : *intéressés*. Le créancier du gérant peut, en invoquant la nullité, poursuivre son débiteur sur tout son actif, sur tous les fonds qu'il a entre les mains. Les actionnaires ne seront pas admis à prélever l'argent qu'ils ont versé dans la société. Ils ne sont que des créanciers ordinaires admis à concourir avec le poursuivant (cf. Lyon, 15 janv. 1856, D., 56, 2, 223).

Il faut que le tiers ait un intérêt légitime à demander la nullité de la société. Le débiteur social poursuivi ne peut exciper de cette nullité; en effet, il ne peut exiger qu'une libération valable, et ce résultat est produit par la quittance du gérant; car, dans notre opinion, la créance lui reste personnelle, par suite de la nullité de la société.

Les tiers peuvent considérer, s'ils le préfèrent, la société comme valable, et les associés ne peuvent leur opposer la nullité. C'est ce que décide formellement l'art. 6, copié sur l'art. 42 (C. com.). Cette décision se comprenait quand il s'agissait, comme dans l'art. 42, de la sanction des dispositions établies dans l'intérêt des tiers; on ne pouvait retourner contre eux des règles introduites en leur faveur. Mais en est-il de même de la nullité de l'article 6, qui sanctionne les mesures protectrices de l'intérêt des actionnaires? Le législateur, préoccupé de copier l'article 42, n'a-t-il pas eu tort d'empêcher les actionnaires victimes, et non coupables de la violation de la loi, d'opposer la nullité aux tiers? Uu exemple nous fera saisir le vice du système. Un gérant déclare faussement dans l'acte notarié que tout le capital a été souscrit; sur sa liste de souscripteurs figurent des noms imaginaires. Les actionnaires ignorent cette fraude : elle n'est révélée que longtemps après, alors que la société est déclarée en faillite. D'après la loi, les créanciers sociaux pourront forcer les souscripteurs sérieux à verser le complément de leur mise (Trib. de la Seine, 23 sept. 1858 ; *Gaz. des Trib.*, 30 sept. 1858). C'est sacrifier à l'intérêt des créanciers celui des actionnaires, qui méritent tout autant de faveur. M. Bravard, choqué de ce résultat inique, a voulu y échapper en permettant aux associés qui n'ont pas connu ni dû connaître la cause de nullité, de l'opposer aux tiers (Brav., Dem. I, p. 301). Mais ce système ne peut être admis ; le texte de l'art. 6 est formel, et il est confirmé par l'intention qu'a manifestée clairement le législateur de copier l'article 42 (C. com.).

Les tiers créanciers de la société peuvent-ils dire aux actionnaires : Nous admettons qu'il y ait société, mais comme les conditions nécessaires pour constituer une commandite ne sont pas remplies, nous vous considérons comme associés ordinaires indéfiniment responsables? Cette prétention n'est pas admissible : la loi défend aux associés d'opposer la nullité aux tiers : donc, ceux-ci pourront invoquer le contrat, quoique nul; mais aucun texte ne leur donne le droit exorbitant de dénaturer le contrat. Nous pouvons argumenter *a fortiori* de ce qui a été décidé dans le cas de nullité pour défaut de publicité. Car, dans cette hypothèse, les tiers prétendaient qu'ils connaissaient la société, mais ignoraient ses conditions, qui n'avaient pas été publiées (cf. Cass., 28 fév. 1859, D. 59, 1, 408). Le prétexte, quelque faible qu'il soit, ne peut pas même être mis en avant quand il s'agit de la nullité de l'art. 6.

Que décider dans l'espèce suivante? Une société est

nulle pour violation des règles de la loi de 1856. Le créancier de la société usant de son droit veut considérer cette société comme valable, afin d'avoir les actionnaires comme débiteurs et d'être payé par préférence sur le fonds social; mais les créanciers personnels des actionnaires disent au contraire : la société est nulle; donc, les associés ne sont que des bailleurs de fonds, nullement débiteurs du créancier social, et qui, pour la reprise de leur mise, concourent avec lui sur les biens du gérant. Qui doit l'emporter?

En appliquant les principes que la jurisprudence a posés sur l'art. 42, les créanciers personnels devraient être écoutés. Ce sont des tiers. Or, la loi n'a défendu qu'aux associés d'opposer la nullité aux tiers (cf. Cass. 13 fév. 1855, D., 55, 1, 308). Mais est-il vrai de dire que les créanciers personnels sont des tiers? Les créanciers agissent tantôt en vertu d'un droit qui leur est propre, comme dans le cas de l'art. 1167 (C. Nap.); alors, par rapport à leurs débiteurs, ils sont des tiers; tantôt, au contraire, ils ne font qu'exercer les droits de leurs débiteurs (1166 Cod. Nap.) Ce ne sont alors que des ayants cause qui ne peuvent avoir plus de droits que leurs auteurs. N'en est-il pas ainsi dans notre espèce? Le créancier personnel de l'associé n'a donc que les droits de ce dernier; il peut, comme lui, invoquer la nullité contre les associés, mais comme lui aussi il ne peut l'opposer aux tiers (cf. Brav., Dem., I, p. 194).

§ 2. — Responsabilité du conseil de surveillance et des fondateurs.

Le gérant de la commandite par actions est en principe

irrévocable, nous l'avons dit plus haut; mais il est responsable envers les actionnaires, comme tout mandataire, s'il excède ses pouvoirs, commet des fraudes, ou des fautes graves (1). Cette responsabilité, qui peut avoir pour conséquence la destitution du gérant, oblige certainement ce dernier à réparer le préjudice qu'il a causé (cf. Motifs du jugement du tribunal de Marseille, 12 mars 1860, D., 60, 2, 118).

De plus, le gérant est personnellement engagé envers tous les tiers avec lesquels il traite.

La loi de 1856 n'a pas modifié ces principes : la responsabilité du gérant reste ce qu'elle était avant cette époque, sauf quelques sanctions pénales, que nous exposerons plus tard. Mais cette loi a déclaré que, dans certains cas qu'elle détermine, les membres du conseil de surveillance ou les fondateurs sont responsables solidairement et par corps avec le gérant (art. 7 et 10). Nous nous demanderons plus tard si ces articles ne sont qu'une application du droit commun.

L'intéressé peut donc dans ces cas poursuivre indifféremment le gérant ou les personnes déclarées solidairement responsables; mais celles-ci sont dans leurs rapports avec le gérant des sortes de cautions. C'est ce dernier qui est le vrai coupable, c'est lui qui doit supporter définitivement la responsabilité. Aussi, non-seulement il ne pourra jamais, en vertu des art. 7 et 10, pour-

---

(1) On a voulu contester que le gérant fût un mandataire, et refuser, en conséquence, de lui appliquer l'art. 408, C. P., sur les abus de confiance. Mais, après quelque hésitation, la jurisprudence a repoussé cette prétention (Cass., 8 août 1845; Dev., 46, 1, 59, et 10 décembre 1858, Morin, 59, p. 130).

suivre le conseil de surveillance ou les fondateurs ; mais ceux-ci pourront exercer contre lui leur recours par application de l'art. 1216 (Cod. Nap.).

Examinons quels sont les cas où le conseil de surveillance et les fondateurs sont ainsi responsables avec le gérant ; ces cas sont précisés dans les art. 7 et 10. Dans un appendice, nous verrons si les conseils de surveillance sont responsables dans d'autres cas que ceux prévus par ces articles.

I. Responsabilité de l'article 7.

L'art. 7, 10, est ainsi conçu : « Lorsque la société est annulée, aux termes de l'article précédent, les membres du conseil de surveillance peuvent être déclarés responsables, solidairement et par corps avec les gérants, de toutes les opérations faites postérieurement à leur nomination. »

Expliquons d'abord ce premier alinéa, qui traite des conseils de surveillance. C'est la sanction de ce que nous avons indiqué comme la première obligation du conseil de surveillance.

Remarquons que cette responsabilité est facultative : les tribunaux ont un pouvoir d'appréciation et peuvent prononcer ou non cette condamnation. C'est le sens naturel et évident de l'article (cf. cependant Romiguière, n° 103).

Supposons que la société soit annulée parce que le versement du quart ou la souscription de tout le capital n'ont pas été faits ; le conseil de surveillance pourra-t-il invoquer, pour mettre à couvert sa responsabilité, une fausse déclaration du gérant certifiant l'exécution de ces conditions? La cour d'Agen semble le décider (6 décembre 1860, D. 61, 2, 60); mais c'est une erreur : le conseil de surveillance devait s'assurer par lui-même de l'exécution des prescriptions de la loi; c'est ce que décide la cour d'Aix (16 mai 1860.; D., 60, 2, 118).

L'art. 7 n'exige pas que les membres du conseil de surveillance aient été de mauvaise foi, ni qu'ils aient connu la cause de nullité (Trib. de com. de Marseille, 12 mars 1860 ; D., 60, 2, 118).

L'art. 7 suppose que la société est annulée : il ne suffit pas qu'il existe une cause de nullité, il ne serait pas admissible que le conseil de surveillance fût déclaré responsable, tandis que la société continuerait à fonctionner et à produire ses effets. Mais, si elle a pris fin autrement, par exemple, si elle a fait faillite, faudra-t-il cependant, pour agir en responsabilité contre le conseil de surveillance, faire prononcer en justice la nullité? Non, ce serait attacher trop d'importance au texte de l'art. 7; le législateur n'a pu vouloir exiger des procédures inutiles (Lyon, 29 mars 1860; Dev., 60, 2, 365; cf. *contra* Bordeaux, 29 mai 1860 ; Cass., 9 juillet 1861 ; Dev., 61, 1, 705).

Quelle est l'étendue de cette responsabilité ? Vis-à-vis de quelles personnes existe-t-elle? La loi dit que le conseil est responsable *de toutes les opérations faites postérieurement à sa nomination.*

Il est responsable vis-à-vis des tiers des dettes qui résultent de ces opérations. Comment expliquer cette décision? car le conseil n'est pas le mandataire des tiers. C'est que le conseil de surveillance est dans ce cas, à raison du contrôle qu'il doit exercer, et de par la loi, responsable civilement des faits du gérant. Par sa présence et par son silence, il atteste aux tiers que la société est regulièrement constituée.

Le conseil est responsable vis-à-vis des actionnaires; dans quelle limite? dans la même limite que le gérant, du moins pour le préjudice qui provient des opérations faites pendant la durée de ses fonctions; car la loi dit: *responsable solidairement avec les gérants.* Nous avons vu plus haut quelles étaient en cas d'annulation de la société, selon notre opinion, les obligations du gérant envers les actionnaires (cf. p. 245.)

Il doit leur rendre, quelles que soient les pertes éprouvées, l'intégralité de leurs mises et, même, s'il est de mauvaise foi, les intérêts de cette mise du jour du versement (1).

La jurisprudence ne donne aux actionnaires le droit d'agir contre le conseil de surveillance, que s'ils sont de bonne foi et s'ils n'ont pas eux-mêmes commis volontairement les irrégularités qui entraînent la nullité de la société (Aix, 13 août 1860; D. 60, 2, 223).

Les membres du conseil de surveillance sont responsables, alors même qu'ils ne sont nommés que longtemps après la formation de la société : ils ne doivent pas accepter ces fonctions dans une société nulle, et, une fois nommés, leur premier devoir est d'examiner si la société est valable.

----

(1) Plusieurs auteurs n'ont pas posé avec précision les limites de la responsabilité du conseil de surveillance (cf. Vavasseur, n° 120; Bédarride, n° 86; Dalloz, v° *Soc.* 1243).

Du reste, nous l'avons vu, leur responsabilité ne s'applique qu'aux opérations faites postérieurement à leur nomination. L'art. 7 dit la nomination, et non pas l'entrée en fonctions, parce que la loi exige que l'entrée en fonctions soit suivie immédiatement de l'acceptation de la nomination. La responsabilité dure jusqu'à la cessation des fonctions. La loi, du reste, est muette sur ce point.

Les actionnaires poursuivis par les créanciers sociaux, qui leur demandent le complément de leurs mises, ne peuvent exiger que les créanciers s'adressent d'abord aux membres du conseil de surveillance, ni même que les sommes dues soient réparties équitablement entre les actionnaires et les membres du conseil (Aix, 14 novembre 1860; Dev., 61, 1, 296). Rien ne saurait justifier une semblable prétention.

L'art. 7 est généralement et vivement critiqué. Cette responsabilité est très-lourde; elle peut être encourue pour des nullités qu'il était sinon impossible, du moins très-difficile de reconnaitre. Sans doute les tribunaux ont un pouvoir d'appréciation; mais la seule possibilité d'un semblable procès peut effrayer et écarter du conseil de surveillance les hommes qui devraient y entrer.

Il nous reste à parler d'une disposition peut-être encore moins justifiable. Après avoir édicté la responsabilité du conseil de surveillance, l'art. 7, 2° ajoute que la même responsabilité solidaire peut être prononcée non pas contre tous les fondateurs, ni contre tous les associés qui ont fait un apport en nature, mais contre ceux des fondateurs qui ont fait un apport en nature, ou au profit desquels ont été stipulés des avantages particuliers.

Qu'est-ce que le fondateur? C'est celui qui crée l'entreprise, choisit la forme d'association, fixe le capital, organise les assemblées, fait appel aux capitaux, détermine dans le prospectus les clauses du contrat de société. Celui qui a vendu à une société l'immeuble par elle exploité ne doit pas être réputé par cela seul fondateur (cf. Aix, 13 août 1860 ; D., 60, 2, 223).

Quelle sera la responsabilité de ces fondateurs ? D'après l'art. 7, c'est la même que celle qui pèse sur le conseil de surveillance.

On pourrait croire, au premier abord, que les fondateurs ne sont responsables qu'au cas où la nullité de la société résulte de la violation de l'art. 4, quand les apports en nature et les avantages n'ont pas été approuvés (Duverg., 1856, p. 345).

Cependant, il n'en est pas ainsi ; l'art. 7 est formel : *la même responsabilité...* Le législateur a pensé que le fondateur exercera toujours, par suite de sa position, une grande influence sur le gérant : de plus, il doit provoquer l'exécution de la loi ; son influence lui impose un devoir que la loi veut sanctionner, et crée un danger qu'elle veut prévenir (cf. D., 1246).

Cette responsabilité sera facultative pour le juge.

Bien que l'art. 7, 2° dise que ce sera la même responsabilité que dans le cas de l'art. 7, 1°, cependant, dans notre espèce, il n'y aura plus lieu de distinguer les opérations antérieures ou postérieures à la nomination. Cela rend plus lourde encore la responsabilité des fondateurs.

II. Responsabilité de l'article 10.

L'art. 10 dit : « Tout membre d'un conseil de surveillance est responsable avec les gérants, solidairement et par corps :

« 1° Lorsque, sciemment, il a laissé commettre dans les inventaires des inexactitudes graves, préjudiciables à la société ou aux tiers ;

« 2° Lorsqu'il a, en connaissance, consenti à la distribution de dividendes non justifiés par des inventaires sincères et réguliers. »

Remarquons que, dans l'art. 10, la loi est impérative : les tribunaux ne sont pas libres de ne pas l'appliquer.

Le conseil de surveillance sera responsable, quand, dans son rapport annuel, il aura approuvé un inventaire contenant des inexactitudes graves, et des distributions de dividende non justifiées par des inventaires réguliers et sincères (1). Il n'est donc pas nécessaire qu'il y ait fraude du gérant ; le projet l'exigeait, il parlait d'énonciations ou d'omissions *frauduleuses*. Cela fut modifié ; on se contente d'erreurs graves et préjudiciables.

Mais pour que les membres du conseil de surveillance soient responsables, il faut qu'ils aient agi *sciemment, en connaissance de cause*. Il ne suffit pas qu'on leur impute de la négligence et de l'incapacité (cf. Poitiers, 20 août 1859 ; D., 59, 212 ; Cass., 28 novembre 1860 ; D., 61, 1, 339). Ils pourront donc facilement échapper à cette sanction, qui paraît très-rigoureuse : s'ils ne savent rien, ils n'ont rien à craindre : s'ils savent qu'il y a une fraude ou une erreur, il leur suffit de consigner leur opposition sur le registre de leurs délibérations et dans leur rapport an-

---

(1) Faut-il assimiler les distributions d'intérêts aux distributions de dividende ? Nous étudierons cette question sur l'art. 13, 3°.

nuel. Remarquons que chacun n'est responsable que de son fait personnel : c'est pour ne laisser aucun doute sur ce point, que la commission a fait remplacer ces mots du projet : « *Les membres* du conseil... » par ceux-ci : « *Tout membre...* »

Faut-il donc qu'il y ait mauvaise foi de la part des membres du conseil de surveillance? Le rapport semble l'exiger : « Ce que la loi punit, c'est la science, c'est la mauvaise intention, c'est le dol... » Le texte de l'art. 10 ne va pas si loin. On peut avoir agi sciemment sans qu'il y ait eu mauvaise intention : par exemple, on savait que la distribution des dividendes n'était pas justifiée ; mais on croyait qu'elle ne nuirait à personne ; le texte de la loi doit l'emporter sur l'opinion du rapporteur. D'ailleurs, n'avons-nous pas vu que le législateur avait fait disparaître de l'article tout ce qui semblait exiger la fraude? La Cour d'Orléans a jugé dans ce sens (20 décembre 1860 ; D., 61, 2, 1).

Nous verrons plus tard que la distribution des dividendes non justifiés peut constituer de la part du gérant un délit puni des peines de l'escroquerie (cf. art. 13, 3°). Dans ce cas, les membres du conseil de surveillance qui sont dans les conditions exigées par notre art. 10 sont responsables civilement. Nous nous demanderons s'ils peuvent être poursuivis devant la juridiction correctionnelle. Ils peuvent, de plus, s'ils ont participé au délit du gérant, être considérés comme complices, aux termes du droit commun.

C'est aux intéressés qui prétendent que les membres du conseil de surveillance sont responsables, à établir qu'ils ont agi en *connaissance de cause*. Ils pourront faire cette preuve par tous les moyens, même par de simples présomptions : par exemple, ils établissent que le conseil de surveillance a montré un tel oubli de ses devoirs, une telle négligence, que sa conduite ne peut s'expliquer que par sa mauvaise foi. Sur tous ces points, il faut s'en rapporter à l'appréciation des tribunaux, qui décideront quelles présomptions sont suffisantes (1).

Quelle est l'étendue de la responsabilité de l'art. 10? La loi ne le dit pas explicitement. Remarquons d'abord que cette responsabilité existe non-seulement vis-à-vis des actionnaires, mais aussi vis-à-vis des tiers. Cela résulte du texte même de l'article. A raison de l'influence qu'il doit exercer, le conseil de surveillance est responsable civilement de certains faits du gérant. Le rapport nous montre bien quelle est la pensée de la loi : « ... Ce n'est pas seulement au gérant que la loi s'adresse, dit-il; c'est à ce membre du conseil de surveillance qui, sachant que l'inventaire n'est pas fidèle, *en atteste pourtant la vérité* et à ses mandants et *au public.* »

Faut-il dire que les membres du conseil de surveil-

---

(1) N'oublions pas qu'il faudra toujours prouver que le conseil a agi sciemment. Plusieurs auteurs n'ont pas sur ce point la précision nécessaire; ils semblent dire que, quand le conseil aura manqué aux devoirs qui lui sont imposés, il pourra être déclaré responsable, sans qu'on établisse qu'il a eu connaissance des inexactitudes (cf. Dalloz, 61, 2, 1 ; Bédarr., 131.; Trib. de Saintes, 3 juin 1859; D., 61, 1, 339; Grenoble, 2 août 1860; Dev., 61, 2, 289). Cette proposition ainsi formulée est inexacte (cf. Brav., Dem., p. 308, Trib. de Romans, 28 mars 1860; Dev., 61, 2, 289; Poitiers, 20 août 1859; D., 60, 2, 212). Nous verrons plus tard si l'inexécution des devoirs qui sont imposés par la loi et la convention fait peser sur le conseil la responsabilité de droit commun.

lance seront tenus du passif de la société? (cf. Douai, 21 fév. 1861 ; Dev., 61, 2, 289.) Ce serait exagérer les rigueurs déjà considérables de la loi et dépasser son but.

Faut-il dire, au contraire, que le conseil ne devra que restituer à la société les dividendes illégalement distribués? Non; aucune de ces deux opinions ne me paraît conforme aux principes et au texte de l'art. 10. La loi de 1856 établit une responsabilité, elle n'en pose pas les limites ; c'est donc qu'elle s'en réfère au droit commun. Appliquons l'art. 1149 : celui qui poursuit les membres du conseil doit établir le préjudice qu'il a éprouvé et qui peut être plus ou moins étendu selon les circonstances. Les créanciers de la société peuvent se plaindre de ce que leur gage a partiellement disparu, et de ce que les inexactitudes des inventaires les ont encouragés à traiter avec une société qu'ils croyaient solvable ; les actionnaires, de ce que, trompés sur l'état des opérations, ils ont continué une association ruineuse ou acheté de nouvelles actions.

Le texte de la loi de 1856 confirme notre opinion. L'article 10 veut, pour qu'il y ait responsabilité, que l'inexactitude ait été *préjudiciable* à la société ou aux tiers. La condition de cette responsabilité nous en indique l'étendue (cf. Orléans, 20 déc, 1860 ; Dev., 61, 2, 289.)

L'obligation du conseil de surveillance durera trente ans : il n'y aura pas lieu d'appliquer ici la prescription quinquennale de l'art. 64 (C. com.). Cet article ne s'applique qu'aux associés poursuivis personnellement et solidairement pour les engagements sociaux. C'est un tout autre ordre d'idées (Brav., L. de 1856, p. 50 ; cf. *contra* Vavasseur, n° 149).

III. Appendice.

En dehors des cas prévus par les art. 7 et 10, les conseils de surveillance peuvent-ils être déclarés responsables pour les fautes qu'ils ont commises? Ces articles sont-ils limitatifs, ou laissent-ils subsister le droit commun?

On a prétendu que le droit commun ne pouvait plus être appliqué; que la loi de 1856 a voulu préciser et limiter les cas de responsabilié, et on a présenté cette loi comme favorable aux conseils de surveillance. La Cour de Poitiers a adopté cette opinion (arrêt du 20 août 1859; D., 59, 2, 212). On s'est pourvu en cassation; le pourvoi a été rejeté pour d'autres motifs: la Cour suprême a évité de se prononcer sur la doctrine de l'arrêt de Poitiers (cf. Cass., 20 nov. 1860; D., 61, 1, 139).

Ce système, s'il était admis, aurait de singulières conséquences. Le conseil de surveillance qui n'aurait pas surveillé, qui n'aurait pas vérifié les livres, la caisse et les valeurs, comme semble l'exiger l'art. 8, ne courrait aucun risque, pourvu qu'il ne tombât pas sous le coup des art. 7 et 10. Le législateur de 1856, au lieu de rendre plus rigoureux les devoirs du conseil, adoucirait sa situation; ou plutôt, par une inexplicable contradiction, il aggraverait pour certains faits sa responsabilité, la ferait disparaître pour d'autres.

Les auteurs que nous combattons se sont mépris sur la portée de la loi nouvelle. Ils lui prêtent l'intention de limiter la responsabilité des conseils pour y attirer les actionnaires honorables; c'est inexact: elle a voulu préciser ce que les actionnaires pouvaient faire sans qu'il y eût immixtion ; elle a voulu sans doute dissiper des inquiétudes ; mais c'était l'inquiétude de ceux qui craignaient la responsabilité exorbitante des art. 27 et 28 (C. com.), et non pas l'inquiétude de ceux qui auraient redouté l'application du droit commun.

Mais alors, nous dira-t-on, pourquoi les art. 7 et 10 prévoient-ils deux cas spéciaux ? Nous pourrions nous contenter de répondre que ce n'est qu'un argument *a contrario;* mais allons plus loin : si le législateur a fait les art. 7 et 10, c'est qu'ils contiennent des dérogations aux principes ordinaires. Est-ce qu'en droit commun, le conseil de surveillance, nommé longtemps après la formation du contrat de société, aurait pu être déclaré responsable des nullités que souvent il n'a pu connaître? Est-ce que cette responsabilité aurait jamais pesé sur les fondateurs, à moins qu'il n'y eût eu délit ou quasi-délit?

Est-ce que, sauf l'application de l'art. 1382, les membres du conseil de surveillance auraient jamais été, dans les cas prévus par les art. 7 et 10, responsables envers les tiers créanciers de la société ? N'y a-t-il pas là une responsabilité civile du fait d'autrui fondée sur le contrôle que le conseil doit exercer sur les gérants, et analogue aux cas prévus par l'art. 1384? Et de semblables responsabilités ne doivent-elles pas être expressément consacrées par la loi?

Le droit commun subsiste donc à côté des décisions exorbitantes des art. 7 et 10. Que nous fait-il décider?

1° Les membres du conseil de surveillance sont responsables envers les actionnaires quand ils n'accomplissent pas leur mandat, ou quand ils commettent des fau-

tes dans l'exécution de ce mandat (art. 1992, C. Nap.) (1).
Par exemple, ils ne remplissent pas, ou remplissent avec
négligence les obligations qui leur sont imposées, soit
par la loi (cf. art. 8), soit par les conventions expresses
ou tacites des parties. Dans ce cas, il ne peut être question de solidarité avec le gérant.

2° Ils seront tenus aussi envers les actionnaires, quand
ils auront participé aux fraudes et délits commis par les
gérants ; dans ce cas, il y aura, par application des principes, solidarité entre les débiteurs ;

3° Ils seront responsables envers les tiers quand ils
auront participé au délit commis à leur préjudice par le
gérant ; mais ce n'est pas une responsabilité civile fondée sur un défaut de surveillance ;

4° Ils seront solidairement et indéfiniment responsables envers les tiers quand il y aura immixtion dans la
gestion (art. 27, 28). La loi, pour dissiper les inquiétudes, a précisé certains actes que les conseils peuvent
faire sans crainte ; mais pour les autres actes, le principe reste entier.

SECTION II.

Sanction pénale.

La sanction civile ne pouvait pas être toujours suffisante : il y a un intérêt d'ordre public à sauvegarder.

---

(1) L'arrêt de Poitiers, cité plus haut, dit que l'art. 1992 ne saurait s'appliquer au mandat portant uniquement charge de surveiller. Je ne saurais
comprendre la raison d'une aussi singulière assertion.

Aussi la loi a-t-elle établi une sanction pénale pour certaines violations de la loi de 1856. Remarquons que cette sanction ne s'applique pas à toutes les prescriptions : il nous faut bien préciser quels sont les faits punis, car toute loi pénale doit être strictement interprétée.

I. L'article 11, 1° s'exprime ainsi : « L'émission d'actions ou de coupons d'actions d'une société constituée contrairement aux articles 1 et 2 de la présente loi, est punie d'un emprisonnement de huit jours à six mois, et d'une amende de 500 fr. à 10,000 fr. ou de l'une de ces peines seulement. »

L'omission est la création d'actions pour les mettre à la disposition du public. C'est le fait capital, celui sans lequel les autres ne peuvent avoir lieu : il importait donc de le punir sévèrement.

La peine frappe les fondateurs ou les gérants, qui seuls peuvent émettre des actions, et tous ceux dont la complicité existe en vertu des principes du droit commun.

Quel est le fait puni ? l'émission d'actions d'une société constituée contrairement aux articles 1 et 2. L'article 1 parle du taux des actions, de la souscription de la totalité du capital, du versement du quart, de la déclaration notariée du gérant ; l'article 2, de la forme des actions. La loi ne punit pas l'émission d'actions quand l'article 4, sur la vérification des apports, n'a pas été observé. On comprend difficilement le motif de cette distinction.

Il faut qu'il y ait émission d'actions d'une société *constituée*, dit l'article 11. Si donc l'émission se faisait dans une forme et à un taux interdits sans que la société eût été constituée, elle ne tomberait pas sous le coup de l'article 11. Il n'y aurait pas, du reste, véritable émission d'actions ; ce serait un appel de fonds avec récépissé provisoire, qui serait remis en échange du versement ; les titres ne pourraient pas, sous peine de faux, mentionner la société comme véritablement constituée (cf. Cass., 8 fév. 1861; Dev., 61-1, 668).

Pour être passible des peines portées par l'article 11, il faut avoir fait une émission d'actions ; la seule constitution de la société, contrairement aux articles 1 et 2, ne suffit pas.

II. « Est puni des mêmes peines, dit l'article 11-2°, le gérant qui commence les opérations sociales avant l'entrée en fonctions du conseil de surveillance. »

Quand le conseil, après sa constitution, devient incomplet, j'ai dit que si le gérant, dans un bref délai, ne le faisait pas compléter, la nullité serait encourue. Les articles 5 et 6 combinés me faisaient donner cette solution ; mais le gérant, dans ce cas, tomberait-il sous le coup de l'article 11, 2°? Je ne le crois pas; le texte ne s'y prête pas, et, en matière pénale, on ne peut raisonner par analogie.

III. L'article 12 dit: « La négociation d'actions ou de coupons d'actions, dont la valeur ou la forme serait contraire aux dispositions des articles 1 et 2 de la présente loi, ou pour lesquels le versement des deux cinquièmes n'aurait pas été effectué conformément à l'article 3, est punie d'une amende de 500 fr. à 10,000 fr.

« Sont punies de la même peine toute participation à

ces négociations et toute publication de la valeur desdites actions. »

Il n'y a donc délit que dans trois cas : s'il y a violation de l'article 1, 1°, de l'article 2 ou de l'article 3, 2°. Ce sont les seuls cas où le législateur trouve qu'il y a faute suffisamment caractérisée de la part de l'actionnaire pour lui infliger une peine ; mais, dans ces cas, il est inexcusable, puisque l'action porte avec elle-même la preuve de son irrégularité.

Remarquons que la peine est moins grave qu'en cas d'émission. Cela se comprend ; l'émission, nous l'avons dit, est le fait capital.

La loi punit la négociation commerciale, et non pas la cession civile.

Elle frappe toute *participation* à ces négociations. Cette expression large comprend d'abord l'agent de change qui prête son ministère (1), et même le cessionnaire sans lequel le délit n'aurait pu être commis.

L'article punit enfin toute *publication* de la valeur de ces mêmes actions. Il s'agit de la publication, non pas de toute société irrégulière, mais seulement des actions qui violent les articles 1, 1°; 2; 3, 2°. La loi ne frappe la publication que comme accessoire de la négociation prohibée et comme tendant à la faciliter.

Le gérant de la société peut être évidemment puni pour cette publication. Que décider pour le gérant du

____

(1) Le projet abaissait la peine à l'égard de l'agent de change, par cette raison qu'il ne recueillait qu'un bénéfice minime et qu'il était soumis à des peines disciplinaires fort graves. La commission supprima avec raison cette distinction.

journal? La question fut posée dans la discussion. M. Duvergier rappela la réponse de M. d'Argout à une question analogue, qui avait été faite à propos de la loi du 15 juillet 1845 sur les chemins de fer. Tout dépendra des circonstances : l'intention sera appréciée par les tribunaux ; mais on ne peut en principe exonérer le gérant du journal qui n'aura, le plus souvent, qu'une vérification facile à faire (D., 1272, 1274).

Pour tous les délits dont nous venons de parler, les juges ne pourront admettre de circonstances atténuantes; car l'article 463 (C. pén.) n'est pas de droit commun quand il s'agit de délits ou de contraventions prévus par des lois autres que le Code pénal; il faut une disposition expresse du législateur (arg. a contr. de l'art. 13).

Il ne peut non plus y avoir de tentative punissable de ces divers délits (art. 3, C. pén.).

Les faits prévus par les articles 11 et 12 sont évidemment, dans le langage du Code pénal, des délits, et non des contraventions, car ils sont punis de peines correctionnelles. Nous appliquerons les règles des délits pour la compétence, l'appel, la prescription, la complicité, le cumul des peines.

Mais les faits, que le Code appelle des délits, constituent quelquefois ce que la doctrine appelle des contraventions, c'est-à-dire des faits qui sont punissables en dehors de toute intention mauvaise de leurs auteurs. Que décider dans notre cas ?

La Cour de cassation n'exige pas l'intention mauvaise ; le seul fait de l'infraction à la loi suffit. Elle argumente de ce que les art. 11 et 12, à la différence de l'art. 13,

n'exigent pas expressément la mauvaise foi du coupable
(cf. Cass., 11 août 1859; D., 59, 1, 472).

Je ne crois pas cependant que l'argument *a contrario*
que la Cour de cassation tire du texte de l'article 13
suffise pour voir, dans les faits des articles 11 et 12, de
simples contraventions. La loi est muette. Recherchons
son esprit dans les travaux préparatoires. Le rapport de
la commission nous dit, en parlant de nos articles :
« ... Il fallait punir de peines sévères tous ceux qui,
dans une intention coupable, violeraient les prescriptions... » N'est-ce pas formel? Ajoutons que dans la discussion M. Duvergier, commissaire du gouvernement, a
déclaré que le délit de publication ne serait punissable
à l'égard du gérant du journal, que quand il y aurait
mauvaise foi de sa part. Or, ce délit est un de ceux prévus par les articles 11 et 12; la Cour de cassation ne
peut faire de distinction entre ces délits. D'ailleurs,
notre système n'est-il pas logique ? S'il n'y a pas mauvaise foi, il y aura la sanction civile déjà très-rigoureuse :
s'il y a mauvaise foi, il y aura de plus la sanction pénale. Cette opinion avait été admise par l'arrêt de la
Cour d'Aix du 22 juin 1859, qui a été cassé par la Cour
suprême.

CHAPITRE V.

AUTRES DISPOSITIONS PÉNALES.

La loi a créé de nouveaux délits; son but est toujours
d'empêcher les abus qui s'étaient manifestés. Ces dispo-

sitions pénales, à la différence des précédentes, ne sont pas la sanction des prescriptions de la loi de 1856. Quels sont les délits punis ? Ils sont énumérés par l'art. 13 :

1° « Sont punis... ceux qui, par simulation de souscriptions ou de versements ou par la publication faite de mauvaise foi de souscriptions ou de versements qui n'existent pas, ou de tous autres faits faux, ont obtenu ou tenté d'obtenir des souscriptions ou des versements. »

La loi frappe les manœuvres frauduleuses que des gérants malhonnêtes voudraient employer pour attirer les souscriptions. On l'a dit avec raison, le plus sûr moyen d'obtenir la confiance, c'est de paraître l'avoir obtenue. Remarquons que la tentative est punie et que la mauvaise foi est exigée.

2° « Ceux qui, pour provoquer des souscriptions ou des versements, ont, de mauvaise foi, publié les noms des personnes désignées, contrairement à la vérité, comme étant ou devant être attachées à la société à un titre quelconque. »

On comprend quelle manœuvre on a voulu réprimer. Pour que le délit existe, il faut la publication et la publication faite de mauvaise foi ; peu importe quel est l'auteur de cette publication.

3° « Les gérants qui, en l'absence d'inventaires ou au moyen d'inventaires frauduleux, ont opéré entre les actionnaires la répartition de dividendes non réellement acquis à la société. »

Nous avons déjà vu que les distributions de dividendes fictifs engagent de droit commun la responsabilité du gérant, et que l'art. 10 a rendu les membres du conseil de surveillance solidairement responsables. Mais cela ne

suffit pas pour réprimer une manœuvre aussi dangereuse. Souvent, d'ailleurs, les gérants insolvables ne
s'inquiéteront pas des obligations pécuniaires, conséquences de leur fraude.

La sanction pénale de l'art. 13 n'existe pas dans tous
les cas où existe la sanction civile. Il faut : 1° qu'il y ait
distribution de dividendes, l'inventaire inexact ne suffit
pas ; 2° que les dividendes *ne soient pas réellement acquis*
à la société. La loi veut qu'il y ait préjudice ; 3° que cette
distribution soit faite au moyen d'un *inventaire frauduleux* ; la loi dit *frauduleux*, et elle veut la mauvaise foi ;
ce n'est pas assez de l'inexactitude commise sciemment ;
4° ou que cette distribution soit faite *en l'absence d'inventaire*. L'intention du législateur paraît bien être dans
ce cas, de ne pas exiger la fraude : il y a là une faute tellement grave, tellement inexcusable, qu'il présume la
mauvaise foi.

Souvent, dans les sociétés, on stipule qu'avant le dividende, chaque souscripteur recevra l'intérêt à 5 p. %
de sa mise. Cet intérêt se distingue du dividende en ce
que, le plus souvent, il est payable par semestres, et en
ce qu'il est réservé aux associés bailleurs de fonds par préférence aux associés qui n'ont apporté que leur industrie. Dans cette dernière catégorie sont presque toujours
les gérants.

Supposons d'abord, pour prendre l'hypothèse la plus
simple, que le contrat de société spécifie expressément
que les intérêts ne seront prélevés que sur les bénéfices.
Devons-nous assimiler les distributions d'intérêts à celles
des dividendes, quant à l'application de notre art. 13, 3°, et
de l'art. 10 sur la responsabilité du conseil de surveillance?

On peut soutenir la négative. La loi ne parle que de dividendes; or, les dispositions répressives doivent être interprétées strictement (cf. Rivière, 114; Paris, 18 août 1860; D., 61, 2, 123).

Je n'adopte pas cette opinion. Ne nous arrêtons pas aux mots; allons au fond des choses. Ces intérêts ne sont qu'une portion de bénéfices, c'est-à-dire de véritables dividendes. Quelle raison y a-t-il de distinguer entre eux et les dividendes proprement dits? Le projet de 1838, pour éviter toute hésitation, parlait de répartition de bénéfices *sous quelque dénomination que ce fût.* Le législateur de 1856 n'est pas aussi explicite, mais il est animé du même esprit (cf. Orléans, 20 décembre 1860, et Douai, 21 février 1861; Dev., 61, 2, 291 et 294).

J'irai même plus loin, et je donnerai la même décision, si l'on suppose un contrat de société disant simplement que les intérêts seront distribués, sans ajouter qu'ils ne seront prélevés que sur les bénéfices. Dans ce cas encore, les intérêts ne sont que des dividendes. Cette interprétation est conforme à la nature du contrat de société, qui n'est pas un prêt donnant droit à des intérêts, mais la mise en commun de divers objets, donnant droit à une part dans les bénéfices réalisés (Seine, 27 octobre 1838; Marseille, 30 mai 1859; D., 59, 3, 24 et 68). Quelles sont les conséquences de cette opinion? Faut-il en conclure que les intérêts ne pourront être distribués qu'à la fin de chaque exercice, quand les bénéfices auront été constatés par l'inventaire? Nous avons vu que l'art. 13 n'est pas aussi exigeant. Le gérant pourra, au bout du premier semestre, s'il croit que la société a fait de bonnes affaires, distribuer les intérêts. Toutefois, il court un risque; il sera punissable en vertu de l'art. 13, 3°, si l'on établit que la société n'avait pas fait de bénéfices, et que ces intérêts ont été prélevés sur le capital. Quant au conseil de surveillance, il ne serait responsable, à moins de stipulations particulières, que pour les distributions de dividendes ou d'intérêts proposées après l'inventaire annuel, et sur lesquelles il doit faire son rapport.

Mais supposons que les parties soient expressément convenues que les intérêts seraient distribués alors même qu'aucun bénéfice n'aurait été réalisé; cette convention est-elle valable, et le gérant qui aurait fait cette distribution échapperait-il à l'art. 13 ? Cette question est très-délicate : la doctrine et la jurisprudence sont divisées (1). Je serais porté à croire cependant, après beaucoup d'hésitation, que cette clause n'est pas valable, et que l'art. 13 serait applicable.

L'associé doit son apport tout entier à la société (art. 1845, C. Nap.; 26, C. comm.; 3, L. de 1856). Cet apport devient le gage exclusif des créanciers sociaux. Ce n'est même que par une sorte de tempérament apporté aux principes, qu'on lui permet de recueillir les bénéfices avant la fin de la société. Mais, en tout cas, son droit ne s'étend pas au delà des bénéfices.

Quels sont ces intérêts ? Sont-ce des dividendes, est-ce une partie de ces droits aléatoires que les associés acquièrent en compensation de leur apport ? Mais alors il ne peut en être question que quand il y a des bénéfices.

---

(1) La question ne s'est pas posée formellement depuis 1856 ; cependant l'arrêt d'Orléans précité, du 20 décembre 1860, semble par ces motifs admettre la non validité de cette convention (cf., aussi Bédarride, 225; Delangle, 365; Alauzet, 156).

Sont-ce des intérêts véritables, est-ce le loyer de l'argent? Mais il n'y a d'intérêt que là où il y a prêt. L'associé n'est pas, ne peut pas être un prêteur : il n'a pas, comme le prêteur, le droit de reprendre son capital, quelques pertes que fasse celui qui l'a reçu; et il a de plus que le prêteur un droit que celui-ci ne peut avoir, sous peine de faire une convention usuraire : le droit de toucher, outre les intérêts, une part dans les bénéfices.

Qu'est-ce donc, si ce ne sont ni des intérêts ni des dividendes? Dira-t-on que c'est une partie du capital versé qui est rendue au souscripteur par suite de l'avénement d'une condition résolutoire prévue dans le centrat et publiée avec lui? D'abord, la validité d'une semblable clause en présence de l'art. 3 de la loi de 1856 serait contestable; mais cette interprétation de la clause n'est pas exacte. S'il en était ainsi, il faudrait considérer le chiffre de l'apport, le capital des actions souscrites comme diminué chaque année, et par suite les intérêts payés devraient être réduits dans la même proportion. Telle n'est pas sans aucun doute l'intention des parties.

Si ces intérêts ne sont pas des intérêts dans le sens véritable du mot; si ce n'est pas une partie de l'apport, ce ne peut être qu'un dividende; mais il faut alors remplir les conditions voulues par la loi : le dividende ne pourra être payé que quand il y aura des bénéfices (cf. Brav., Dem., I, p. 361) (1).

---

(1) M. Troplong (n° 101), qui n'adopte pas cette opinion, semble avoir été surtout déterminé par des considérations de fait. Souvent, dans certaines entreprises, les travaux d'établissement doivent durer plusieurs années; et, bien qu'il n'y ait aucun produit avant l'achèvement des travaux, on stipule

Les gérants sont seuls punissables en vertu de l'article 13, 3°. Nous ajouterons cependant toutes les personnes qui, aux termes du droit commun, se sont rendues complices. Les membres du conseil de surveillance pourront être quelquefois dans ce cas.

Alors même qu'ils ne seront pas complices, ils pourront, quand les conditions exigées par l'art. 10 seront réunies, être responsables solidairement avec le gérant. Il est évident que ce fait, qu'il y a fraude de la part du gérant et qu'il est poursuivi pénalement au lieu de l'être seulement devant les tribunaux civils, ne peut décharger les membres du conseil de la responsabilité de l'art. 10. Autrement, ce serait dire que la sanction diminue, parce que le fait devient plus grave. Sur ce premier point, les doutes qu'on a voulu soulever n'avaient aucun fondement sérieux.

Mais voici une question plus délicate : aujourd'hui, elle me semble définitivement tranchée ; mais, il y a quelques années, elle a divisé la jurisprudence et préoccupé l'opinion.

Le gérant est cité en police correctionnelle par application de l'art. 13, 3° ; il est, de plus, poursuivi en réparation du préjudice par les créanciers sociaux ou les

---

que les intérêts seront payés. M. Troplong ne peut admettre que ces distributions d'intérêts soient prohibées ; cet auteur se trompe quand il croit que notre opinion repousse absolument ces distributions. Nous voulons, il est vrai, pour qu'elles puissent être faites, qu'il y ait des bénéfices ; mais le bénéfice consiste non-seulement dans l'argent qui est entré dans la caisse, mais aussi dans toute augmentation de valeur éprouvée par le fonds social. Les seuls travaux faits, le matériel acquis, peuvent avoir produit cette augmentation avant que l'entreprise n'ait réalisé des produits proprement dits.

actionnaires, et en payement des frais par le ministère public. Le conseil de surveillance, se trouvant dans les conditions voulues par l'art. 10, est sur ces deux chefs responsable solidairement avec le gérant : peut-il être cité devant la juridiction criminelle? On conçoit l'intérêt que les membres du conseil ont à repousser l'humiliation d'une comparution en police correctionnelle, et à réclamer la justice commerciale, peut-être plus indulgente pour de semblables faits.

Toute la question se réduit à ceci : La responsabilité qui pèse sur le conseil de surveillance est-elle une application des art. 1382 et 1383 (C. N.)? N'a-t-elle pour cause qu'une faute purement personnelle de la part des membres du conseil? Alors l'action est directe, entièrement distincte de l'action pénale exercée contre les gérants, et doit être portée devant les tribunaux civils.

Ou bien est-ce une responsabilité du fait d'autrui, comme dans les cas prévus par l'art. 1384? Alors l'action peut être portée devant le tribunal saisi de la poursuite criminelle (art. 3. I. C. ; arg. des art. 190, 194, I. C. ; et 156, décret du 18 juin 1811).

On a soutenu que la responsabilité était une application des art. 1382 et 1383; qu'elle avait pour cause une faute toute personnelle des membres du conseil, la négligence dans l'accomplissement de leur mandat. D'ailleurs, ajoutait-on, la loi dit responsable *avec* les gérants et non pas *des* gérants (cf. Paris, 22 déc. 1858, D., 59, 1, 137; Laferrière, *Rev. crit.*, t. 14, p. 385).

C'était faire une confusion. Sans doute les membres du conseil de surveillance sont tenus à raison d'une faute qui leur est personnelle; il en est ainsi dans tous les cas prévus par l'art. 1384, où on dit qu'il y a responsabilité du fait d'autrui.

Mais quelle est cette faute? C'est comme dans les cas de l'art. 1384 un défaut de surveillance : on n'a pas empêché le fait principal, le fait préjudiciable, qui est la cause première de l'action.

Or ce préjudice, qui en est l'auteur? qui a fait les distributions de dividende? qui a fait les inventaires inexacts? C'est le gérant.

Nous avons donc là tous les caractères qui constituent la responsabilité civile. Le préjudice a été commis par autrui, et la personne responsable avait sur l'auteur du délit un droit et un devoir de surveillance, je dirai presque, avec la Cour de cassation, qu'elle avait une autorité; enfin, la responsabilité est fondée sur ce que cette personne a négligé d'user de son droit de surveillance et a ainsi facilité l'accomplissement du délit (cf. trib. de la Seine, 14 sept. 1858; Cass., 2 avril 1859; D., 59, 1, 237; Rouen, 13 janv. 1860; Dev., 61, 2, 290; Brav., Dem., 1, p. 311).

Terminons par des observations communes aux trois délits prévus par l'art. 13 : on leur applique les peines de l'escroquerie. Toutefois, on admet les circonstances atténuantes. On n'aura donc pas à rechercher si les faits réunissent toujours tous les caractères exigés par l'article 405 (Cod. pén.) pour constituer le délit d'escroquerie. Du reste, si les faits incriminés ne rentraient pas dans les cas prévus par l'art. 13, mais tombaient sous le coup de l'art. 405 (Cod. pén.), cet article leur serait applicable. L'art. 13 a pris la peine, assez inutile, de le dire expressément.

CHAPITRE VI.

DES ACTIONS JUDICIAIRES.

Quand la société soutient un procès contre un tiers, elle est représentée par son gérant, en qui elle se personifie légalement; mais si le procès existe entre les actionnaires et le gérant ou le conseil de surveillance, comment faire? Les actionnaires ne sont plus représentés. Dès lors, chacun doit être partie au procès; or, notre Code de procédure exige des significations à personne ou à domicile. Le nombre des actionnaires peut être immense; ils peuvent être inconnus, s'il s'agit d'actions au porteur. Que de lenteurs, que de frais, que de procès multipliés, que de difficultés, je dirai même que d'impossibilités pratiques !

Aussi avait-on pris l'habitude d'insérer dans les actes de société une clause par laquelle les intéressés s'interdisaient mutuellement toute action individuelle contre les gérants, en ce qui concerne les intérêts généraux de la société, et convenaient que les actions de cette nature ne pouvaient être suivies que par des commissaires nommés par les actionnaires réunis en assemblée générale (cf. Paris, 8 déc. 1847; *Droit*, 3 janv. 1848.)

La loi de 1856 voulut consacrer législativement l'expédient que la pratique avait imaginé. Cela était d'autant plus nécessaire que cette loi avait multiplié les cas où les gérants et les conseils de surveillance pourraient être poursuivis par les actionnaires.

Aussi l'art. 14 dit-il : « Lorsque les actionnaires d'une société en commandite par actions ont à soutenir collectivement et dans un intérêt commun, comme demandeurs ou comme défendeurs, un procès contre les gérants ou contre les membres du conseil de surveillance, ils sont représentés par des commissaires nommés en assemblée générale.

« Lorsque quelques actionnaires seulement sont engagés comme demandeurs ou comme défendeurs dans la contestation, les commissaires sont nommés dans une assemblée spéciale composée des actionnaires parties au procès.

« Dans le cas où un obstacle quelconque empêcherait la nomination des commissaires par l'assemblée générale ou par l'assemblé spéciale, il y sera pourvu par le Tribunal de Commerce, sur la requête de la partie la plus diligente.

« Nonobstant la nomination des commissaires, chaque actionnaire a le droit d'intervenir personnellement dans l'instance, à la charge de supporter les frais de son intervention. »

Quel est le caractère de l'art. 14? Est-ce une faculté accordée aux actionnaires? Est-ce une disposition impérative? Questions importantes, dont la solution est difficile et controversée.

Plusieurs ne voient dans cette disposition qu'une simplification de procédure offerte, mais non imposée, aux associés. Les termes de l'exposé des motifs semblent confirmer cette opinion, car il parle de *permission*, de *faculté accordée*.

Cependant, je crois que l'art. 14 est une disposition

impérative. Cela ne résulte-t-il pas du texte même, qui dit : Les actionnaires *sont représentés* et non pas *peuvent être représentés?* La loi, en donnant au Tribunal de Commerce, à défaut de l'assemblée, le droit de nommer les commissaires, ne montre-t-elle pas qu'elle veut que les actionnaires n'agissent pas isolément? Elle décide que les choses se passeront comme si le contrat de société contenait la clause que la pratique y insérait et dont nous avons parlé plus haut; or, par cette clause, l'action individuelle est interdite. Ajoutons que le projet de 1838 s'exprimait formellement dans notre sens, et qu'il ne paraît pas que le législateur de 1856 ait voulu s'écarter de ce projet sur le point qui nous occupe. L'intention de la loi n'est pas seulement d'accorder une faveur aux actionnaires, mais aussi, dans l'intérêt public, de simplifier les contestations et de diminuer leur nombre, en substituant un procès avec un représentant aux procès avec chaque actionnaire. Les associés ne pourront donc pas convenir dans l'acte de société qu'il ne sera pas nommé de commissaires.

Ils ne pourraient pas non plus, en cas de procès, se présenter individuellement. Le tribunal devrait, dans ce cas, les considérer comme défaillants.

Dans quel cas s'appliquera notre article 14? La loi suppose une contestation entre tous les actionnaires, ou une partie d'entre eux et les gérants, ou le conseil de surveillance.

Que décider s'il s'agit de contestations entre deux catégories d'actionnaires? Faut-il dire : la loi est muette sur ce cas? On ne peut donc appliquer la règle exceptionnelle de l'art. 14 (cf. Rivière, 120; Dall., *Loc.*, n° 1209.)

Ce serait, je crois, une argumentation par trop rigoureuse. L'analogie est complète entre ce cas et ceux de l'art. 14. Le projet de 1838 prévoyait toutes les hypothèses. L'intention du législateur de 1856 paraît avoir été le même, et s'il a été moins complet, c'est qu'il n'a pensé à s'exprimer formellement que pour les contestations les plus fréquentes, celles auxquelles donnera surtout naissance l'application de la loi nouvelle (cf. Brav., Dem., p. 318.)

Il faut que le procès porte sur un intérêt collectif et commun, et non sur une obligation particulière à chaque associé, comme, par exemple, le versement de leur mise L'exposé des motifs de la loi de 1838 était formel sur ce point, et notre art. 14 suppose que les actionnaires ont à soutenir un procès *collectivement et dans un intérêt commun.*

Comment faut-il procéder ? Les commissaires seront nommés par l'assemblée générale ou spéciale, suivant qu'il s'agit d'un procès intéressant la totalité ou une partie des actionnaires.

Ils seront nommés à la majorité des suffrages; il n'y a pas lieu d'appliquer les règles de l'art. 4.

Le droit de convoquer les assemblées appartient en général exclusivement au conseil de surveillance et au gérant. La force des choses veut que dans notre cas ce droit appartienne à tout actionnaire.

L'assemblée nommera autant de commissaires qu'elle voudra, et elle les choisira, soit parmi les actionnaires, soit parmi des personnes étrangères à la société. La loi laisse une grande latitude à l'assemblée.

Si un *obstacle quelconque* empêche l'assemblée de nommer des commissaires, la loi, qui veut absolument atteindre son but, décide qu'il y sera pourvu par le Tribunal de Commerce, sur la requête de la partie la plus diligente. Cette requête n'aura évidemment pas besoin d'être signifiée.

Tous les actionnaires légitimement et régulièrement convoqués sont représentés par les commissaires; ils ne peuvent pas soutenir individuellement le procès de leur côté sous le prétexte qu'ils n'ont pas voulu faire partie de l'assemblée.

Mais chaque actionnaire pourra intervenir personnellement dans l'instance, à la charge de supporter les frais de son intervention. La loi ne voit pas là les mêmes inconvénients que dans les procès isolés et multipliés. Ce droit d'intervention appartient à tous les actionnaires, qu'ils aient oui ou non concouru à la nomination des commissaires. La distinction qu'a voulu faire M. Rivière (n° 131) n'est aucunement fondée.

La désignation de commissaires devra-t-elle avoir lieu spécialement pour chaque procès? D'abord, évidemment, ces commissaires ne pouvaient pas être nommés par l'acte de société. La loi veut une assemblée; la délibération prise dans cette assemblée est entourée de beaucoup plus de garanties que les adhésions isolées et successives de chaque associé à un acte rédigé d'avance.

Mais pourra-t-on, dans une assemblée, nommer des commissaires qui représenteront les actionnaires dans tous les procès qu'ils auront à soutenir? Bien que la loi n'interdise pas explicitement cette nomination, je ne crois pas qu'elle soit possible : elle était interdite par le projet de 1838. Le texte de l'art. 14 semble toujours supposer une assemblée spéciale, et la loi, qui ne permet pas de nommer des conseils de surveillance pour plus de cinq ans, permettrait-elle de nommer des commissaires dont les fonctions seraient perpétuelles ?

Je crois, cependant, que rien n'empêcherait l'assemblée de donner à des commissaires la charge de soutenir plusieurs procès ayant entre eux une certaine connexité.

Les commissaires sont les mandataires des associés et sont responsables, envers ces derniers, des fautes qu'ils peuvent commettre dans l'exécution de leur mandat.

CHAPITRE VII.

SOCIÉTÉS AUXQUELLES S'APPLIQUE LA LOI DU 17 JUILLET 1856.

Nous nous demanderons successivement si cette loi s'applique : 1° aux sociétés antérieures à 1856 ; 2° aux sociétés civiles prenant la forme de la commandite par actions; 3° aux sociétés anonymes; 4° aux sociétés étrangères.

I. *Des sociétés antérieures à la loi de 1856.*

Par application du principe de la non rétroactivité des lois, les diverses dispositions que nous venons d'exposer ne s'appliquent pas aux sociétés antérieures au 17 juillet 1856.

Quelles sont ces sociétés? Ce sont celles qui auront date certaine avant cette époque : il n'est pas nécessaire qu'elles soient encore publiées; une société non publiée existe sous la condition résolutoire de la non publication; mais cette condition résolutoire n'empêche pas que les parties n'aient un droit acquis, auquel la loi nouvelle ne peut porter atteinte. Et même j'en dirai autant d'une condition suspensive : par exemple, la société est contractée sous la condition qu'on réunira tel chiffre de souscription. Bien que les art. 1181 et 1182 (Cod. Nap.) semblent dire que la condition suspensive recule l'existence même du contrat, cependant il y a là un lien légal entre les parties, un droit acquis.

Supposons que, dans une société antérieure à 1856, l'on soit convenu que le capital sera émis par séries successives; les règles de la loi nouvelle sur le taux et la forme des actions ne seront pas applicables aux émissions postérieures à cette loi. Là encore il y a un droit acquis; il en serait de même si l'on était convenu que le capital pourrait être porté à une somme plus élevée par suite d'une nouvelle émission d'actions.

Supposons que l'émission n'ait pas été prévue dans le contrat primitif : pouvait-elle être faite après 1856, sans suivre les règles nouvelles? La question est plus délicate. Cependant, je crois que là encore il y a un droit acquis, résultant du contrat primitif. Ce n'est pas une nouvelle société (Rivière, 14).

Quand il y a fusion entre deux sociétés antérieures, il faut examiner si en fait il y a une société nouvelle.

Dans ce cas, il faut appliquer la loi de 1856 (cf. Paris, 24 mars 1859; D., 59, 2, 146).

Le principe de la non rétroactivité reçoit quelques exceptions pour ce qui concerne les conseils de surveillance. Le projet appliquait toutes les règles sur l'organisation de ces conseils à toutes les sociétés antérieures. La commission demanda le retranchement pur et simple de cette disposition : le conseil d'Etat refusa ; on prit un terme moyen, et la rédaction actuelle fut adoptée.

L'art. 15 décide d'abord que « les sociétés en commandite actuellement existantes et qui n'ont pas de conseil de surveillance, sont tenues, dans le délai de six mois à partir de la promulgation de la présente loi, de constituer un conseil de surveillance. Ce conseil est nommé conformément aux dispositions de l'art. 5. »

Cette règle ne s'applique qu'aux sociétés qui n'ont pas de conseils de surveillance. Si le conseil, déjà constitué avant la loi de 1856, n'avait pas seulement un droit de contrôle, mais participait réellement à la gestion, était un comité d'administration adjoint au gérant, il faudrait considérer la société comme dépourvue de conseil et obligée de s'en constituer un dans le délai de six mois (cf. Seine, 18 octobre 1858.; D., 59, 3, 23; Cass., 31 décembre 1860.; D., 61, 1, 73; cf. *contra* Paris, 28 mars 1859; D., 59, 2, 150).

Quelle sera la sanction de cette disposition ? L'article 15, 4°, nous le dit : « A défaut de constitution du conseil de surveillance dans le délai ci-dessus fixé, chaque actionnaire a le droit de faire prononcer la dissolution de la société. Néanmoins, un nouveau délai peut être accordé par les tribunaux, à raison des circonstances. »

Dans le projet du conseil d'Etat le délai de six mois était fatal.

Supposons maintenant que la société ait déjà un conseil de surveillance : il n'y aura pas lieu d'en nommer un nouveau, et l'ancien, dit l'art. 15, 3°, exercera les droits et remplira les obligations déterminées par les art. 8 et 9 ; il sera soumis à la responsabilité prévue par l'art. 10. Du reste, peu importe que cet ancien conseil ne réunisse pas les conditions exigées par l'art. 5 ; qu'il soit de moins de cinq membres, composé d'étrangers, nommé par le gérant, pour plus de cinq ans (1). Les règles sur la réélection ne lui seront pas applicables, bien que le renouvellement se passe sous l'empire de la loi nouvelle.

L'art. 15, 5°, ajoute en terminant : « l'art. 14 est également applicable aux sociétés actuellement existantes. » Ce n'est pas une exception aux principes, car cet article contient une disposition de forme et de procédure.

II. *Des sociétés civiles en commandite par actions.*

Une société civile de sa nature, comme est celle qui a pour objet l'achat et la revente d'immeubles, ne peut être commercialisée par la volonté des parties ; car on ne peut pas, par convention, en dehors des cas prévus par la loi, se soumettre à la contrainte par corps, à la juridiction commerciale, à la faillite. La solidarité peut au contraire résulter de la volonté des contractants.

---

(1) Cette solution, commandée par le texte formel de l'art. 8, et confirmée par son historique, a été à tort contestée par M. Duvergier, 1856, p. 381.

Mais une société civile peut-elle être en commandite par actions ? Il semble au premier abord que cela soit impossible. Cette forme de société paraît avoir été admise exceptionnellement par la loi. Toutefois, une semblable solution serait rigoureuse et compromettrait beaucoup d'intérêts.

Pour faire triompher cette opinion, il faudrait prouver que le Code de Commerce, en établissant la commandite par actions en droit commercial, a voulu par cela même interdire cette forme aux associations civiles. Peut-on faire cette preuve, peut-on alléguer autre chose qu'un argument a contrario sans grande valeur? Je ne le crois pas.

Mais il reste à examiner si, d'après le droit commun, cette forme de société est possible.

Et d'abord, la commandite, la responsabilité limitée, peut-elle être stipulée? Elle peut l'être entre les associés. Mais à l'égard des tiers? Une personne peut-elle s'obliger envers une autre en convenant expressément qu'elle ne sera responsable que sur un bien déterminé? Je le crois; l'art. 2092 n'est pas d'ordre public. On peut y déroger par une clause expresse. On peut donc le faire aussi tacitement. Or, supposons qu'une société civile se forme comme une commandite en actions ; elle publie des statuts, fonctionne, se conduit extérieurement comme une société commerciale; les tiers, en parfaite connaissance de cause, traitent avec le gérant, sachant que lui seul sera obligé envers eux personnellement. N'y a-t-il pas dans ce cas entre les commanditaires et les tiers une convention tacite par laquelle les tiers consentent à ne considérer les bailleurs de fonds que comme responsables dans la limite de leurs mises? A l'égard des tiers, cette convention n'a-t-elle pas une grande analogie avec un contrat parfaitement licite, le cautionnement limité? Mais les faits doivent être tels qu'ils révèlent l'existence d'une convention tacite entre les tiers et les commanditaires.

La commandite est possible. En est-il de même de l'action? Diviser le capital social en actions, c'est déroger à cette règle, que la société est contractée *intuitu personæ;* c'est stipuler la cessibilité des parts sociales, le droit pour chaque associé de se substituer un nouvel associé. Cette convention en droit français me paraît licite; je ne vois aucun texte qui la prohibe : certains articles, au contraire, semblent l'autoriser (cf. art. 1861, 1868).

La commandite par actions civile n'est donc pas interdite. Lui appliquerons-nous les règles de la loi de 1856 ? Je le crois : cette loi ne distingue pas , elle parle de toutes les commandites par actions. Sans doute, je le reconnais, le législateur n'a guère pensé aux sociétés dont nous parlons : mais il n'a pas voulu les exclure, et son texte les atteint; cela suffit.

III. *Des sociétés anonymes.*

M. Paignon (p. 66) enseigne que la loi de 1856 serait applicable aux sociétés anonymes. C'est une erreur; cette loi restrictive de la liberté des conventions ne doit être applicable qu'aux cas qu'elle prévoit expressément. D'ailleurs, le gouvernement, en autorisant la société, pourra lui imposer des conditions analogues à celles exigées par la loi de 1856 (Bédarride, n° 56).

IV. *Des sociétés étrangères.*

Les règles de la loi de 1856 sur l'organisation de la société sont impératives, et ont un but d'ordre public. Quant aux dispositions répressives, elles sont évidemment des lois de police. Dès lors cette loi s'appliquera aux commandites par actions qui s'établiront en France, ou qui voudront y émettre ou négocier leurs actions, tout en conservant leur siége à l'étranger (1). Peu importe la qualification que la loi étrangère donne à ces associations, si au fond elles réunissent les caractères d'une commandite par actions.

'En vertu des mêmes principes nous n'appliquerons pas cette loi à une société contractée entre Français, mais établie en pays étranger.

Je n'ai pas la prétention de juger la loi de 1856, encore moins de proposer un projet nouveau; cependant, il est un fait que je dois signaler. Les adversaires de cette loi sont nombreux, ses défenseurs rares ; l'opinion paraît l'avoir condamnée. Les hommes les plus graves et les plus compétents se sont faits les interprètes du sentiment public. M. Denière au Tribunal de Commerce, M. Blanche à la Cour de Cassation, ont, dans deux circonstances solennelles, réclamé une réforme prompte et radicale.

____

(1) Nous pouvons argumenter de ce que la jurisprudence a décidé pour l'application de l'art. 37, C. com., aux sociétés anonymes étrangères (cf., Cass., 1er août 186; Dev., 60, 1, 865 ; Aix, 17 janv. 1861; Dev., 61, 2, 338).

La statistique, en effet, révèle un fait grave et qui justifie les préoccupations de l'opinion. La loi de 1856 n'a pas eu seulement pour effet d'empêcher les exagérations et les fraudes; elle a, il faut le reconnaître, entravé la marche et le mouvement légitime des affaires. En 1856, le capital engagé dans les commandites s'était élevé à deux milliards; en 1860-61, il est tombé à 81 millions.

L'association privée semble vaincue et presqu'anéantie, les sociétes anonymes et quasi-publiques l'emportent; le petit capitaliste, effrayé des désastres des entreprises particulières, ne veut plus confler ses fonds qu'à l'Etat, aux villes, ou aux chemins de fer. C'est un symptôme fàcheux.

Je ne m'étendrai pas sur les critiques de détail que l'on peut faire à la loi de 1856. Du reste, j'ai déjà, dans l'explication de cette loi, indiqué les principales de ces critiques. Il faut considérer les choses de plus haut. Il faut aujourd'hui faire ce que n'a pas voulu faire le législateur de 1856, envisager le principe même de la commandite, et se demander si tous les dangers de cette forme d'association ne viennent pas de l'omnipotence du gérant, et de la défense faite aux commanditaires de s'immiscer dans la gestion. Ce n'est pas ici le lieu de développer ces questions : je ne fais que les indiquer, laissant à de plus compétents le soin d'y répondre. Cependant deux idées me frappent: d'abord je ne comprends pas que l'immixtion dans le gestion entraîne la responsabilité personnelle, quand le commanditaire ne paraît pas dans l'administration extérieure de la société, dans les rapports avec les tiers, mais ne fait que diriger la conduite du gérant (1); car, dans ce dernier cas, le tiers ne peut prétendre avoir été trompé ni avoir pris l'actionnaire pour un associé en nom.

Enfin, si je m'explique l'omnipotence du gérant dans les commandites ordinaires, où les associés en nom doivent être vraiment les maîtres de l'affaire, et où ils ne sont pour ainsi dire qu'aidés par les bailleurs de fonds, il n'en est plus de même dans la commandite par actions, telle qu'elle existe aujourd'hui. La commandite n'est plus l'accessoire, mais le principal ; les actionnaires fournissent presque tous les capitaux, et le gérant n'est plus qu'un administrateur qui offre pour garantie de sa bonne conduite sa responsabilité *in infinitum*. Dès lors le bon sens et la logique n'exigent-ils pas que, tout en laissant un pouvoir considérable au gérant comme compensation de sa responsabilité, et sans détruire l'unité de direction, on donne cependant aux actionnaires des pouvoirs plus étendus, et qu'on modifie dans ce sens les art. 21 et 28 (C. com.). Cette réforme a souvent été réclamée en 1838 et 1856; écoutera-t-on ceux qui la demandent, aujourd'hui que le système contraire semble condamné par l'expérience ?

---

(1) Sans doute la jurisprudence tend à faire prévaloir ce principe malgré les art. 27 et 28 (cf., Cass., 29 juin 1858, 24 mai 1859, 22 mai 1860). Mais ces arrêts sont des exemples des « violences salutaires » que la cour suprême se croit le droit de faire à la législation.

POSITIONS.

DROIT ROMAIN.

I. La convention appelée aujourd'hui colonat partiaire constituait en droit romain une société.

II. On peut concilier les lois 13, pp., *Prœsc. verbis*, 19-5 et 44, *pro socio*, 17-2.

III. L'associé *tctorum bonorum* peut prendre dans le fonds social de quoi doter ses filles.

IV. Les sociétés *vectigalium, aurifodinarum, argentifodinarum, salinarum*, constituent seules des personnes juridiques.

V. Ces personnes juridiques sont des êtres distincts de la totalité des associés.

VI. L'associé qui s'adjoint un croupier n'est pas garant envers ce dernier de la solvabilité des autres associés.

VII. La loi 60, *pro soc.*, 17, 2, peut s'expliquer sans corriger le texte.

VIII. L'associé répond de sa faute *in concreto*. *Non obstant* L. 23 *De reg. Juris*, 50-17, et L. 5, § 2, *Commod.* 13-6.

IX. La loi 69, *pro socio*, 17-2, peut s'expliquer sans corriger le texte.

X. Il importe de distinguer si l'apport d'une somme d'argent a été fait *quoad usum* ou *quoad sortem*.

XI. En l'absence des conventions, la répartition du fonds social se fait par parts égales.

XII. Les règles contenues dans les textes sur la répartition du fonds social s'appliquent non-seulement aux bénéfices proprement dits, c'est-à-dire à ce qui, déduction faite du passif, dépasse les mises, mais aussi au capital social primitif, si du moins les apports ont été faits *quoad sortem*.

XIII. Les jurisconsultes appelaient *infans* celui qui *fari non poterat*.

XIV. Le pupille, contractant sans l'*auctoritas* de son tuteur, et *non locupletior factus*, peut être obligé naturellement.

DROIT COMMERCIAL ET CIVIL.

XV. Avant la constitution de la société en commandite par actions, les actions ne sont pas négociables, mais elles sont cessibles par la voie civile.

XVI. Le délai de quinzaine donné pour la publication de l'extrait par l'art. 42 (Cod. com.), ne date que du jour de la constitution de la société.

XVII. La clause d'un acte de société, que les actions seront négociables avant le versement des deux cinquièmes du montant de toutes les actions, est reputée non écrite, mais n'entraîne pas la nullité de la société.

XVIII. Quand la société est annulée en vertu de l'article 6 (L. de 1856), il n'y a pas lieu à liquidation, même d'une société de fait.

XIX. Les associés ne peuvent jamais opposer aux tiers la nullité de l'art. 6 (L. de 1856).

XX. Les dispositions des art. 7 et 10 (L. de 1856) sont au moins en partie exorbitantes du droit commun.

XXI. Le dol n'est pas exigé pour que les membres du conseil de surveillance encourent la responsabilité de l'art. 10 (L. de 1856).

XXII. La loi de 1856 laisse subsister le droit commun

sur la responsabilité des membres du conseil de surveillance.

XXIII. La possession d'état ne prouve pas à elle seule la filiation naturelle.

XXIV. La loi ne contient aucun empêchement au mariage du prêtre catholique.

XXV. Quand une société civile de sa nature aura revêtu la forme et rempli les conditions d'une société en commandite par actions, les associés ne seront pas toujours responsables *in infinitum* envers les créanciers sociaux.

PROCÉDURE CIVILE.

XXVI. L'arrêt qui, tout en attaquant une partie par des motifs portant atteinte à son honneur, l'acquitte ou lui donne gain de cause par son dispositif, peut être cassé pour excès de pouvoir.

PROCÉDURE CRIMINELLE.

XXVII. Les membres du conseil de surveillance d'une société en commandite par actions, actionnés comme responsables en vertu de l'art. 10 (L. de 1856), pourront être poursuivis devant le tribunal correctionnel si le gérant est déféré à cette juridiction en vertu de l'art. 13-3° (L. de 1856).

DROIT PÉNAL.

XXVIII. Les délits prévus par les art. 11 et 12 (L. de 1856) exigent l'intention mauvaise.

XXIX. L'art. 13-3° (L. de 1856) s'applique à la distribution d'intérêts faite aux actionnaires, alors même que l'on est convenu dans le contrat de société que ces intérêts seront distribués en l'absence de tous bénéfices.

XXX. L'art. 463 (Cod. pén.) s'applique-t-il aux contraventions de presse? — Non.

DROIT ADMINISTRATIF.

XXXI. Est-il besoin d'une autorisation préalable du conseil d'État pour poursuivre les ministres du culte, quand il s'agit de crimes ou de délits commis dans l'exercice des actes de leur ministère? — Non.

HISTOIRE DU DROIT.

XXXII. La commandite est principalement d'origine italienne.

XXXIII. La division par actions négociables ne remonte pas au delà du commencement du XVIIe siècle.

DROIT DES GENS.

XXXIV. La loi du 17 juillet 1856 s'applique aux sociétés en commandite par actions, formées entre étrangers qui veulent émettre ou négocier leurs titres en France.

XXXV. L'étranger peut être avocat.

Vu par le Président de la Thèse,
DURANTON.

Vu par le Doyen de la Faculté,
C.-A. PELLAT.

Permis d'imprimer :

Pour le Vice-Recteur,
L'Inspecteur de l'Académie,
SONNET.

TABLE DES MATIÈRES.

DROIT ROMAIN.

DROIT FRANÇAIS.